十方普觉寺

海淀史地丛书

樊志斌 著

中国社会科学出版社

图书在版编目（CIP）数据

十方普觉寺 / 樊志斌著. — 北京：中国社会科学
出版社，2017.5
　（海淀史地丛书）
　ISBN 978-7-5203-0113-8

　Ⅰ.①十⋯　Ⅱ.①樊⋯　Ⅲ.①寺庙－介绍－海淀区
Ⅳ.①K928.75

中国版本图书馆CIP数据核字（2017）第056910号

出 版 人	赵剑英
责任编辑	凌金良
特约编辑	哲　伟
责任校对	王佳玉
责任印制	张雪娇

出　　版	中国社会科学出版社
社　　址	北京鼓楼西大街甲158号
邮　　编	100720
网　　址	http：//www.csspw.cn
发 行 部	010-84083685
门 市 部	010-84029450
经　　销	新华书店及其他书店

印刷装订	北京隆昌伟业印刷有限公司
版　　次	2017年5月第1版
印　　次	2017年5月第1次印刷

开　　本	650×960　1/16
印　　张	24.25
字　　数	336千字
定　　价	99.00元

凡购买中国社会科学出版社图书，如有质量问题请与本社营销中心联系调换
电话：010-84083683

琉璃牌坊前的唐柏

隆教寺石刻局部

三世佛殿前西侧的乾隆碑刻

铜磬清朝顺治十五年　卧佛殿

天王殿东侧娑罗树

同参密藏

万松亭、龙王堂与大磐石

十方普觉寺琉璃牌坊

卧佛寺巨大的石香炉

卧佛寺行宫（颐和吴老摄）

卧佛殿与殿前东侧的无字大碑

智光重朗牌坊

卧佛寺行宫之"古意轩"两侧的拐角廊和连接"含清斋"的长廊（颐和吴老摄）

"样式雷"卧佛寺行宫平面图

《康熙御制诗》中的咏卧佛寺诗

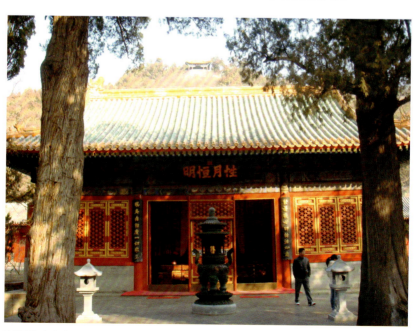

卧佛殿与寿山亭

国图藏"三山五园图"上的十方普觉寺

大磐石石刻

琉璃牌坊上的双龙戏珠

十方普觉寺天王殿东侧娑罗树与东侧廊式建筑

门头沟宝林寺超盛禅师敕谕碑

大磐石背面的石刻捕猎图

行宫院与寿山亭

三世佛殿内的乾隆塑
像（顶盔掼甲者）

三世佛殿

龙王堂

月池与鼓楼

《海淀史地丛书》总序

海淀区地处京城西北部，水山形胜、人杰地灵，自然和人文特色资源丰富。依出土文物考证，距今 5000 年左右，海淀一带就已有人类文明的踪迹。海淀一词，最早见于 800 年前的元代。辽、金、元、明、清五代，海淀成为畿辅之地。由于优越的自然地理环境，历代帝王在此兴建离宫别苑，自清代康熙年间陆续建成著名的皇家园林——"三山五园"以及上百处王公贵宦的私家宅园。皇帝经常在这里居住、理政，海淀遂为紫禁城外又一全国政务中心。

自 1920 年起，中国早期共产主义组织和其后成立的中国共产党就在海淀地区开展革命活动，著名的一二·九运动源于海淀，清华园、燕园、西山等地有多处革命遗址。1949 年 3 月 25 日，中共中央及人民解放军总部进驻香山工作约半年时间，海淀又成为继井冈山、遵义、延安、西柏坡之后新的革命圣地。

新中国成立后，许多中央党政军首脑机关入驻海淀。海淀区域内科技、教育、文化事业蓬勃发展，数百家科研机构和几十所高等院校云集于此，知识、智力、技术、人才密集，成为闻名中外的科技教育发达区。与此同时，在长达 40 多年的时间里，海淀始终是北京重要的副食品供应基地。

以改革开放为标志,从上世纪 80 年代初的中关村电子一条街,到 1988 年 5 月国务院批复建立"北京市新技术产业开发试验区";从 1999 年 6 月国务院批复加快"中关村科技园区"建设,到 2009 年 3 月国务院批复同意建设"中关村国家自主创新示范区",北京市批复同意海淀园为"中关村国家自主创新示范区核心区"。三十年探索、三十年飞跃,海淀充分发挥比较优势,已成为自主创新和新技术产业发展的高地,中国领先、世界瞩目。

党的十八大以来,习近平同志为总书记的党中央继续引领中国走向中华民族伟大复兴的光辉彼岸。北京市作为全国政治中心、文化中心、国际交往中心、科技创新中心,将建设成为国际一流的和谐宜居之都。海淀无疑将在这一过程中继续发挥科技创新、示范、率先作用,坚持强化创新驱动,着力优化发展空间,加速推进三大功能区建设,努力建成具有全球影响力的科技创新中心和"环境优美、和谐宜居"的高科技核心区!

国运昌、史志兴。1996 年至 2004 年,海淀区编修了第一部社会主义时期新方志——《海淀区志》。在此期间,《海淀区志》编委会组织收集整理了许多具有存史资政价值的海淀地情史料,陆续出版了《海淀史地丛书》,共计 26 本,成为海淀区挖掘区域文化资源的特色和亮点。

2010 年 3 月,海淀区第二轮修志工作全面启动,为更好地抢救、挖掘、保存和利用海淀区丰厚的史志资源,繁荣海淀文化,提升海淀软实力,我们将继续出版《海淀史地丛书》。中国正处在一个伟大变革与发展的时代。历史是一面镜子,读史使人明智。我们期望并相信,《海淀史地丛书》能为您了解海淀、认识海淀、热爱海淀、建设海淀提供帮助。

《海淀史地丛书》编委会

2016 年 2 月

旷古梵音

李明新

这是一片古老的土地，古老得令人惶恐；

这是一片神圣的净土，旷古的梵音穿透历史的烟尘和无计的岁月；

这里飞过的北雁，让帝王和百姓共同聆听它们掠过云空的长鸣；

这里静卧了几个世纪的古佛，以"无缘大慈，同体大悲"之心，包容了苍苍莽莽的万物众生。

十方普觉寺是建造于寿安山下的一处千年古寺。寺建于初唐，这在北京数百所寺观中占有重要的地位。

是的，卧佛寺是一座有着"大唐风度"的古老寺院。建于初唐的它，那时的正名叫做"兜率寺"。

"兜率"者何也？乃"妙造"之意，又作"三十三天最高天"，乃佛教内最高的层次。这里供奉依照唐僧玄奘从"西天"带回图纸雕琢而成的檀香木卧佛。

自此而始，卧佛寺揭开了绵亘千数年的历史画卷，一段段的传奇在这里上演：辽代的仙人骑着白鹿从这里去樱桃沟的白鹿岩修道养身，金代章宗皇帝的玉辇在侍卫们簇拥下，瞻仰古佛神光，到看花台，元朝的第五代皇帝"给钞千万贯"修建寺庙、铸造大佛，明代京师里的墨客文人乘驴携友徜徉于斯，写下美丽的诗篇，大清帝国的皇帝则修建了庄严的皇家行宫，赐予了无上的佳名……一切的一切使这里留下了威严皇

1

帝、风流骚人、虔诚香客的身影，有了所谓"环都城号为名刹者，曾不及是寺之光显也"的称誉。

自然，这里的历史上书写的绝不仅仅是荣耀和辉煌，战火和血腥也不时刻下它们的符号和印痕，不过我们没有掀开寺中华丽装设的表层，透过缝隙凝视那片血腥及隐藏的历史罢了。

精美绝伦的铜卧佛隐藏在静垂的宝幢后面，见证了那段耗费千万、历时数年的寺院大修。西元耶稣纪年1320年是大元的延祐七年，身为皇子的硕德巴剌继承大元朝皇帝位，是为英宗皇帝。嗜佛的英宗皇帝并不理解佛的教育内涵，他完全忘记了佛说的慈悲、得乐的思想，在国家统治并不繁盛、百姓生活并不富裕的情况下，于是年九月下令在兜率寺旧址上修建"寿安山寺"。次年，朝中大臣索约勒哈达墨色、监察御使观音保等人"上章极谏"，认为"东作方始而兴大役，以耗财病民，非所以祈福也"。

固执的英宗不听劝谏，"杀索约勒哈达墨色与观音保，杖（成）圭、（李）谦亨，窜诸遐裔"。三个月后，"冶铜50万斤作寿安山佛像"，就是今天卧佛殿内的绝世稀品铜筑大卧佛了。

王朝更替的刀光剑影，是卧佛寺盛衰史上的常客。每一场战争后，寺院都会受到冲击，祈求佛法保佑的施主或死或逃，就连僧者，在文献中也是"饥僧二三人，守败椽"的悲惨形象。元代数位君主精心经营的西山名刹在元末战争的烈火中受到了几乎毁灭性的打击，而铜质的卧佛，不知是佛法无边，还是因材质原因，在一次次冲天的烈火中，依然完好无缺。160年后的明朝宪宗皇帝又说卧佛寺"规制悉毁于兵，漫不可考"，可以说为战争破坏寺院延续、发展作了一个小小的注脚。

卧佛寺最后的辉煌是在清雍乾时期。雍正时期，怡亲王胤祥出资对卧佛寺进行大规模的修缮，雍正皇帝赐名为"十方普觉寺"，并为每一院落题写匾额、楹联。此后，"十方普觉寺"就成为卧佛寺的正名。

才情傲世的乾隆皇帝自然不肯落于人后，他在明宪宗建宝塔的地方，建了我们现在依然可以欣赏到的金碧辉煌的琉璃牌坊，还在卧佛寺的西面建设了西路行宫院。这位文采风流的皇帝还先后作了20多首诗，记述卧佛寺的历史和胜景。

天地同辉，卧佛寺不仅是不同朝代帝王们表演的舞台，各朝各代的文人墨客也在这里上演他们的悲欢离合。

空山寺钟是梵音，也是诗韵。大凡文学名家，都对悠扬的经诵、对寺院的林泉之雅心神往之。这其中的神机正如王士祯所言："舍筏登岸，禅家以为悟境，诗家以为化境，诗禅一致，等无差别。"寺院是让文人们真切可感的、空灵莹澈的艺术世界。于是，在卧佛寺史上和帝王足迹同行的还有文化大家们的绝唱：袁中道、文徵明、谭元春、朱彝尊、宋荦、张问陶等文坛耀星以诗作在古寺神会，以诗章展示才情。

清代画家郑板桥与卧佛寺住持青崖和尚的交往更可以称得上一段佳话，二人关系甚密，常一共品茶论诗，板桥有"夜深更饮秋潭水，带月连星舀一瓢"的诗句。

试想，一位是高僧，一位是高人，禅友加诗友，在朗朗秋月的夜晚，促膝长谈，天机融畅，该是怎样的情景，怎样的风度啊！

庚子年（1900）年间，八国联军的战火不仅摧毁了"万园之园"的圆明三园，也对卧佛寺产生了无可估量的损失——三山五园内肆虐了几天几夜的熊熊火焰和城里不时传来隆隆的枪炮声，让寺僧们惊恐不安，《卧佛寺志》也在他们仓皇逃命的脚步中遗失了。

《卧佛寺志》，那是怎样辉煌的一段历史的记载啊！寺志遗失后，依托这座寺庙修炼真身的寺僧们，却再也没有补写、续写过寺志——那把火烧掉的不光是华美的宫殿，也烧掉了古寺的灵魂。

我是无意诋毁已经遁入"空门"的僧人的，因为，那一件件袈裟后面的，也是一具具血肉之躯。但是，在中国，一座寺庙自它建立后的第一任住持始，一任任衣钵相传的不仅仅是法杖的威严，更是一种独特的精神构建与精神延承；丢失了灵魂的寺庙，只能由着鱼贯般出入的和尚们"撞钟"了。

也许不该这么刻薄地指责芸芸众僧，毕竟能够成佛得道、修成真身的没有几个。虽然说寺僧们是本着佛的教义去行大慈大悲、护持众生的，但是，如果连自己都护不了，哪里还能顾及其他生灵呢？！

所有发生的一切都已经过去，所有过去的一切还会发生，这就是历史。让我们用笔在古佛前漫言，让所有的言语与青灯为伴，与那些在这块土地上演出过的古人为伴。一切因佛而生，一切赖佛保佑。

这片土地是古老的：古老年代和古老的历史文化。今天，我们站在这古老的土地上；明天，我们将和这古寺一起变成古老的历史。不过，我希望，我们这颗在无尽历史长河中的微笑尘埃，能够为古寺的发展留下一点点的时代印痕，毕竟不应该是苍白的。

古佛为证。

自　序

　　十方普觉寺，建于唐贞观初年，已有一千三百余年的历史，系北京最古老的寺庙之一。

　　初名兜率寺，寺名各代屡更，十方普觉寺系雍正赐名。自唐代建寺以来，即供奉卧佛像，俗称"卧佛寺"。清代文人或曰普觉寺，或曰卧佛寺。本书为表达准确方便，多作卧佛寺。

　　元明清三代，建都于北京。悠久的历史、上佳的风景、与京师合适的距离，使得卧佛寺受到皇室与官僚、文人的关注。与北京其他地方一样，卧佛寺也极大地沾染了大一统国家和皇家的文化特点，积淀了丰厚的历史与文化。

　　本书从历史沿革、景观景物、高僧大德、历代陈设、相关艺文等几个方面加以概括与叙述。

　　其中，涉及卧佛寺历史上信仰与高僧大德修养部分，本书对相应经典进行了引录和解释，虽然篇幅较长，似有冲击主题之嫌，但为了使当今的读者稍能了解，亦属不得已之举。

　　考虑寺庙的建立与沿革，直接涉及佛教史与寺庙僧众的信仰与变化，故单设"佛语纶音——经文与公案"一章，附录《佛说弥勒菩萨上生兜率天经》《佛说弥勒下生经》并禅门公案五则，其他经典虽及于相关，或者相关部分已经涉及，或者限于篇幅、体例，不予引录。

　　此外，考虑叙述、阅读与保存资料的方便，体例与叙述上方便而行，不完全拘于体例的严整，亦有材料反复使用者，亦有诗文当归入艺文，而前文提及，后亦不复收录，或者前及后亦收录的情况。

　　明清时代，尤其是清朝，游览卧佛寺文人众多，诗作亦多，限于时间、精力，本书不求齐全，但作引玉之砖，抛出而已，其作者与诗意之注释，亦不拘于详略，但求有助于读者。

　　希望本书能够引起有缘者的关注和努力，将来作更为齐备的资料汇编。

樊志斌

二○一五年三月初一于曹雪芹纪念馆

目 录
Contents

第一章

千年古刹——卧佛寺的千年沿革

卧佛寺位于北京市植物园内，创建于唐贞观年间（627—649），是北京地区最古老的寺院之一。

寺庙始名"兜率寺"。《畿辅通志》载："寿安寺在宛平县寿安山，本唐兜率寺。"《春明梦馀录》亦载："唐兜率寺，今名'永安'，俗呼'卧佛寺'。"

第一节　卧佛寺的创建期——唐至金

一　唐代古刹兜率寺

卧佛寺位于北京市植物园内，创建于唐贞观年间（627—649），是北京地区最古老的寺院之一。

寺庙始名"兜率寺"。《畿辅通志》载："寿安寺在宛平县寿安山，本唐兜率寺。"《春明梦馀录》亦载："唐兜率寺，今名'永安'，俗呼'卧佛寺'。"

所谓"兜率天"，梵名 Tuṣlita，又译作睹史多天、兜驶多天等，意译为妙足天、知足天、喜足天、喜乐天。为欲界六天的第四层天，为诸多菩萨往生之地。《佛本行集经》载：

> 或见无量诸菩萨等于诸佛边修行梵行，后得生于兜率天宫，从兜率下，入于母胎……彼然灯佛作菩萨时，于末后身生兜率天，从兜率天降神来下。

《普曜经》则云：

> 我等今见护明菩萨如是功德具足之体，生兜率天。此兜

率官如是福聚、如是端正、如是微妙、如是庄严。护明菩萨
舍离下生。

可见，护明菩萨、燃灯菩萨及无量菩萨皆曾住兜率天。

居兜率天者，最著名的当属弥勒。

弥勒为佛弟子，一名阿逸多①，释迦牟尼佛时，生于波罗捺国劫波
利村波婆利大婆罗门家，其父为之起名为弥勒。②

其人虽然"具凡夫身，未断诸漏……不修禅定，不断烦恼"。然而，
"佛记此人成佛无疑"。且佛"往昔于毗尼中及诸经藏说阿逸多次当作
佛"，"从今十二年后命终，必得往生兜率陀天上"。③于释迦牟尼佛涅槃
五十六亿万岁后，弥勒复下世为佛。④

唐初，玄奘法师认为，兜率天宫分作内、外两院。《大唐西域记》
卷五"阿逾陀国"条载，城西南五六里有大庵没罗林，"庵没罗林西北
百余步，有如来发爪窣堵波。其侧故基是世亲菩萨从睹史多天下见无著
菩萨处"。

无著、世亲为兄弟，师子觉为无著弟子。三人常说："凡修行业愿
觐慈氏（弥勒佛），若先舍寿、得遂宿心，当相报，语以知所至。"

后来，师子觉先亡，三年不报，不久，世亲亦卒，经六月，亦无
报命。

其后，无著菩萨于夜初分方为门人教授定法，灯光忽翳，

① 《佛说弥勒菩萨上生兜率天经》。
② 《佛说弥勒下生经》。
③ 《佛说弥勒菩萨上生兜率天经》。
④ 《佛说弥勒菩萨上生兜率天经》中，佛说："如是，处兜率陀天，昼夜恒说此法，度诸天子，
阎浮提岁数五十六亿万岁，尔乃下生于阎浮提，如弥勒下生经说。"《一切智光明仙人慈心因缘不
食肉经》中，佛说："时颂经仙人者，今此众中婆罗门子，弥勒菩萨摩诃萨是。我涅槃后五十六
亿万岁，当穰佉转轮圣王国土、华林园中金刚座处、龙华菩提树下，得成佛道。"

空中大明，有一天仙乘虚下降，即进阶庭，敬礼无著。无著曰："尔来何暮，今名何谓？"对曰："从此舍寿命，往睹史多天，（于）慈氏内众莲华中生。莲华才开，慈氏赞曰：'善来广慧，善来广慧。'旋绕才周，即来报命。"无著菩萨曰："师子觉者，今何所在？"曰："我旋绕时，见师子觉在外众中耽著欲乐，无暇相顾，讵能来报？！"

可见，玄奘旅印时，当地教内已有兜率天"内众""外众"的区别。

由于弥勒继释迦牟尼来世作佛，因此，往生兜率、为弥勒"内众"成为玄奘法师的夙愿。《大慈恩寺三藏法师传》卷十载玄奘法师往生前状况云：

> 因从寺众及翻经大德并门徒等乞欢喜辞别云："玄奘此毒身，深可厌患，所作事毕，无宜久住。愿以所修福慧回施有情，共诸有情同生睹史多天弥勒内眷属中，奉事慈尊。佛下生时，亦愿随下广作佛事，乃至无上菩提。"……复口说偈教傍人云："南无弥勒如来应正等觉，愿与含识，速奉慈颜。南无弥勒如来所居内众，愿舍命已，必生其中。"

贞观年间，修造兜率寺时，玄奘法师刚刚由天竺回到中土（唐贞观十九年玄奘法师回到唐都长安），带回梵文佛经 657 部和各种佛像。

据说，幽州西山兜率寺内的卧佛像就是根据玄奘法师从天竺带回的佛像样式制造的。

二 金世宗、金章宗与樱桃沟

唐朝的卧佛寺远没有如今的这种规模，只是从山门殿至三世佛殿的一路三进院落①，现在的三世佛殿在当时是供奉"丈六金身旃檀卧佛"的地方。

唐朝末年，藩镇割据，卧佛寺所在的幽州也被藩镇占领。

后唐清泰三年（936），河东节度使石敬瑭起兵自立，约请契丹起兵相助，事成之后，割卢龙一道及雁门关以北诸州共十六州与契丹②。十一月，契丹国主耶律德光册封石敬瑭为大晋皇帝，国号晋。石敬瑭如约割燕云十六州给契丹。从此，作为中原王朝北部天然屏障的燕云十六州被北方游牧政权所占据，直到元代统一中国。

辽代定都于中京（今内蒙古宁城），以幽州作为陪都，称南京。

金贞元元年（1153），金朝第四代君主完颜亮迁都北京，更名为"中都"，北京由此成为中国北部的政治中心。

金朝第五代皇帝、号称"小尧舜"的金世宗完颜雍在樱桃沟内修建五华观③。

金世宗修五华观事，《大元一统志》有录。据魏抟霄（字飞卿，应奉翰林文字，工诗）撰《十方大天长观玄都宝藏碑铭》载，金世宗"于五花山置烧丹院，起玉华殿，俾隶于观，以为方士飞炼之所。"

永乐《顺天府志》载朱澜《五华观碑记》则云：

---

① 梁思成认为，唐初寺庙初建时，只有中路山门殿至卧佛殿这一部分，东西两路院和中路院后的藏经楼都是后扩建的。见《中国营造学社汇刊》第三卷第四期。

② 燕云十六州，又称"幽云十六州""幽蓟十六州"，分别是幽州（今北京）、顺州（今北京顺义）、儒州（今北京延庆）、檀州（今北京密云）、蓟州（今天津蓟县）、涿州（今河北涿州）、瀛州（今河北河间）、莫州（今河北任丘北）、新州（今河北涿鹿）、妫州（今河北怀来）、武州（今河北宣化）、蔚州（今河北蔚县）、应州（今山西应县）、寰州（今山西朔州东）、朔州（今山西朔州）、云州（今山西大同）。

③ 樱桃沟为太行山第八陉最尽头，是卧佛寺的后山所在，又是卧佛寺水源所出，游览卧佛寺者亦多至樱桃沟，故古人游览、记录卧佛寺，多及樱桃沟。基于此，本书在叙述卧佛寺时，兼及樱桃沟，并将樱桃沟的历史文化单列为一章。

　　燕城西北有山曰"五华"，挺秀于（香山）、玉泉两峰之间，山腹有平地可起道院，大定二十七年落成，命高道守先生与众主持，为修炼之所。①

　　"大定"为金世宗完颜雍年号；大定二十七年，即 1187 年。

　　由以上文字记载可知，受汉文化影响极深的金世宗对道教烧丹成仙之说颇为信任，在樱桃沟山岭上修建五华观，令道士在此为自己炼丹②。

　　完颜雍的孙子、金代第六代皇帝金章宗完颜璟则在樱桃沟五华寺以上山岭处修建了看花台。据《春明梦馀录》记载："隆教寺西越涧有长岭，岭半为金章宗看花台，台畔有古松一株。"《嘉庆一统志》载："看花台，在宛平县西，玉泉山隆教寺西长岭之半，为金章宗故迹。"

　　京西一带，山上自然生长的观花植物以山桃花、山杏花为盛，章宗在这看花台上观赏的是漫山遍野开放的山桃、山杏。

　　看花台距离卧佛寺一步之遥，想来，这位流淌着东北女真血液的中原皇帝，也曾在这巍巍古刹礼过佛、歇过脚吧。

---

① 王宗昱：《金元时期北京地区全真教活动》。本文为 2003 年 11 月北京大学召开"北京：都市想象与文化记忆"国际学术研讨会发言，后收入陈平原、王德威主编《北京：都市想象与文化记忆》，北京大学出版社 2005 年版。
② 按，金大定二十八年（1188）三月，邱处机应金世宗召赴燕京（今北京），奉旨塑王重阳、马丹阳（时已去世）像于宫庵，并主持了"万春节"醮事，向皇帝作"持盈守成"的告诫。

第二节 卧佛寺的完备期——元

一 五华观与全真教

至元代，樱桃沟、卧佛寺迎来了第一个发展辉煌期。

1239 年，也就是金亡的第五年，全真教邱处机之徒、第六代掌教尹志平在金世宗五华观的基础上，"修五华烧丹院，爱其山水明秀，为往来栖寂之所"，使五华观成为白云观的下院。

1251 年，全真教在五华观举行"四众大会"，纪念邱处机冥诞（邱处机卒于 1227 年农历七月初九）。

不仅如此，不少著名的全真教道士在羽化后，选择葬身五华山。据统计，目前所知，葬在此处的全真道士有尹志平、冯志亨、于志可、孟志源、李志常、张志敬、夏志诚（衣冠冢）、樊志应等[①]。

元延祐元年（1314）十二月二十七，李志全撰《清和演道玄德真人仙迹之碑》（叙尹志平生平事迹）云：

师讳志平，字大和，族尹氏……戊戌正旦，诸路宿德

---

① 见王宗昱《金元时期北京地区全真教活动》。本文为 2003 年 11 月北京大学召开"北京：都市想象与文化记忆"国际学术研讨会发言，后收入陈平原、王德威主编《北京：都市想象与文化记忆》，北京大学出版社 2005 年版。

庆师……明年，修五华烧丹院，爱其山水明秀，为往来栖寂之所。

庚子夏，大房山真阳观董德乾同功德主王总管以本观□归于师，因命驾一往，同览山川胜概，曰："吾将营此而老焉。"遂改为清和观，命门众量力修建堂殿斋室，不数年，巍然成两处仙馆……癸卯夏，移驾于太原天宝观，宣差移剌公作外护主。是岁极旱，作醮，雨沾足。秋八月，蒙公主皇后懿旨，遣中贵请师还五华山，黾奉香火，预作寿宫……

辛亥，长春诞日，四众大会五华观，师凭几于全真堂，话间有逝川之叹，左右骇视莫测。至廿五日，暂往清和宫游宴。二月初六日，长生真人升日，师晨起沐浴更衣，命作大斋，抵昏归正寝，奄忽而登真矣，道寿八十三岁。徒侣号慕，如丧考妣。

真（严志真）常以去京城稍远，士人欲祠莫者难到，即命葬于五华之佳城，礼也。门人怀德，皆庐墓终身，甃砖阁，建祠宇，金碧绘像，辉映千古。①

由该碑文，大约可知元初五华观情况。

二　元朝卧佛寺的大发展：铜卧佛与开山建寺

元代，虽重道教，然却以喇嘛教为国教，藏传佛教自然在北京繁盛起来，这种情况也自然而然地影响到卧佛寺、樱桃沟的发展。

（一）元英宗与卧佛寺的扩建和铜卧佛的铸造

延祐七年（1320），元英宗继位，虔心佛教，大兴佛事。甫继位，即令修缮卧佛寺：九月，下令在唐兜率寺旧址上修建"寿安山寺"，"给

---

① 乾隆《维县志》卷六《仙释》。

钞千万贯",十月,"命拜住督造寿安山寺"。次年,改元"至治"。十二月,"冶铜50万斤作寿安山寺佛像"。

元英宗修复卧佛寺事还有一个插曲,《敕赐故光禄大夫大司徒释源宗主法洪碑》(元英宗后为卧佛寺住持)云:

> 英宗皇帝时居东宫,已虚停信响,数尝引见。既继位,即授公光禄大夫……
>
> 会寿安山大昭孝寺成,诏以公主之,大都弘正、棲禅,上都弘正等寺皆隶焉。
>
> 大昭孝寺者,英宗之为太子尝至其处,喜其山水明秀,左右或言:"此山本梵刹也,后为道士有耳目属意焉。"至是,以钞二万锭赐道士,使其别营构,因观基炼石凿阁,大起佛宇。

由"大昭孝寺者,英宗之为太子尝至其处,喜其山水明秀,左右或言:'此山本梵刹也,后为道士有耳目属意焉。'至是,以钞二万锭赐道士,使其别营构,因观基炼石凿阁,大起佛宇。"又可知,卧佛寺在金元时代或者元代初年曾为道观,或者与全真教有关。

至治元年(1321)正月,元英宗还"以寿安山造佛寺,置库掌财帛,秩从七品"[①]。

为了促使工程的早日完工,元英宗还不时增加修建寺庙的"造寺役军"。至治二年(1322)八月,一次增"寿安山寺役卒七千人"。当时修建卧佛寺工程之急迫,可以想见。

为了表示对建寺人员的鼓励,九月,英宗复令给寿安山造寺役军匠"死者官钞人百五十贯"[②]。

---

① 《元史》卷二十七《本纪第二十七·英宗一》。
② 《日下旧闻》引《元史·英宗纪》,载:"三月,益寿安山造寺役军。十二月,冶铜五十万斤作寿安山寺佛像。二年八月,增寿安山寺役卒七千人。九月,给寿安山造寺役军匠死者官钞人百五十贯,幸寿安山寺,赐监役官钞人五千贯。"

这次扩建，不仅开山造寺，扩建了卧佛寺三世佛殿以后部分，同时还成就了卧佛寺的一绝，即铜铸大卧佛。

（二）关于铜卧佛以及铜卧佛铸造

一般来说，大型铜塑从他处塑造，至目的地，复依次拼接。

不过，从现在铜像的情况来看，佛像完整，并非拼接而成，说明巨大的铜佛像要么从他处整体铸成，运来卧佛寺；要么在寺庙附近铸就，移至寺中。

铜卧佛巨大的体积和重量，使得在远处铸成移至卧佛寺的可能性大大降低——据近年的物理探测，卧佛寺元代铜卧佛并没有"装脏"，也就是说该佛像基本上是实心的。

那么，卧佛寺的元代卧佛是在卧佛寺周边哪个地方铸造的呢？

王明珍先生《卧佛寺的大卧佛铸于何处》一文称，1979年，友人张先得先生在北京市文物局借调工作。11月，张先生到卧佛寺路调查一座墓葬，发现墓中有青砖磨制的"买地券"，上面朱砂写着"张福成妣张氏妙安"，寿终于"大明弘治元年岁次戊申四月甲午"，葬于"本府（顺天府）香山乡铜局村东南方之原，塔为宅址"字样。

关于香山乡铜局村，万历年间，宛平县县令沈榜著《宛署杂记》载："隆教寺在铜钜村。"

隆教寺位于卧佛寺西南数百米处的半山坡上，与上文所载葬于"香山乡铜局村东南方之原"（香山卧佛寺路）墓地位置综合考虑，则铜钜村即应位于隆教寺坡下平地一带（卧佛寺引道西侧一带）。

又，《元史·百官志》载：

> 诸色人匠总管府：秩正三品，掌百工技艺，至元十二年始置，其属十有一：梵像提举司、出蜡局提举司、铸泄等铜局、银局、铸铁局、玛瑙玉局、石局、木局、油漆局、诸物库、管领随路人匠提领所等。

元代官府与铸造佛像相关的机构涉及"梵像提举司""出蜡局提举司""铸泄等铜局"三个局。

卧佛寺边上的铜局村，很可能就是由元代铸造卧佛时"铸泄等铜局"后裔繁衍而来的。该村直到明朝中晚期仍然存在，或者毁于明末清初的战争。

也就是说，为了铸造这尊重达 50 万斤的卧佛，元朝政府在卧佛寺附近建立了规模宏大的熔铜点，大体量的熔炼铜汁儿，快速挑到寺里浇灌，最终完成了这尊 50 万斤整体实心的大型卧佛造像。

在那个时代，这无论怎么说都是一个奇迹，遑论其佛像生动、栩栩如生的艺术价值了。

尽管英宗对扩建卧佛寺充满热情，但是他到底没能亲眼看到寺庙的竣工。

由于英宗皇帝崇信中原文化，锐意改革蒙古原有旧政，受到保守蒙古贵族的反对。至治三年（1323），英宗巡视上都（今内蒙古多伦一带），八月五日，返回到距上都西南 20 里的南坡店，被铁失等人刺杀，史称"南坡之变"。

英宗被刺身亡后，晋王也孙铁木儿被拥立为皇帝，史称"泰定帝"。这时，卧佛寺工程尚未完工，但皇帝已经迫不及待地要使用这座京西巨刹了。

（三）泰定帝修佛事于卧佛寺

泰定元年（1324）二月，继位不久的泰定帝也孙铁木儿"修西番佛事于寿安山寺，三年乃罢"[①]。

所谓"西番佛事"，指的就是藏族喇嘛教的佛事。

元初，元世祖忽必烈册封萨迦派五祖八思巴·洛追坚赞（1235—

------

① 《元史》卷二十九《本纪第二十九·泰定帝一》。

1280）为国师、帝师①，领总制院事，管理西藏地方政教事务。因此，元代皇帝普遍信奉喇嘛教，喇嘛教在国家政事中处于极高的地位。

泰定帝在尚未彻底完工的卧佛寺举办西番佛事达三年之久，卧佛寺在泰定帝心中的地位，可见一斑。

（四）元文宗与卧佛寺扩建

虽然泰定帝在卧佛寺大造佛事，但是元朝中叶帝王短命更迭的现实使得大工程修建受到影响。

元代中叶皇帝更迭表

帝号	世系	在位	世系	备注
元武宗	第三代	四年	第二代皇帝成宗之兄	
元仁宗	第四代	九年	武宗弟	
元英宗	第五代	三年	仁宗子	扩建卧佛寺，造铜卧佛
泰定帝	第六代	六年	第二代皇帝成宗之兄真金之孙	修西番佛事于寿安山寺，三年乃罢
天顺帝	第七代	一年	泰定帝幼子	
文宗	第八代	六年	武宗次子，明宗弟	给钞十万锭，扩建卧佛寺

英宗死后，寿安山寺的修建工程暂时停顿下来。

这一搁就是十年，直到至顺二年（1331）正月，元文宗方"以寿安山寺，英宗所建未成，诏中书省，给钞十万锭"，以萨勒迪等总督工役，卧佛寺扩建工程才得以完工。

元文宗对卧佛寺也情有独钟，为了继续修建、完善卧佛寺工程，他还为卧佛寺设立了专门的管理修缮机构，天历元年（1328）设立"寿安山规运提点所"，三年改"昭孝营缮司"，为继续完善卧佛寺做机构上的准备。

---

① "萨迦"（sa-skya），藏语意为灰白色的土地，因该派的主寺——萨迦寺建寺所在地呈灰白色而得名。由于该教派寺院围墙涂有象征文殊、观音和金刚手菩萨的红、白、黑三色花条，故又称"花教"。

三年后，即至顺二年正月，文宗以寿安山英宗所建寺未成，命萨勒迪等总督其役。

工程完工后，为了保证寺庙的生存，同时，"以晋邸部民刘元良等二万四千余户，隶寿安山大昭孝寺永业户"[1]。

经元代几朝皇帝"役万人，举重资"的修建，卧佛寺成为规模宏大、声名远播的大寺庙，在西山地区号称"最称巨刹"。

卧佛寺的名称在元代几经更改，始称"寿安山寺"——得名于其后的寿安山，中期称作"大昭孝寺"，元末则改称"洪庆寺"。不同的名称反映了统治者不同的心态与祈求。

---

① 《元史》卷三十五《本纪第三十五·文宗四》。

第三节　卧佛寺的兴盛期——明

明代是卧佛寺史上的鼎盛时期。宣德、正统、成化、嘉靖、万历二百年间（1426—1620），卧佛寺先后经历过五次翻修，六次接驾。

一　广霖翻修卧佛寺

宣德末至正统初，高僧广霖募诸中贵，翻修卧佛寺。明沈榜《宛署杂记》卷十九《僧道》载：

> 寿安寺，在煤厂村，唐建，名兜率，三易其名。宣德、正统年，高僧广霖募诸中贵重修，敕赐今名。内有石卧佛一、铜卧佛一，俱长丈有八尺，因相传为卧佛寺。①

中贵，就是太监。也就是说，广霖这次翻修寺庙的费用都是向太监

----

① 沈榜：《宛署杂记》卷十九《僧道》："寿安寺，在煤厂村，唐建，名兜率，三易其名。宣德、正统年，高僧广霖募诸中贵重修，敕赐今名。内有石卧佛一、铜卧佛一，俱长丈有八尺，因相传为卧佛寺。成化间，敕于门前修延寿塔一，赐田若干，见庄第下。正德、嘉靖俱临幸。万历年两幸其地，赐藏经，出内帑重修。两宫赐有卧佛锦被二，长覆佛首足。"云有石佛一，误，应为旃檀香木卧佛。

们募来的。因此，这次翻修属于私人行为，不过，卧佛寺的其余四次翻修，都是由朝廷拨款进行的。

为卧佛寺赐名"寿安寺"的明英宗

二 明英宗修建卧佛寺

皇家对卧佛寺的修葺，第一次发生在正统八年（1443）。

这一年，明英宗下令修缮卧佛寺，"构殿宇以及门庑，杰制伟观，穹然焕然，非复昔之莽苍比矣。"

皇帝因寺后山名寿安山，赐寺名为"寿安禅林"，并敕"大藏经"一部，置于佛殿之内①。

明英宗为明代第六代皇帝，名朱祁镇②，不仅钦赐卧佛寺"寿安寺"之名，还曾御驾亲临卧佛寺，赐"白金、楮币为香火之费"③。

由于皇帝的重视，卧佛寺成为京师寺观中的名刹。文献称："环都城号为名刹者，曾不及是寺之光显也。"④

三 明宪宗修建如来宝塔

三十年后的成化十八年（1482），英宗之子宪宗朱见深审阅卧佛寺

---

① 成化十八年十一月《明宪宗寿安寺如来宝塔铭碑》，《日下旧闻考》卷一百一《郊垧·西十一》。

② 明英宗朱祁镇，两度在位，先后使用正统（1436—1449）、天顺（1457—1464）两个年号。明宣宗长子。继位之初，任用贤臣，后宠信太监王振。正统十四年，瓦剌入犯，听从王振之言，亲征，抵土木堡，兵败被俘。其弟成王朱祁钰被拥立为帝，改元景泰。景泰元年（1451），英宗被释回京，被尊为太上皇，软禁于南宫。八年，武清侯石亨等乘景帝病重发动兵变，迎英宗复位，改元天顺。景泰皇帝死后，英宗不允其葬于十三陵，命葬于西山金山，即卧佛寺东面一山之隔处。

③ 楮币，也称楮券。因楮树的树皮可以造纸，故称以纸印制的货币为楮币。宋周必大《二老堂杂志》卷四："近岁用会子，盖四川交子法，特官券耳。不知何人目为楮币，……遂入殿试御题。"《宋史·席旦传》："蜀用铁钱，以其艰于转移，故权以楮券。"即元代的纸钞。

④《明宪宗寿安寺如来宝塔铭碑》。

图录，认为应当在寺前增建一处宝塔，方合规制，遂令即"寺前高爽之地营建如来宝塔一座"。

"寺前高爽之地"六字告诉我们，这座如来宝塔当建于今乾隆"同参密藏"牌坊前小广场处。

此处位于卧佛寺坡上部分（引道连接高坡与下侧的地面）的最前端，地势高敞，又有较大的面积容量，向左侧远观，可见金山、四王府，向右远观，则可望见香山、岭峪村，其前是自唐代建寺以来就已存在的两排古柏与寺道。沿寺道南去，可达京西最大的村落门头村。

成化十八年（1482）三月，开始动工修建宝塔，经过九个月的修建，于是年冬十一月宝塔落成。

建成的宝塔"高六丈九尺，阔五丈四尺，深三丈五尺，顶覆相轮，檐悬宝铎，四周丹垩绘饰"。塔外层塑造了诸佛菩萨神天之像。

不仅如此，还在塔的下面构建了左、右两座宫殿，各高二丈四尺，作为宝塔的呼应。

宝塔既与周边景观协调，又能高出侪辈，兀立群山。正所谓"蟠固峻峙，巍峨山立，而神光华灯，昕夕露现，屹望于数百里外，真福地之奇迹也"[1]。

为了纪念此次工程的建造，明宪宗下令在塔下立碑，并亲自撰写塔铭碑。《日下旧闻考》记载了这篇御制的碑铭文字，如下：

明宪宗寿安寺如来宝塔铭碑

去都城西北半舍许，即香山乡，其地与植沃衍葱郁，民居、僧舍联处而不断，盖近圻之胜概也。

直乡西北有山曰寿安，山不甚高，而蜿蜒磅礴之势来自

---

[1] 《明宪宗寿安寺如来宝塔铭碑》。

太行，至此与居庸诸山相接。

山之阳有寺曰寿安禅寺，寺创于唐，其始名兜率，后改名昭孝、洪庆。历年既远，其规制悉毁于兵，漫不可考矣。

正统中，我皇考英宗睿皇帝临御日久，天下承平，民物蕃庶，因念世道之泰、治化之隆，必有默相荫佑之者，而金仙氏之教实本于慈悲、宏于济利、归于正觉，所以劝善化恶、咸趣于正者，不无补于世也，乃眷是寺，鼎新修建，构殿宇以及门庑，杰制伟观，穹然焕然，非复昔之莽苍比矣。已乃敕赐今名，放"大藏经"一部，置诸殿。值佳时择日，亲御六龙以临幸焉，并赐白金、楮币为香火之费。于时缁流拜稽，俯伏兴念，莫不庆幸千载之一遇。盖环都城号为名刹者，曾不及是寺之光显也。

迩来，又三十有余年矣。朕惟皇考之志是崇是继，乃暇日因披图静阅，知寺犹有未备者，命即其前高爽之地营建如来宝塔一座，辇土输石，重叠甃砌，既周既密，式坚且好，阑槛云拥，龛室内秘，宝铎悬其檐，相轮复其危，丹垩之饰周匝于内外，诸佛菩萨神天之像层见于霄汉间。

盖其高以丈计者七，而缩其为尺者一，其阔以丈计者五，而赢四尺，其深比阔杀二丈一尺。蟠固峻峙，巍峨山立，而神光华灯，昕夕露现，屹望于数百里外，真福地之奇迹也。

既又于其下构左、右二殿，各高二丈而赢四尺，经始于成化壬寅春三月，落成于冬十一月。既成，藏舍利塔中，若昔阿育真相为之者。

嗟夫！朕建斯塔，非徒以崇观美也，所以表是寺得其地、得其山，又得我皇考恩光之沾被，足以传千载而不朽也。所以揭大法于有象，示万目之指归，使夫乐善者知所趋，稔恶者知所悟，而不迷其途也，所以示百千世界，俾皆兴其精进

之心，皆破其邪惑之见而成其善果，则足以上答天地祖宗之
恩，下为生民造福也。愿力所及，欲丕显丕，承肆捉笔，纪
成绪以告夫来者。

　　　　　　　　　　　　成化十八年十一月立

　　文中所谓"金仙氏"指的就是释迦牟尼。

　　相传，东汉明帝梦见金人，次日，博士傅毅告诉他："西方有神，
其名曰佛，正如陛下所梦。"随后，明帝派遣蔡愔、秦景、王遵等十多
人出使天竺，拜取佛法。①

　　由于佛像神为金身，南北朝时期道教流行，讲求修仙之术，佛教初
传入中国，依附于道教，因此，人们称释迦牟尼为"金仙氏"。北魏时
菩提流支遇到昙鸾时称："其为寿也，河沙、劫石莫能比焉，此吾金仙
氏之长生也。"唐代柳宗元在《送浚上人归淮南觐省序》中称：

　　　　金仙氏之道，盖本于孝敬，而后积以众德，归于空无。
其敷演教戒于中国者，离为异门，曰禅、曰法、曰律，以诱
掖迷浊，世用宗奉。

　　寿安寺如来宝塔"阑槛云拥，宽室内秘，宝铎悬其檐……诸佛菩萨
神天之像层见于霄汉间"。然后，"藏舍利塔中"。

　　为了保证如来宝塔的香火，明宪宗将香山乡民谢真等户的五顷
二十五亩田地赐给寿安寺。《宛署杂记》卷十八《田宅》载：

　　　　寿安寺地，伍顷贰拾伍亩。成化二十年十月十二日早，
该司礼监太监覃昌传奉圣旨："顺天府宛平县香山乡民人谢真

────────────
① 袁宏：《后汉纪·孝明皇帝纪下》卷第十。

18

等户内地五顷二十五亩，与寿安寺如来宝塔供奉香火，其地粮草与他除豁了。户部知道。钦此。"

四 嘉靖与万历朝卧佛寺的修缮

卧佛寺大磐石西侧有"弘治五年夏月因镌碑"字样题名。盖弘治五年（1492）卧佛寺亦有工程也。

皇家的第三次修葺发生在嘉靖三十五年（1556），第四次发生在万历十四年（1586）——这一次神宗皇帝发内帑重修，并赐"大藏经"及锦被等物。

经过这五次大的翻修，卧佛寺规模趋于完整，不仅成为西山巨刹，还成为一处风景优美的旅游胜地。

明代卧佛寺修缮表

序	修缮时间	主持者	备 注
一	宣德末、正统初	广霖	"募诸中贵"
二	正统八年（1442）	英宗（朱祁镇）	赐名"寿安禅林"，敬赐"大藏经"一部，"置诸佛殿"
三	成化十八年（1482）	宪宗（朱见深）	敕建寿安寺如来宝塔
四	嘉靖三十五年（1556）	世宗（朱厚熜）	翻 修
五	万历十四年（1586）	神宗（朱翊钧）	赐"大藏经"及锦被等物

据《宛署杂记》《日下旧闻考》等书记载，明代英宗、宪宗、武宗、世宗、神宗五个皇帝，都曾驾临卧佛寺，其中，明神宗朱翊钧还曾两至是地。

卧佛寺后大磐石右下角有"念佛"字样并题名，署年"万历三拾五年"，部分文字已经被泥土埋没。

结合乾隆时代大修卧佛寺情况，疑大磐石下泉水曾经开拓，故周围泥土堆高，以致将原先大磐石下半部分题词掩没。

五 卧佛寺四绝

万历以后，卧佛寺以卧佛、宝塔、山泉、牡丹、娑罗树、古松柏闻名于京城，其中又以卧佛、泉水、娑罗树、牡丹最为著名。

（一）卧佛

自元英宗以来，卧佛寺内就两尊卧佛并存：一尊为檀香木卧佛，供奉于今三世佛殿内，佛像卧于宝床之上，丈六金身，为唐贞观年间所造；另一尊是元英宗时铸造的铜卧佛，置于卧佛殿内。

自元代至治元年（1321）到清雍正十二年（1734），在近400年的时间里两尊卧佛共存一寺，在中国各大寺庙委实少见，可谓中国佛教史上一大奇观。

文人骚客游览卧佛寺，常以卧佛为题，吟诵诗歌。胡恒《卧佛》诗云：

> 不是津梁倦，荒山眼界空。
> 一龛红湿外，三昧黑甜中。
> 有愿香华满，无声器钵同。
> 先皇施大被，曾为覆春风。

从明代起，文人将卧佛寺的名字，作为比较正式的称呼用于正式的文字记载，如蒋一葵在《长安客话》一书中，开始使用"卧佛寺"一称。

（二）娑罗树

娑罗树为佛门圣树，产于南方，在北方自然环境中很难生存，故北方寺庙多以七叶树代替，不过，在传统中国宗教与文化中，皆视之为娑罗树。

卧佛寺种植七叶树数株，三世佛殿前一株独大，为寺内主要景观之一，与卧佛齐名。文人墨客游览至此，无不赞叹，纷纷作诗以咏叹之，留下了大量咏诵的篇章。谭贞默、于奕正皆作《娑罗树歌》，歌云：

娑罗树歌

谭贞默

穹山庆谷能奇树，树性无过五土赋。

此种流传印土国，七叶九华人莫识，梵名却唤娑罗勒。

岂亦其材无可用，致教日月失晨昃。

报国古寺两怪松，侏儒其质婆娑容。

娑罗作宾松作主，吾将揖让成会同。

佛为皇灵护西东，卧治娑罗坐理松。

不尔神物飞作龙，安得老死游其中。

（三）泉水

樱桃沟内遍地生泉，但卧佛寺内泉水并不丰沛。以至于当时不少人游卧佛寺后，常有"卧佛无泉"的抱怨。

实际上，卧佛寺还是有泉水的。卧佛寺泉水出于寺后观音阁大磐石下，泉眼不大，如同小窦，淙淙峥峥，流入石池，下击石底，听之冷然。明人姚希孟《卧佛寺听泉》诗云：

谁将石齿齿，漱出玉潺潺。

乱泻松涛急，分敲竹韵闲。

云深澌静夜，月落响空山。

一枕犹堪梦，飞琼接佩环。

抱怨"卧佛无泉"的人们，到了寺庙，即没有再往后走，既没有至大磐石，也没有到寺庙西侧的寺僧田地——寺僧与内监引泉种植牡丹，但见寺中不似西山其他寺庙流水潺潺，固有"卧佛无泉"的误解。这一缺陷直到清朝乾隆年间扩建卧佛寺、引泉入寺方得解决。

（四）牡丹

离卧佛寺不远的樱桃沟，山环水抱，流水潺潺，因此，这一地区一年四季总是空气湿润，夏日温度比城内低，冬日温度却较城内为高。独特的小气候使得在北京城内极其少见的翠竹，在这里也能长得郁郁葱葱，连片成林。

明朝宫廷太监充分利用这里良好的气候条件，以石槽引泉水，种植牡丹，供宫中使用，成为卧佛寺的一大胜景。每年花开时节，"烂熳特甚，贵游把玩至不忍去"。歙人汪其俊有诗咏卧佛寺牡丹，云：

> 何意空门里，名花傍酒杯。
>
> 恍疑天女散，绝胜洛阳栽。
>
> 香与青莲合，阴随贝叶来。
>
> 佛今眠未起，说法为谁开。

明中后期，著名文人文徵明、杨慎、袁中道、谭元春等，都曾到卧佛寺游览礼佛。他们诗酒唱和，留下了大量称颂卧佛寺及相关景物的诗篇。其中，袁中道《卧佛寺》诗遍咏卧佛寺景，云：

> 山深双佛榻，铃塔影斜阳。
>
> 万畛花为国，千围树是王。
>
> 觅泉源更远，寻石径偏荒。
>
> 数里新筜路，将无似楚乡。

将卧佛寺诸多景观（山、佛、塔、花、树、泉、竹）一诗写尽。

六 隆教寺与广慧庵的建造

成化十六年（1480），太监邓鉴在卧佛寺西建造新寺，宪宗皇帝钦赐寺名为"隆教寺"；七年后，即成化二十二年（1486），明宪宗敕谕重建隆教寺。

两次修造，皆有立碑（成化六年《敕谕碑》、成化二十二年《隆教寺重建碑》），今存隆教寺。

万历十九年（1591），明神宗在卧佛寺西、隆教寺东建"广慧庵"。

从此，从樱桃沟口的卧佛寺开始，经广慧庵、隆教寺，沿着樱桃沟的山沟一路延伸，至沟内，有五华寺、广泉寺、圆通寺、普济寺数座大小寺庙。

一时间，樱桃沟变成了寺院林立的佛门圣地，香烟缭绕、诵经之声远近皆闻。

七 袁中道与《卧佛寺记》

明代中叶，著名文学家袁中道游卧佛寺，作《卧佛寺记》，从中可以窥见卧佛寺的大貌，其文云：

> 香山跨山踞岩以山胜者也，碧云以泉胜者也。
>
> 折而北为卧佛寺，峰转凹，不闻泉声，然门有老柏百许森立，寒威逼人。至殿前，有老树二株，大可百围，铁干鏐枝，碧叶纠结；纤羲回月，屯风宿雾；霜皮突兀，千瘿万螺；怒根出土，磊块诘曲。叩之，丁丁作石声。殿墀周遭数百丈，数百年以来不见日月。石墀整洁，不容唾。
>
> 寺较古，游者不至，长日静寂。若盛夏宴坐其下，凛然想衣裘矣。询树名，或云婆罗树。其叶若薁。予乃折一枝袖之，俟入城以问黄平倩，必可识也。卧佛盖以树胜者也。

23

夫山，当以老树古怪为胜，得其一者皆可居，不在整丽。
三刹之中，野人宁居卧佛焉。

蔌，高长的可食野菜（低矮蔓生的草不算），引申为野菜总名。宋
欧阳修《醉翁亭记》云："山肴野蔌，杂然而前陈者，太守宴也。"

黄平倩，即万历进士、四川南充人黄辉。

黄辉（1554—1612），字平倩，号慎轩，与袁中道长兄袁宏道同为
翰林院编修及皇太子讲官，有《黄平倩先生诗集》一卷，与袁中道亦交
好。袁宏道《与黄平倩书》云："弟自入德山后，学问乃稳妥，不复往
来胸臆间也。"

八　寿安山山花

除卧佛寺"四绝"奇景外，卧佛寺一带特别值得一看的是满山的山
杏花与山桃花。陈梦雷《古今图书集成》收录前人《再游香山，至平坡
寺庐师山记》，载香山、卧佛寺杏花情形云：

自亭右沿山膝行，又遡一小村，香山、碧云始见。见山
上下皆漫漫遥白，余曰："云也。"

子瞻营视不应，徐而曰："其云耶？将无是英英者也？"
已而，问之山农，乃真杏花也，始大叫，以为奇绝。

相与至卧佛寺，面面皆花，而一绯杏据西原上者，大可
盈抱，且殊丽，三人缘而上，则枝轮樛覆，若倒挂茉萸，网
网外，复施百步锦帐。余怡荡不自持，而日且哺矣。

九　卧佛寺明代碑刻

在卧佛寺长达千年的历史上，寺庙曾多次翻修，多有立碑纪功之
举，因此，积累下很多碑刻。

卧佛寺明代赑屃

除现存的王锡彤家族所置二碑（天王殿南侧）、雍正皇帝所置二碑（三世佛殿南侧）、乾隆皇帝所置二碑（卧佛殿南侧）外，据《日下旧闻考》记载，卧佛寺内原有明碑六通：

> 一寿安禅寺记，明礼部尚书毗陵胡濙撰；一檀越题名记，皆景泰三年立。一明宪宗寿安寺如来宝塔铭，一敕谕碑，皆成化十八年立。一重修记，嘉靖三十五年立。一明神宗寿安寺碑，万历十四年立。

在历史的演进中，卧佛寺曾有的六通明碑都已经不知所踪，只有三只赑屃碑座（两座在寺庙西墙壁下，一在东路僧舍院内）依旧趴在那里，诉说着此地曾经的历史。

第四节　卧佛寺的鼎盛期——清

一　康熙朝卧佛寺情况

明、清交际鼎革，战火纷飞，社会动荡不安，没有了香客，加上战争的破坏，卧佛寺一时凋零，"乱后寺废，香灯久断"[①]。

顺治末期，谈迁游览卧佛寺，见"饥僧二、三人，踏落叶，守败椽"[②]。其时，卧佛寺之凄凉状况可见。

康熙十七年（1678）三四月间，皇帝从昌平县沙河镇温榆河畔的巩华城出发，巡视郊甸，先幸黑龙潭，作《夏日，同大学士明珠暨诸侍卫过黑龙潭途中作》，随后翻山至寿安山退谷，顺香山、万安山、石景山、马鞍山、潭柘山，将沿途的寺庙、胜景全部巡幸一遍。

《圣祖仁皇帝御制文集》卷三十一的目录如下：

> 夏日，同大学士明珠暨诸侍卫过黑龙潭途中作
>
> 黑龙潭

[①]　孙承泽：《天府广记》卷之三十五《岩麓》。
[②]　谈迁：《北游录·纪文·游西山记》。

由广泉寺至卧佛寺

山寺晚景

咏卧佛寺古树

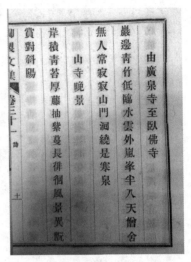

康熙《御制文集》卷三十一《由广泉寺至卧佛寺》

从康熙御制诗的诗题来看，皇帝的队伍似乎是从黑龙潭翻山到的樱桃沟广泉寺。

在卧佛寺，皇帝作《山寺晚景》云：

> 岸积青苔厚，藤抽紫蔓长。
> 徘徊风景异，玩赏对斜阳。

其《咏卧佛寺古树》云：

> 乔木娑婆荫正肥，夕阳相对岭崔嵬。
> 薰风拂树凉云起，暮景苍然送辇归。

此时，著名词人纳兰性德以侍卫身份陪同皇帝来卧佛寺，看到卧佛寺娑罗树雄壮之态，在《渌水亭杂识》卷一写道：

> 五台山僧侈言娑罗树灵异，至画图镂版，然如巴陵、淮阴、安西、伊洛、临安、白下、峨眉山，在处有之。闻广州南海神庙，四本特高。今京师卧佛寺二株，亦有干霄之势。

不过，康熙皇帝的活动主要集中在皇宫和畅春园，虽然，在香山大永安寺、碧云寺也曾设过规模很小的行宫，但对香山、卧佛寺等地并没有给予较为有效的修缮与开发。

尽管如此，卧佛寺娑罗树在京师仍然具有极高的知名度，号称京师"七绝树"之一。康熙二十四年（1685）刊印的张茂节修、李开泰纂《大兴县志》卷之二载：

> 韦公寺：京师七奇树，韦公寺得三焉，在左安门外二里……蘋婆一树，高五、六丈……西府海棠二株，高二旬……奈子树……可荫十余席。崇祯已巳毁于兵矣。此三树与天坛拗榆钱、灵显宫折枝柏、报国寺矬松、卧佛寺娑罗共成七绝树云。①

至康熙二十六年（1687）前后，著名诗人查慎行到卧佛寺，看到的仍是一片荒凉，其《卧佛寺》诗云：

> 古寺无僧佛倚墙，卧听蝙蝠掠空廊，
> 晚来光景尤萧瑟，叶叶西风戏白杨。②

二 雍正年间怡王府对卧佛寺的修缮

卧佛寺的败落一直持续到雍正年间。

雍正八年（1730），皇帝将卧佛寺赐给亲信兄弟怡亲王胤祥为家庙，胤祥遂出资对卧佛寺进行修缮。

不久，胤祥身没，其子怡亲王弘晓、宁郡王弘晈继之，将寺内

---

① 该处文字很可能出自《帝京景物略》第三卷《城南内外·韦公寺》，云："京师七奇树，韦公寺三焉。天坛拗榆钱也，榆春钱，天坛榆之钱以秋。显灵宫折枝柏也，雷披一枝，屏于雷中，折而不殊，二百年葱葱。报国寺矬松也，干数尺，枝横数丈，如浅水荇，如蚯蚓架藤。卧佛寺古娑罗也，下根尽出，累瘿露筋，上叶砌之，雨日不下。与韦公寺内之海棠也，苹婆也，寺后五里之奈子而七也。"
② 查慎行：《敬业堂集》卷八《人海集》"起丙寅十一月，尽戊辰正月"。

所存东、中两路建筑全部进
行翻建，对原有佛像进行修
复、重塑，工程一直延续到雍
正十二年（1734）末，方才
竣工。弘晓《重修退翁亭记》
载：

怡亲王胤祥朝服像

> 谷东卧佛寺，即今
> 普觉寺。建亭之时，颓废
> 已久，蒙世庙敕修，以今
> 名畀。王考为香火院，于
> 是，规模宏丽，象教聿
> 兴。中设神位，余春秋承
> 祀。①

弘晓称，卧佛寺"中设（胤祥）神位"，不知设于寺庙何处，设置
何等机构、人员进行专门守护？

经过怡王府五年的修缮，卧佛寺"琳宫梵宇，丹艧焕然，遂为西山
兰若之冠"。

工程完工后，雍正皇帝为寺庙亲撰碑文，记述修寺的缘起、经过，
并敕赐寺名为"十方普觉寺"。从此，"十方普觉寺"成为卧佛寺的最后
正名。②

---

① 弘晓：《重修退翁亭记》，《明善堂文集》卷二。
② 卧佛寺存雍正《御制十方普觉寺碑》。卧佛寺西路院为皇帝行宫，修建年代不详，或云乾隆
四十八年修，或云系此次胤祥家族修建时增建。

卧佛寺名称演化表

朝代	寺 名	备　注
唐	兜率寺	贞观年间建寺初名，沿用至金
元	寿安山寺	《元史·英宗本纪》称寺为"寿安山寺"，时间不详
	大昭孝寺	元文宗至顺二年（1331）
	洪庆寺	元　末
明	寿安禅林	明英宗正统八年（1442）
	寿安寺	成化十八年，明宪宗敕建如来宝塔，称寿安寺
	永安寺	崇祯年间改
清	十方普觉寺	清世宗雍正十二年（1734），沿用至今

卧佛寺西侧行宫，民间相传为雍正行宫，不知何据。查乾隆皇帝《古意轩》，诗云："寺古轩亦古，修葺那可少（寺为古刹，自癸卯年始修葺之）。"①

"癸卯"，即乾隆四十八年（1783）。可知，乾隆朝修葺卧佛寺始于乾隆四十八年。

乾隆称"寺古轩亦古"，"寺古"自然好理解，"轩古"是什么意思呢？其诗复云："因葺古寺便，新轩其侧造。"以"新轩"对应前面的"古轩"，可知，在乾隆四十八年重修卧佛寺以前，卧佛寺轴线院落西侧是有建筑的，也就是乾隆笔下的"古轩"，或许即是怡王府供奉胤祥神位的场所。

雍正皇帝不仅为寺庙题写寺名，并委派永觉禅师超盛到卧佛寺主持法席，还为卧佛寺方丈书写对联，曰："画气合炉香馥郁，天光共湖影空明。"

超盛禅师是有清一代高僧，雍正皇帝在宫中、御园举办"当今法会"，超盛即是与会证悟的六名僧道之一，常在圆明园服侍，后为贤良

---

① 乾隆《御制诗五集》卷四十七《古意轩》，署年"己酉"（乾隆五十四年，1789）。

寺住持。[①]超盛还受到雍正皇帝的特别信任，特敕赐无阂永觉禅师的封号、专敕及银印给他。

皇帝敕命超盛为怡亲王家庙方丈，似乎不甚合情理。

综合考虑，怡王家族修缮卧佛寺为敕修、寺名为雍正皇帝钦赐、方丈为皇帝钦派等因素，或者卧佛寺修缮后，弘晓即将其奉献给皇帝，这种大臣自费报效的事情在清朝也是惯例。

这就意味着，或者自雍正十二年起，卧佛寺就已在某种程度上成为皇家寺庙，行宫或者亦此时建造的，只是规模没有乾隆时代严整恢宏罢了。

三 乾隆初年卧佛寺的一起盗案

乾隆初年，卧佛寺曾经发生过一起盗窃案。

起初，官府定为寺僧自盗，经兵科给事中胡定查访，寻得真盗。《清史稿》卷三百六《列传九十三·胡定》载：

> （胡定）转兵科给事中，巡视西城，求居民善恶著称者，皆榜姓名于衢，民有讼者即时传讯判结。西山卧佛寺被窃，同官误以僧自盗奏，定廉得真盗，僧得雪。

胡定（1709—1789），字登贤，一字敬醇，号静园，广东保昌人。雍正十一年（1733）进士，博通群书，阴阳卜筮推算无不淹贯。乾隆初，充《大清一统志》纂修官、预修《八旗通谱》。

乾隆五年（1740）七月，胡定奏湖南巡抚许容诬陷粮道谢济世一案，揭发湖广总督孙嘉淦以及布政使、按察使等诸官朋比倾陷谢济世情

---

① 贤良寺位于东安门外帅府胡同，原为怡亲王胤祥府，雍正八年，胤祥逝世，雍正十二年（1734）改建为贤良寺，以超盛为住持。

状。经查得实，胡定负秉直敢言之誉，转兵科给事中，巡视北京西城。

胡定上任后，尽职尽责，访得善良与恶棍姓名，于街道各立一榜，公之于众，以示昭戒。民有讼者，即时传讯判结。有御史、贵戚诬告卧佛寺僧为盗，系入狱中。胡定秉公审案，查获真盗，僧冤得雪，御史降官，贵戚除籍。京城人皆侧目。①

其中，某"除籍"之"贵戚"身份，似颇可思议，或与怡府有关。

四 乾隆皇帝与卧佛寺

雍正十三年（1735）八月二十三日，雍正皇帝逝世。皇四子弘历继位，是为乾隆皇帝。乾隆继位后，雍正法会众人，只命超盛、元日到京，"瞻仰梓宫。"②

元日，就是乾隆元年继超盛禅师继任卧佛寺住持的青崖和尚。

乾隆七年（1742），在怡亲王弘晓等人的陪同下，乾隆皇帝第一次游览卧佛寺，并作《御制秋日普觉寺》诗，云：

> 金飔飏华盖，露气逗晓寒。
>
> 西山景色佳，驾言兹游盘。
>
> 羽骑度林樾，和鸾驻禅关。
>
> 两峰辟仙路，其背众岭环。
>
> 兰若百年余，胜境非尘寰。
>
> 是时新秋霁，黛色涤远峦。
>
> 一川禾黍风，西成诚可观。
>
> 金吾莫喧呼，恐妨僧坐禅。
>
> 屏营礼大士，而无心可虔。

---

① http://news.socang.com/2008/05/16/1229387256.html.
② 《大清高宗纯皇帝实录》卷一。

卧佛伸其足，万劫常安眠。

菩萨群拥立，垂垂宝发髻。

旋憩方丈幽，敲火烹山泉。

泠泠来牖下，流为清镜澜。

杂英纷砌旁，凤仙与鸡冠。

尘心一以洒，回眸传林间。

比丘漫凝睇，争如上方闲。[①]

乾隆四十八年（1783），乾隆皇帝对卧佛寺进行扩建。

此次扩建不仅修缮了原有的建筑，还在寺门处增建了规模宏大的琉璃牌坊，扩建了寺庙轴线西侧的行宫，并为寺庙各大建筑题写匾额，琉璃牌坊上的"同参密藏""具足精严"，三世佛殿的"双林邃境"，卧佛殿的"得大自在"等都是乾隆题写的。

卧佛寺扩建后，乾隆皇帝亲到卧佛寺瞻礼。其《十方普觉寺瞻礼》诗（刻于雍正《御制十方普觉寺碑》背面）中有云："癸卯曾经此落成，重临净域畅间情。"

癸卯，即乾隆四十八年。"癸卯曾经此落成"句告诉后人，乾隆四十八年，卧佛寺曾经大修，而皇帝本人"曾经"

乾隆年间卧佛寺琉璃牌坊一角

---

① 《日下旧闻考》卷一百一《郊坰·西十一》。

此处。

从卧佛寺碑刻现存乾隆御制诗的时间落款可知,乾隆四十八年(癸卯,1783)、乾隆五十年(乙巳,1785)、乾隆五十二年(丁未,1787)、乾隆五十四年(己酉,1789)、乾隆五十八年(癸丑,1793),乾隆皇帝至少五至卧佛寺,几乎每两年一游卧佛寺。乾隆皇帝对卧佛寺的喜爱,由此可见一斑。

五 帝后临幸与同光年间卧佛寺的重修

有清一朝,除了乾隆皇帝曾六到卧佛寺外,以后皇帝也屡有巡幸卧佛寺的情况,今可知者有道光皇帝、咸丰皇帝、光绪皇帝。

《宣宗文皇帝实录》卷之五十载:"丙申,上奉皇太后诣十方普觉寺拈香。"丙申,道光十六年(1836)。

《宣宗文皇帝实录》卷之五十八载:"己亥,上奉皇太后诣十方普觉寺拈香。"己亥,道光十九年(1839)。

《文宗显皇帝实录》卷之七十一载:"乙卯,上诣十方普觉寺拈香。"咸丰乙卯,即咸丰五年(1855)。

同治、光绪年间,卧佛寺曾随着京西园林水利工程的重修,一并经过修缮,现国家图书馆仍藏有同治年间"样式雷"修缮卧佛寺的勘察、预备修复档案。

其后,光绪皇帝与慈禧曾到卧佛寺,慈禧太后还为卧佛殿题写了"性月恒明"的匾额。不过,这都是落日余晖了。

同治年间"样式雷"图档中关于重修卧佛寺的文字

第五节　卧佛寺的败落与再生——民国至当代

一　清末的卧佛寺

由于清朝的衰败，卧佛寺虽然在同、光年间曾经重修，但也随着时代的脚步，不可避免地走向衰落。

尽管如此，卧佛寺在北京仍有名寺的称谓。光绪年间震钧在他的《天咫偶闻》卷九《郊坰》中写道：

> 翠微山、四平台，八大刹所在也……循山北出杏子口，趋香山，则碧云寺、五华寺、玉皇顶、卧佛寺、宝藏寺皆山之名刹，而不在八刹以内。

参与维新变法的康有为、刘光第也都曾游览卧佛寺。康有为有长诗《卧佛寺人迹罕至，古树数十，皆千年前物也，后为行殿，有松山，僧谓乾隆廿六年有凤栖焉》，云：

> 西山百余寺，卧佛号树严。
> 秋风吹飞鬓，落日在塔尖。

古柏夹道立，千年郁荒隊。
殿前娑罗树，离披盈亩阴。
殿后罗松栝，翠霞挺百寻。
寿命阅金元，葆此西山岑。
涧水萦其前，盘陀偃（反厌）。
九夏来清坐，霜雪疑相侵。
绀阁何辉煌，先帝费千金。
是时万方宴，羽盖纡登临。
只今瞻帐殿，辇路曲以深。
长廊夹广堂，方池隔精蓝。
冠岩抗高阁，萦道竦长林。
木末翼方亭，石笋环圆庵。
长松如羽葆，翠枝蟠麓棽。
寺僧与我言，乾隆致凤吟。
岂伊十全功，帝制不再斟。
我翼虞舜韶，贺世鸣德音。
白雁作新声，清奏古至今。
循阶抚玉碱，感望彤庭簪。

诗题中"后为行殿，有松山，僧谓乾隆廿六年有凤栖焉"，松山盖指卧佛寺行宫万松亭西侧的土山，"凤栖"不知指何事。

"西山百余寺，卧佛号树严。"指卧佛寺以古树著称，与袁中道《卧佛寺记》"门有老柏百许森立，寒威逼人。至殿前，有老树二株，大可百围，铁干鏐枝……卧佛盖以树胜者也。夫山，当以老树古怪为胜，得其一者皆可居，不在整丽。三刹之中，野人宁居卧佛焉"同意，可知古树对于卧佛寺的重要性。

"殿后罗松栝，翠霞挺百寻。"栝，古书上指桧树。"殿后罗松栝"

指三世佛殿后的两株柏树。

"绀阁何辉煌，先帝费千金。"指光绪时期因慈禧、光绪莅临修缮卧佛寺事。"冠岩抗高阁，萦道竦长林。木末翼方亭，石笋环圆庵。"写行宫大磐石、其上观音阁与其旁含青斋景象。

"岂伊十全功，帝制不再斟。"斟，作考虑讲。感慨帝王制度之不在。可知，此诗当作于清亡后。

二　基督教青年会与卧佛寺

清末民初，社会动荡不安，卧佛寺失去大施主的捐助，资金困难。

民国初年，北京基督教青年会与卧佛寺方丈智宽和尚签订合同，以每年一百银圆的租金，租借了卧佛寺东、西二院的大部分房屋，租期为20年。

基督教青年会成立于1844年6月6日，由英国商人乔治·威廉创立于伦敦，希望通过坚定信仰和推动社会服务活动，改善青年人精神生活和社会文化环境。

光绪十一年（1885），基督教青年会传入中国，成立福州青年会。宣统元年（1909），北京基督教青年会成立，致力于文化教育、体育娱乐活动等。

1911年，北京青年会在卧佛寺创办北京青年会夏令活动基地，举办国立学校第一次夏令会，为北京学生夏令活动之首创。

1918年前后，在燕京大学任教的甘博（一作甘布尔）曾游览卧佛

青年会众在卧佛寺行宫叠石处合影

寺一带，拍摄了不少卧佛寺及基督教青年会众的照片，成为今人了解当时卧佛寺的珍贵资料。

三　民国时期卧佛寺的两次修缮

民国时期，卧佛寺曾进行过两次修缮：

第一次在民国十八年（1929），由"普济佛教会捐资"修葺。

据王见川《清末民初五台山的普济及其教团》介绍，普济佛教会是由清朝直隶宁晋县人李得胜（法名教化，字普济）于光绪时期创建的一个佛教与道门结合的宗教团体，以持戒吃素、救济大众、修造寺庙为主要活动，民国时期在华北一带影响颇大。①

第二次修缮是在民国二十二年（1933）。这次修缮是中华民国参议院议员王泽敩家族倡议，天津产业界集资修复的，这次修复后曾经立碑纪功，碑在天王殿"二度梅"前。

重修西山普觉寺碑（碑后刻捐款名单）

王泽敩，河南汲县（1988年，改名卫辉）人，著名实业家王锡彤次子。王泽敩之母赵太夫人去世后，卜葬于离卧佛寺不远的东沟村高地。1933年5月，王泽敩护送母亲灵柩到卧佛寺暂厝，准备安葬。

当时，国军正在长城一线与日军激战，加上阴雨连绵，心中焦虑。不意，安葬时，灵柩甫出寺门（王氏墓园位于卧佛寺东南数百米处），而阳光普照，安葬完毕，雨下如初。

王泽敩认为，此等异象是佛祖

---

① http://www.foyuan.net/article-105446-1.html.

保佑，因此集资八千银圆，对卧佛寺进行修缮，以报佛恩。

工程从民国二十三年（1934）农历二月（甲戌仲春）开始，经五月，至秋季完工。"计塑金像十三尊，山门、殿宇、僧寮依次补葺，添造西院库房九间，疏浚旧沟渠二百余丈。"

四　梁思成、林徽因考察卧佛寺

就在卧佛寺民国时期两次修缮之间的 1932 年，著名建筑学家梁思成携林徽因考察卧佛寺，与卧佛寺住持智宽方丈有过交谈，并作《卧佛寺的平面》一文，发表在《中国营造学社汇刊》第三卷第四期上。

文中指出，卧佛寺尚保持唐宋寺庙建筑"伽蓝七堂"的格局，价值颇高。

五　新中国成立后的卧佛寺

中华人民共和国成立后，卧佛寺被市政府划归北京市公园管理委员会领导。但因年久失修，且长期驻扎军队，寺庙建筑、佛像破损严重。

1955 年 3 月，北京市政府拨款 35 万元对卧佛寺进行修缮。

在此次修缮中，卧佛殿、三世佛殿进行挑顶大修，更换木架，修复卧佛殿因后墙倒塌砸坏的五尊佛像，油饰殿堂；同时，进行道路整治：古柏夹道南至卧佛寺路口土路（1270 米）改成宽 6 米的水泥板路，古柏夹道东、西两侧的土路则改铺水泥路面，中间夹砌路牙石。

9 月 20 日，卧佛寺修缮工程竣工，正式对游人开放。

1957 年 10 月 28 日，卧佛寺被列为北京市第一批重点文物保护单位。次年 8 月 20 日，香山公园管理处将卧佛寺移交给北京市植物园筹备处。

1960 年，卧佛寺最后一任方丈智宽和尚去世。工作人员在整理其遗物时，发现一纸条，上面写着"卧佛寺志，光绪庚子年散失"。

光绪庚子年，即 1900 年。

时，八国联军入侵北京，卧佛寺虽远在西郊，侵扰亦不能免，并致寺志遗失，对于千年古刹来说，令人扼腕。

六 "文化大革命"中的卧佛寺

1966 年，"破四旧"运动波及卧佛寺。

为了保护卧佛寺最为珍贵的琉璃牌坊，北京市植物园职工将琉璃牌坊抹上白灰，上书毛泽东语录，才使这珍贵至极的精品琉璃牌坊得以免受冲击，保存至今；乾隆皇帝御笔"得大自在""双林邃境"，慈禧太后御笔"性月恒明"等匾额也被收藏起来。

在那样的政治氛围下，园林工人以最基本的良知保护了民族最为珍贵的文化财富；但是，其他无法"隐藏"的文物却遭到彻底破坏。

在"革委会"的领导下，众人将卧佛寺山门殿、天王殿、三世佛殿及东西配殿内共 50 余尊佛像尽数推倒砸碎；同时，拉倒了天王殿、三世佛殿前的石碑，并将雍正御制十方普觉寺碑架起，点火加热，以冷水泼激，巨大的石碑被砸成两节。一时间，千年古刹面目皆非。

此时，恰值周恩来总理到碧云寺视察，见寺内佛像几被毁坏殆尽，复听闻卧佛寺也受到极大破坏，当即指示封闭卧佛殿，停止对外开放。

这时，卧佛殿内十二圆觉像中的东面两尊已被砸坏。

七 卧佛寺的新生

1973 年，为了迎接美国总统尼克松访华，北京市政府对卧佛殿佛像进行修复和复制，对铜卧佛补金、补彩 9 处，修复佛弟子佩带、花叶、玉佛冠等 39 件，修复佛弟子 2 座（木雕，高 2.45 米）。

4 月 7 日，周恩来、邓颖超到卧佛寺视察，批准香山碧云寺、卧佛寺对外开放。4 月 15 日，卧佛殿正式对外开放，当天接待游客 5 万余人。

"文革"结束后，国家对卧佛寺再次进行维修和保护，复建"智光重朗"牌坊、修复行宫院旧房、铺设透气地砖，等等。

2011 年重修彩绘贴金的卧佛寺建筑局部

　　至 1984 年底，卧佛寺佛殿肃穆、堂院整洁、古木扶疏，基本恢复了古寺风貌。10 月，卧佛寺东路僧舍院改造成饭店和旅馆，同时，西路院行宫则被用作饭店 4 号院。

　　进入 20 世纪以来，北京市公园管理中心、北京市植物园持续投资，对卧佛寺建筑、佛像进行系统维护。

　　千年古刹卧佛寺再一次以崭新的面貌呈现于世人面前。

第二章 古寺瑰宝——卧佛寺的景观和文物

十方普觉寺

　　从唐朝建寺，卧佛寺走到今天，已经历了千年的风雨。

　　如今的卧佛寺仍然延续了清代东、中、西三路格局，一路上的景观和文物记载着这座寺庙的过去、今生，既是珍贵的历史文物和自然胜景，也是人们游赏、追问自我的清净空间。

第一节　卧佛寺中路寺庙轴线

卧佛寺中路是真正意义上的寺庙区，也是如今寺庙景区的主景区，是卧佛寺千年历史的主要承载空间。

自南而北，各建筑空间分别是"智光重朗"牌坊、古柏夹道、乾

十方普觉寺示意图（许惠利《卧佛寺与樱桃沟》）

隆琉璃牌坊、放生池、钟鼓楼、山门殿、天王殿、三世佛殿、东西配
殿、卧佛殿、藏经阁及位于半山上的寿山亭，其间还有各种树木与碑
刻。

一 "智光重朗"牌坊

"智光重朗"牌坊是卧佛寺第一处景观。

清嘉、道间，江南河道总督麟庆《鸿雪因缘图记》中"卧佛遇雨"
一节载："入道处又立绰楔，门径宏丽。"

绰楔，亦作"绰削""绰屑"，古时树于正门两旁、用以表彰孝义的
木柱，明、清时代，用绰楔指牌坊。

清朝末年，这座宏丽的牌坊受到破坏。彼时，寺庙贫困，无力重
修，只得钉了几根简陋的木牌了事。

1932 年 6 月，著名建筑学家梁思成偕夫人林徽因一起到卧佛寺考
察，曾见此景。他在《平郊建筑杂录》一文"卧佛寺的平面"一节中
写道：

　　在最前面，迎着来人
的，是寺的第一道牌楼，
那还在一条柏荫夹道的前
头……现在的这座，只说他
不顺眼，已算十分客气，不
知哪一位和尚化来的酸缘，
在破碎的基上竖了四根小柱
子，上面横钉了几块板，就
叫它做牌楼。

穿过卧佛寺第一牌楼的骆驼（美国人甘博摄于
1924—1927 年）

如今的牌楼是 1983 年在原

修复后的"智光重朗"牌坊

址上、按照原有规制复建的。

牌楼四柱三间三楼，柱出头，庑殿式木质牌坊，灰筒瓦顶，朱红漆柱。朝南的正楼额枋上书"智光重朗"四字，背面书则书有"妙觉恒玄"四字。①

"智光重朗""妙觉恒玄"等字，系香山正白旗人、书法家唐雪渔所书。

唐雪渔，生于清光绪三十五年（1909），字福海，号秉谦，蒙古族，书学颜真卿。新中国成立前，其书法作品曾荣获全国万人书法大赛第十名；1982年，其书法曾在日本展出。

何谓智光呢？

简单地说，就是佛"教"的智慧之光。因佛智能破无明之暗，故以光比喻佛法。《佛说大乘无量寿庄严清净平等觉经》中，法藏比丘偈颂："愿我智慧光，普照十方刹。消除三垢冥，明济众厄难。"

"智光重朗"意思是说，随着牌楼的重修，佛的智慧之光重新焕发。"智光重朗"南向牌楼两边次楼额枋原书"如来胜景"。

"如来"是佛的称号之一，意思是乘如实道来。"如来胜景"四字是说，卧佛寺胜景即如同佛教净土一般。

---

① 许惠利：《卧佛寺与樱桃沟》云，"智光重朗"南向两边次楼额枋上原书"如来胜景"，又云："'智光重朗'牌坊上的字，据解放前在卧佛寺前卖茶水的张泉老人所讲。张泉现住香山门头村。一九八三年至一九八四年间，卧佛寺管理处重建这座牌坊时，略去了'如来胜景'四字。"中国旅游出版社1986年版。

"妙觉"是大乘菩萨道之五十二修行阶位之一,四十二地之一,又称"妙觉地"。《菩萨璎珞本业经》云："第四十二地名'寂灭心妙觉地',常住一相,第一无极,湛若虚空。"又云：

> 妙觉常住,湛然明净,名一切智地。常处中道一切法上,超过四魔,非有非无,一切相尽,顿解大觉,穷化体神,二身常住,为化有缘。

"妙觉恒玄"四字是说,佛法"妙觉"境界玄妙无比,非常人可达。

二　夹道古柏

卧佛寺智光重朗牌坊后是一段有矮墙相护、长达 134 米的石砌坡道。

卧佛寺两牌楼间的古柏夹道

坡道分作三路，由两行粗壮茂盛的古柏分隔开来。《鸿雪因缘图记·卧佛遇雨》称其为"驳道"，言"长里许，夹以古桧百章。"

在传统时代，两座牌楼之间长势繁茂、郁郁葱葱的"古桧百章"就为往来人们所关注。清初，隐居樱桃沟生活、著述的孙承泽在《天府广记》中写道："门有老柏百许森立，寒威逼人"；"大松两行拥之，香翠扑人衣裙。"

据统计，整个坡道共有侧柏41株，其中一级古侧柏37株，最粗者胸径达1.42米，胸围达4.48米——与其胸径相差不多者有五六株。

据推测，这棵最古老的柏树树龄已达1300多岁，应为唐朝贞观年间建寺时所植。

厚重的石板砌成的古道（传统时代，中间一路为砌石古道，两边道路为土道）随着地势逐渐上升，在两行古柏的浓荫遮蔽下，显得分外清凉清幽。

这一段寺庙前导空间，实际上，起着制造庄严氛围、引导游者思想上从尘世到佛国的作用。

三 琉璃牌坊

一般来说，丛林坡道的尽头即是寺庙的大门，卧佛寺本也不例外，不过，在历史沿革中，这一建筑空间时有变化。

卧佛寺乾隆四十八年造琉璃牌坊

唐宋时代，道路的尽头是山门殿；明朝成化十八年（1482）两排柏树的北尽头增建如来宝塔一座，以宝塔作为寺门；乾隆四十八年（1783）以后，如来宝塔处建立起卧佛寺的新标志性建筑——琉璃牌坊。

牌坊为四柱三间七楼建筑，单檐歇山黄琉璃瓦顶；以白石雕刻须弥座、夹杆石和拱门，柱间隔以朱墙；两侧次楼匾上镶有琉璃砖拼接的二龙戏珠图案，中间正楼匾上镌有乾隆皇帝御书的"同参密藏"四字。

"同参密藏"，应是乾隆皇帝从《大般涅槃经》中拈出的。《大般涅槃经》中云：

> 我今当令一切众生，及以我子四部之众，悉皆安住秘密藏中，我亦复当安住是中，入于涅槃。[①]

迦叶亦云："如佛所说，诸佛世尊有秘密藏。"

那么，佛陀与迦叶所说的"秘密藏"是什么意思呢？迦叶云：

> 尔时，迦叶菩萨白佛言：世尊，如佛所说诸佛世尊有秘密藏，是义不然，何以故？诸佛世尊唯有密语，无有密藏。譬如幻主机关木人，人虽睹见屈伸俯仰，莫知其内而使之然。佛法不尔，咸令众生悉得知见，云何当言诸佛世尊有秘密藏？

琉璃牌坊上的乾隆皇帝题"同参密藏""具足精严"

---

① 昙无谶译：《大般涅槃经》卷第二《寿命品第一之二》。

琉璃屋檐下的二龙戏珠

释迦牟尼佛解释道："如来正法……初中后善。"也就是说，佛陀根据学佛者慧根与因缘的不同，由浅入深讲述佛法，并非不肯全部讲清。所谓：

如来实无秘密之藏。何以故？如秋满月，处空显露，清净无翳，人皆睹见，如来之言亦复如是，开发显露清净无翳。愚人不解，谓之"秘藏"，智者了达，则不名"藏"。①

乾隆选择这样的主题为卧佛寺琉璃牌坊题额，说明皇帝对《大般涅槃经》是很熟悉的，他希望来此游瞻的人们一同来参悟佛陀的无上妙法，以期证得无上正觉，使佛的秘藏成为不秘。

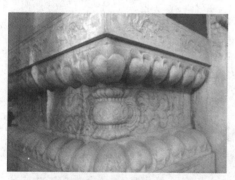

牌坊下巨大的石制须弥座（满雕莲花、螭龙）

牌楼面北方向题"具足精严"，是说佛法具足、精细严密②，亦是乾隆皇帝御笔亲题。

精严，作精细严密讲。此题与牌楼正面的"同参密藏"题额相配合，指明了佛法的博大精深，以及修佛的方向。

---

① 昙无谶译：《大般涅槃经》卷第五《如来性品第四之二》。
② 精严，精细严密。宋胡仔《苕溪渔隐丛话前集·半山老人四》云："荆公晚年诗律尤精严，造语用字间不容发。"

琉璃牌坊华丽精美，五彩斑斓，规模宏大，堪称寺内，甚至国内一绝。

该牌楼与香山昭庙、国子监、东岳庙等地琉璃牌楼同等规模，是中国最富丽堂皇、做工最精美的牌楼之一。

四　放生池

进入琉璃牌坊，行不过五六米即是卧佛寺的半月形放生池。

"放生"一词见于《列子·说符》，云：

> 邯郸之民以正月之旦献鸠于简子，简子大悦，厚赏之。
> 客问其故，简子曰："正旦放生，示有恩也。"

就是说，正月初一，赵简子将邯郸百姓交来的鸠鸟放生，显示自己对生命有恩德。

可知，中国自古即有爱惜生命的人文关怀。不过，放生作为一种生活习惯影响中国最广大的人民，却是因为佛教的大力倡导。

佛教讲求慈悲为怀。《涅槃经》卷第十四："慈即如来，如来即慈。"卷第三十二云："大慈大悲，名为佛性。"

基于慈悲的要求，佛教认为放生就是慈悲的一种具体表现，也是一种消除苦难的方式。《药师琉璃光如来本愿功德经》云：

卧佛寺放生池与鼓楼

> 阿难，若帝后、妃主、储君……黎庶

51

鼓楼、放生池与放生池上的石桥

为病所苦及余厄难，亦应造立五色神幡，然灯续明，放诸生命，散杂色华，烧众名香，病得除愈，众难解脱。[①]

陈、隋之际，浙江天台山智者大师（智𫖮，著名僧人）倡导放生。唐乾元二年（759），唐肃宗下诏在山南道、剑南道、荆南道、浙江道等地设置放生池81所。宋代天圣三年（1025），四明僧知礼奏请永久成立"南湖放生池之佛生日放生会"，并撰《放生文》，定其仪轨。

由于佛教在中国的广泛传播，在中国人的心目中，放生是一种修行，某种程度上甚至可以说，是一种生活方式。

宋代改革家、文学家王安石就非常重视放生。沈括《梦溪笔谈·药议》称："尝见丞相荆公喜放生，每日就市买活鱼，纵之江中，莫不洋然。"

为了方便信众放生，寺庙中一般都建有放生池，供信众放生鱼、龟等水生生物。因为佛教宣传，信仰放生是为自己和家人积德，所以，放生池又名"功德池"。

卧佛寺放生池以条石砌就——部分条石取自樱桃沟至玉泉山的引水石渠形如半月，又名"月池"。

池东西长30.8米，南北最宽处9.5米，周以栏板、栏杆。月池之上架单拱汉白玉石桥，形如玉带，整体造型优美。

---

① 《药师琉璃光如来本愿功德经》。

由 20 世纪 20 年
代的卧佛寺放生池老照
片来看，放生池南侧以
栏杆围绕，而北侧则是
以砖墙砌就环绕的。

明清时代，樱桃
沟水脉丰沛，遍地生
泉，乾隆晚期修整卧佛
寺时，以石槽将泉水引

20 世纪 20 年代的卧佛寺放生池

入卧佛寺行宫，泉水从卧佛寺西面的行宫水池通来，由放生池西面兽
头进入池中，从东面池上的兽头流出寺庙。于是，寺庙里，终年泉水
作响，不满不溢，泉声、松声、念佛声融在一起，营造出世外的清净与
淡泊。

五　钟鼓楼

过放生池石桥，正面为山门
殿，殿两侧为钟鼓楼。按照"晨钟
暮鼓"的要求，山门殿前面左右
（东西）分别为钟、鼓楼。

钟、鼓是寺院内的起居号令，
凡遇有重大的佛事活动，或撞钟
或擂鼓，或钟鼓齐鸣，皆按宗教
章程。

卧佛寺钟鼓楼位于天王殿和月
池间的东西两侧，方形，面阔6.2米，
双层高8.1米，重檐歇山灰瓦顶。

由 20 世纪 20 年代的卧佛寺钟

甘博摄卧佛寺钟楼

楼并放生池照片来看，彼时，钟楼下层并未开窗，但其东部放生池北侧却是栏杆围就的，可说明西侧放生池北侧为砖砌围墙，似为权宜举措，历史上，应该是以栏杆围就的。

卧佛寺钟楼内保存着铸于明代万历辛丑年的铁钟。

铁钟造型优美，声音清脆悠扬，满身镌刻诸佛佛号，并有"皇图巩固""法轮常转"字样，是卧佛寺内重要的历史文物。其中一面钟身铸造有"敕赐洪庆寺重开山第一代住持智亮"，并诸僧人题名，时间落款为"万历辛丑年孟夏吉日造"，知钟铸造于万历二十九年（1601）四月。

钟鼓楼院内有古柏20株，其中一级古柏14株、二级古柏6株、泡桐2株、七叶树1株、洋槐2株，干径皆超过50厘米。

这些古树与放生池、琉璃牌坊、钟鼓楼、山门殿一起构成了一幅和谐的图画，在卧佛寺山门之前，营造出和谐而古朴的历史感。

六　山门殿

卧佛寺山门殿位于放生池的正北面，殿额"十方普觉寺"为原中国佛教协会会长赵朴初题写。

佛陀要求比丘到僻远的山区修行，以避开红尘的纷扰，因而，寺院多建于山林寂静之处，于是，寺院的大门也就被称为"山门"。因佛教的山门多为殿堂式，故也称"山门殿"。

明代中后期，卧佛寺以"堵波为门"。

堵波，为梵文音译，汉文意思是"塔"。《帝京景物略》之"卧佛寺"篇有"行老柏中数百步，有门甕然，白塔其上，寺门也"的记载。既有塔门，则不应复有殿门，可知，如今的殿式山门也是清代修缮时改建的。

雍正、乾隆间，励宗万在《京城古迹考》中称，卧佛寺山门殿匾额为"普觉禅林"。

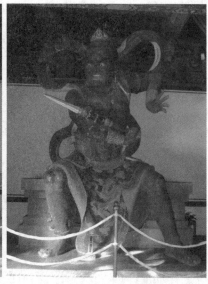

哼将　　　　　　　　　　　哈将

怡亲王弘晓《重修退翁亭记》则记载，其家重修卧佛寺为"世庙敕修，以今名界"①。"今名"，即"十方普觉寺"，可知，励宗万所云卧佛寺山门殿匾额"普觉禅林"，应为雍正所题。

卧佛寺山门殿面阔三间，歇山筒瓦顶。殿内东、西两侧分别供奉哼、哈二将像。

佛教山门殿内的哼、哈二将形象，很可能受汉文化中门神崇拜的影响，同时结合了佛教经典中的某些形象。

《大宝积经》中有"金刚力士，名曰'密迹'，住世尊右，手执金刚"的说法，而《佛学大词典》解释云：

> Ahum，阿吽二字，为一切文字音声之根本，阿者开声，吽者合声，一切之言语音声尽归此二字。阿为大日如来之种子，吽为金刚萨埵之种子。悉昙三钞下曰："阿吽二字，出入

---

① 弘晓：《重修退翁亭记》，《明善堂文集》卷二。

息风，即是一切众生性德，本具自证（阿字）化他（吽字）
也。恒沙万德，莫不包括此二音两字。阿是吐声权舆，一心
舒遍，弥纶法界也。吽是吸声条末，卷缩尘刹，摄藏一念也。
阿字是毗卢遮那，吽字是金刚萨埵。[①]

于是，在多种文化的影响下，佛教寺庙中山门殿处出现了左右对立
的佛教门神。

明代小说《封神演义》中，将这两位佛教寺庙的守护神附会成商朝
末年的两员神将：左边的力士怒颜张口，似正在发出"哈"声的是"哈
将"，右边忿颜闭唇，似正在发出"哼"声的力士则为"哼将"。

哼将，名郑伦，是商纣王的大将，学得"窍中二气"之术，鼻子一
哼，声如洪钟，随响喷出二道白光，吸人魂魄；哈将，名陈奇，遇到敌
人，口出一口黄气，吸人魂魄。故而，二人无敌。姜子牙灭商，归国封
神，封二人镇守山门、宣布教化。

虽云不经，然而，《封神演义》在中国下层群众中影响甚巨，这种
对哼、哈二将的解释也就为广大百姓所知了。

卧佛寺哼、哈二将像原高2.95米[②]，"文革"中被破坏。现有塑像为
1985年重塑，高4米，威风凛凛，形象生动。

山门殿东、西两侧各开一小门，三门并立，象征佛教的"三解脱
门"（空门、无相门、无作门），故寺庙的山门殿亦称作"三门殿"。

七　天王殿海松

出山门殿，经过砖砌的甬道，可达天王殿。

在山门殿与天王殿之间的东、西两侧有东、西配厅各5间，大式做

---

① https://www.chinabaike.com/article/baike/fj/fjcd/2008/200803301274635.html.
② 1958年，北京市文物事业管理局"关于普查十方普觉寺的调查资料"，见许惠利《卧佛寺与
樱桃沟》，中国旅游出版社1986年版。

法，硬山箍头脊，筒瓦顶。

配厅的南侧各有西配房 3 间
与南配房相衔；配厅北侧各有西
配房 5 间与东、西配殿相连。

天王殿前有著名的海松和
二度梅，以及记载民国二十二年
（1933）天津实业家集资重修卧
佛寺的纪功石碑。

天王殿前古柏两株，树身粗
大，胸围 3 米有余，高 20 余米，
皮干斑驳，树冠蓊郁，已有数百
岁的树龄。

天王殿前的海松、二度梅和重修西山普觉寺碑

明末区怀瑞《游业》载，天
王殿前"左一海松，后殿卧佛一，又后小殿更置卧佛一，后遂称'卧佛
寺'"。可知，位于天王殿左侧的这株柏树被称作"海松"。励宗万《京
城古迹考》之"寿安寺"载："更有苍松一，在殿之东。"指的也是这棵
海松。

甬道西侧一株古柏与海松同为一级古木，从胸径看，与东侧"海
松"应为同时栽植，何以《游业》不载西侧一株古柏呢？

仔细观察，可见甬道东侧的"海松"上端分成两枝，树姿较西面古
柏更佳，更有观赏效果，符合中国传统时代士人标榜个性的审美观，这
也许就是它能够得名的原因。

八　重修西山普觉寺碑

海松西侧有石碑一通，正面碑文记载民国时期重修卧佛寺的过程，
背面为捐款人名称。碑刻正面内容如下：

重修西山普觉寺碑

汲县王泽㴑撰文

江阴童坤厚书丹

北平西山，刹竿相望。由香山而北，峰谷萦回，林木蓊翳，有普觉寺，建自李唐，状释迦牟尼佛示寂之相，右胁而卧，俗称"卧佛寺"。

清初，雍正年间，辟为十方丛林，敕改今名。世宗雅好佛法，尝召青崖禅师留止宫中，参究禅学，宠遇逾恒。高宗嗣位，命师来主寺席，开坛说戒，大弘宗门。沿及清季，犹号清修胜地。

近世以来，四郊乡垒，殿宇失修，渐就倾圮。

民国十八年，普济佛教会捐资修葺，营治数载，规模已具，全工未竟。

癸酉五月，泽承严命，奉先妣赵太夫人遗榇卜葬西山之麓，距寺东百余步。灵舆莅止，暂憩寺屋，以营葬事。

当是时，长城告警，山中一夕数惊，加以霪雨经旬，不克蒇工是惧，中心惶惑，莫可为计，则唯口宣佛号，顶礼佛前，冀垂哀灵。

舆既举，阴雨未已，出寺之顷，豁然开霁。仰视天际，祥光拥现，曦轮赫奕，灵贶昭著，众目睒睒，叹未曾有。葬事甫竣，阴雨如故，谓非佛慈加被、曷克臻此？于莫可如何之中竭诚叩祷。初不意大雄大力覆护群生感应若斯其捷也！

寄居寺中凡六阅月，目睹未竟之安，深为之惜，而诸佛菩萨像历年已久，金饰黯淡，中心尤为不安，因念胜道场地，轨范人天，无方大用，有感斯应，以泽一人之诚求犹获不思议之异征，苟由一人而推及于人人，俾现在之人见之而发心，未来之人闻之而起信，合千万人之心力，至诚感格，于以弭无究之灾，跻斯世于安乐，其为利益岂有量哉！

谋诸父兄，爰请善信，资八千余元，甲戌仲春重行修造，秋季告竣，计塑金像十三尊，山门、殿宇、僧寮依次补葺，添造西院库房九间，疏浚旧沟渠二百余丈。

既毕工，住持智宽请书其事于石，以诏方来。敬为铭曰：

大觉世尊，利生愿切。

无生灭中，示有生灭。

拘尸那城，双林入寂。

瑞相殊胜，妙谛若揭。

唯右北平，为古燕国。

厥有名山，在城西北。

中有梵宇，是名卧佛。

娑罗双树，犹堪口口。

翳我失恃，仰天泣血。

敬奉严命，往营窀穸。

风鹤频惊，人心口口。

大雨时行，忧心萦结。

瓣香呼吁，其敢自必。

感而遂通，杲杲出日。

同体大慈，无作妙力。

随感而应，非凡所测。

心能造业，亦能转业。

心佛众生，三无差别。

仰藉佛慈，潜消浩劫。

一念相应，太和翔洽。

招提重新，崇墉翼翼。

伐石镌辞，昭示无极。

中华民国二十四年岁次乙亥六月毂旦，北平文楷斋刘明堂刻石

碑文中，王泽敂记述了卧佛寺的沿革和维修状况，并对重修卧佛寺的因缘和过程进行了详细的记载。

碑文中称："清初雍正年间辟为十方丛林，敕改今名。"

丛林，通常指禅宗寺院，故又称"禅林"。

唐代，为便利禅宗修行，百丈禅师制定了著名的《百丈清规》，为禅教修行制定了基本的制度。因为住持传承的方式不同，可分为"子孙丛林"和"十方丛林"两类。

子孙丛林由住持所度弟子轮流住持，是一种师资相承的世袭制，故又称为子孙丛林或剃度丛林。十方丛林（十方指东、南、西、北、东南、西南、西北、东北、上、下十个方位）往往邀请名僧住持。

实际上，卧佛寺在雍正以后已经是皇家委派住持，虽然，住持从寺外派驻，但是与普通十方丛林是截然不同的。

不过，清朝灭亡后，寺庙住持不可能再由朝廷委派，故至民国二十年，王泽敂称，卧佛寺已经是十方丛林了。

九 二度梅

卧佛寺天王殿前东侧，有一丛蜡梅，传为唐朝时所植，可谓北京蜡梅之祖。相传，数百年前，该树曾一度枯萎，后又冒出新枝，故称"二度梅"。

"二度梅"是北京极负盛名的植物，树高三四米，每年花开之际，花色亮丽，香气浓郁，引得无数游客和摄影爱好者驻足观赏。

十 雍正、乾隆年间卧佛寺格局的演变

励宗万《京城古迹考》载："今查，寺共五层，山门弥勒，榜曰

'普觉禅林'，次接引佛、大殿三世佛……大殿后为卧佛殿。"

励宗万（1705—1759），字滋大，号衣园，又号竹溪，河北静海（今天津市静海县）人。康熙六十年（1721）进士，入翰林，年甫十七，以画供奉内廷，书法圆劲秀拔，与张照齐名，称"南张北励"。现在三世佛殿前的雍正御制十方普觉寺碑文就是由他书写的。

在励宗万的笔下，卧佛寺第一重为山门殿，内供弥勒佛（现山门殿供奉哼、哈二将，弥勒佛在二重殿天王殿内），次殿（即现在的天王殿）为接引佛殿。

接引佛殿，顾名思义，就是供奉接引佛的大殿。《无量寿经》卷上载：

> 过去久远劫，世自在王佛住世时，有一国王发无上道心……不断积聚功德，而于距今十劫之前，愿行圆满，成阿弥陀佛……迄今仍在彼土说法，即净土门之教主，能接引念佛人往生西方净土，故又称"接引佛"。

可知，接引佛就是阿弥陀佛，为西方极乐净土世界之主。阿弥陀佛左胁侍为"观音菩萨"，右胁侍为"大势至菩萨"，他们三人被并称为"西方三圣"。

可见，在雍正、乾隆之际，卧佛寺最主要的崇拜之一为阿弥陀佛崇拜。

颇疑此接引佛像系怡王府所塑。因雍正末年卧佛寺曾是雍正皇帝赐给怡王府作为家庙，祭祀怡亲王胤祥的。供奉接引佛，希望胤祥早登西方极乐净土，当是小怡亲王弘晓兄弟的愿望。

20世纪20年代，燕京大学教授、美国人甘博曾来卧佛寺，拍摄有不少卧佛寺及附近景物照片。

其作品中的天王殿各天王照片与今无异，可知，卧佛寺第二重建筑从"接引佛殿"改为"天王殿"，不是民国以后的事情。

甘博摄卧佛寺天王殿天王像

乾隆十年（1745）励宗万《京城古迹考》之后，只有乾隆四十八年卧佛寺曾经大修，因此，卧佛寺格局的变化很可能是这次大修的结果。

经过这次修缮，卧佛寺山门殿供奉的弥勒佛，被移至次殿（今天王殿），而山门殿则改供奉哼、哈二将，而次殿接引佛殿则被改作天王殿，用以供奉弥勒佛和四大天王。

《乾隆五十四年普觉寺各殿陈设供品清册》有"普觉寺斋堂接引殿一座，计五间"的记载，可知，阿弥陀佛像被供奉到东路的斋堂院去了。

十一　天王殿青铜焚香炉

卧佛寺天王殿前置青铜制焚香炉一座，上、下两部分，大气端庄、精美细致，是一件精美的艺术品。

1958 年，北京市文物事业管理局《文物调查登记之卧佛寺建筑与陈设》载：

卧佛寺天王殿乾隆铜香炉

> 天王殿门外方形铜香炉一个，长 0.74 米，高 0.74 米，宽 0.5 米，下为铜座，长 为 0.73 米，宽 为 0.52 米，高为 0.75 米（较细），清乾隆。[1]

十二　天王殿

卧佛寺第二重殿宇为天王殿。

山门殿与天王殿以砖砌的高出地面的甬路相连接。

天王殿面阔三间，飞檐歇山顶，殿正中供奉坦胸露乳、笑口常开的弥勒佛坐像。

弥勒是释迦牟尼同时代人，出生于地位高贵的婆罗门家庭，后来，见佛闻法，皈依佛教。弥勒佛曾经七佛受记，为释迦牟尼佛辅佐，待释迦牟尼时代结束后，下生为娑婆世界的教主。

中国寺庙中的大肚弥勒形象，是根据五代时期布袋和尚契此的形象塑造的。

释赞宁《宋高僧传》卷第二十一《感通篇第六之四·唐明州奉化县契此传》载：

> 释契此者，不详氏族，或云四明人也，形裁腲脮，蹙頞皤腹，言语无恒，寝卧随处，常以杖荷布囊入鄽肆，见物则

---

[1] 非特别注明，本书所引卧佛寺文物"原有"，皆据此调查资料。

乞，至于醢酱鱼菹，才接入口，分少许入囊。号为"长汀子布袋师"也。

曾于雪中卧，而身上无雪，人以此奇之。有偈云："弥勒真弥勒，时人皆不识"等句。人言："慈氏垂迹也。"又于大桥上立，或问："和尚在此何为"？曰："我在此觅人"。

常就人乞啜，其店则物售，袋囊中皆百一供身具也。示人吉凶，必现相表兆，亢阳，即曳高齿木屐，市桥上竖膝而眠；水潦则系湿草屦，人以此验知。以天复中终于奉川，乡邑共埋之。

后有他州见此公，亦荷布袋行，江、浙之间多图画其像焉。

朡朠，肥貌，缺乏神采。宋李昭玘《观江都王画马》："可信权奇尽龙种，不应朡朠失天真。"蹙頞，皱缩鼻翼，愁苦貌。《孟子·梁惠王下》："百姓闻王钟鼓之声、管籥之音，举疾首蹙頞而相告。"东汉赵岐注："蹙頞，愁貌。"皤腹，大腹便便的样子。

也就是说，契此是个肥胖、大肚子，说话、行事常人不懂的形象。

宋梁楷绢本《布袋和尚图》

因其说："弥勒真弥勒，时人皆不识"，且又曾显现死而复活的"神迹"，故而，人们以为契此就是弥勒现世化身，为之图画塑像供养。

关于契此其人经历，道原《景德传灯录》卷第二十七记载与《宋高僧传》略同，又云：

有一僧在师前行，师乃拊僧背一下。僧回头，师曰："乞我一文钱。"曰："道得，即与汝一文。"

　　师放下布囊，叉手而立。白鹿和尚问："如何是布袋？"师便放下布袋。又问："如何是布袋下事？"师负之而去。

　　先，保福和尚问："如何是佛法大意？"师放下布袋叉手。保福曰："为只如此，为更有向上事？"师负之而去。

　　师在街衢立，有僧问："和尚在这里作什么？"师曰："等个人。"曰："来也，来也。"师曰："汝不是这个人。"曰："如何是遮个人？"师曰："乞我一文钱。"

可知是禅僧形象。曾歌曰：

> 只个心心心是佛，十方世界最灵物。
> 纵横妙用可怜生，一切不如心真实。
> 腾腾自在无所为，闲闲究竟出家儿。
> 若睹目前真大道，不见纤毫也大奇。
> 万法何殊心何异，何劳更用寻经义？
> 心王本自绝多知，智者只明无学地。
> 非圣非凡复若乎，不强分别圣情孤。
> 无价心珠本圆净，凡是异相妄空呼。
> 人能弘道道分明，无量清高称道情。
> 携锦若登故国路，莫愁诸处不闻声。

　　"一切不如心真实""万法何殊心何异，何劳更用寻经义？心王本自绝多知，智者只明无学地"，正是佛教终极大旨。

　　后梁末帝贞明二年（916）三月，契此圆寂于浙江奉化岳林寺东廊下磐石上。临死前，留下偈语：

> 弥勒真弥勒，分身千百亿。
>
> 时时示时人，时人总不识。

　　唐时，卧佛寺名"兜率寺"。按照弥勒居兜率内院的记载和卧佛寺的题名，卧佛寺最早供奉和信仰的就是弥勒佛。

　　据励宗万的记载，雍正、乾隆之际，卧佛寺的弥勒佛供奉于今山门殿处。现在弥勒像供奉于天王殿中，无疑是后来移动的结果。

　　卧佛寺弥勒像原为木制漆金，高1.6米。"文革"中遭到破坏。现供奉弥勒像高1.15米，泥塑。1958年，弥勒像前尚有以下陈设：

> 小弥勒佛一个，铜制的，高0.4米。木制五供一份，中间炉高0.35米，口径0.22米。铁磬一个，口径0.44米，高0.34米，为雍正七年四月制。[1]

　　弥勒佛两侧为四大天王泥塑彩绘像，原像高3.4米，现像为1983年底重塑。

　　四大天王的排列顺序是：

> 东北是东方持国天王，其身白色怀抱琵琶；
> 东南是南方增长天王，其身青色执宝剑；
> 西北是北方多闻天王，其身绿色执宝伞；
> 西南是西方广目天王，其身红色持蛇类。

　　四天王脚下各踏二鬼神，以示威武。

　　清人陈仲琳著《封神演义》第四十四回《四天王遇丙灵公》称四大

---

[1] 1958年，北京市文物事业管理局《文物调查登记之卧佛寺建筑与陈设》。

卧佛寺天王像

天王为佳梦关魔家四将，分别是魔礼寿、魔礼海、魔礼青、魔礼红，被
黄天化用钻心钉打死。姜子牙封神
时，被封为四大天王，掌风调雨顺之
权。此种说法在民间影响颇大。

　　弥勒佛像的背面是韦驮泥塑
站像。

　　韦驮是南方增长天王掌管下的
八大神将之一，居四大天王三十二神
将之首，所持神器为金刚杵。金刚杵
在佛教中表示伏魔、断性，亦称"降
魔杵"。

　　各大寺院都塑有韦驮像，以为
护法神。不过，各寺韦驮塑像手中的
金刚杵的拿法是不一样的，有的是横

卧佛寺天王殿韦驮菩萨像

放在双手合十的两臂上，有的则是双手持杵，杵尖向下。为什么会有这种区别呢？

在传统社会里，各大寺庙的规模和财力不同。财力大的寺庙一般允许游方僧借住寺中，并供给饮食，称其为"挂单僧"；而规模较小、香火也不甚旺盛的寺庙维持自身生存都存在困难，有心拒绝挂单，但又有违佛祖教诲，不便直接拒绝，便想出了用韦驮金刚杵持法拒绝游方僧挂单的方法：双手持杵，杵尖向下。

后来，这种方法被广大寺庙接受，可以挂单的寺庙，韦驮菩萨的金刚杵横搭在双臂上，拒绝挂单的寺庙，韦驮菩萨的金刚杵则双手执杵，杵尖向下。

卧佛寺韦驮像原为木制漆金，高 1.95 米，"前木五供一份，中间炉高 0.35 米，口径 0.22 米。"现为泥胎。

卧佛寺韦驮菩萨塑像手中金刚杵杵尖向下，说明拒绝他处僧人挂单。

天王殿内原来还有一尊铜制小弥勒佛像和一铁磬，殿门额上悬"汝心无往"匾一块，此匾与佛像均毁于"文革"中，现殿内佛像均为 1983 年底重塑。[①]

十三　天王殿配殿与娑罗树

天王殿有东、西配殿各三间，面阔 11.95 米，进深面阔 7.9 米，大式做法，歇山，筒瓦顶。

从天王殿后门出，有砖砌甬路通向三世佛殿前的平台。天王殿北门外甬道右手不远处是一棵一级古木娑罗树。

卧佛寺以娑罗树著称。娑罗树为佛门圣树。《长阿含经》卷载：

---

① 许惠利：《卧佛寺与樱桃沟》，中国旅游出版社 1986 年版。

　　尔时，世尊在拘尸那竭城本所生处、娑罗园中双树间临将灭度。告阿难曰："汝入拘尸那竭城，告诸末罗诸贤：'当知如来夜半于娑罗园双树间当般涅槃。汝等可往咨问所疑，面受教诫，宜及是时，无从后悔。'"①

法显译《大般涅槃经》卷中亦载：

　　汝今当知，我于今者后夜分尽在鸠尸那城力士生地、熙连河侧娑罗双树间入般涅槃。说此语已，诸比丘众虚空诸天悲号啼泣，不能自胜。

　　可知，拘尸那竭城（鸠尸那城）娑罗双树处既是释迦牟尼的出生地，也是释迦牟尼的涅槃地，因此，娑罗双树备受佛教徒推崇，在各寺庙也多有种植。

　　卧佛寺娑罗树因其年代久远和树种来自西域举世闻名。孙承泽《春明梦馀录》载："殿前娑罗树来自西域，相传建寺时所植，今大三围矣。"《帝京景物略》亦称，娑罗树"初入中国，嵩山、天台、与此（卧佛寺）而三"。

　　卧佛寺娑罗树的位置和株数，各文献记载颇不相同。

　　天启年间举人区怀瑞《游业》载："殿前二娑罗树，大数十围……后殿卧佛一，又后小殿更置卧佛一，后遂称'卧佛寺'。"

　　由后面的"后殿卧佛一，又后小殿更置卧佛一"，可知，文中所载之"殿前"之"殿"即今天王殿位置，在明朝晚期此处有两株大数十围的娑罗树。②

---

① 《佛说长阿含经》卷第四《游行经第二后》。
② 雍正八年，怡王府重修卧佛寺，改第一重卧佛殿为三世佛殿。

乾隆十年（1745），励宗万《京城古迹考》则指出："大殿三世佛殿，东、西列二娑罗树……殿后一株则有三围，想唐时物也。"称卧佛寺娑罗树位于三世佛殿（雍正八年前第一重卧佛殿）前东、西两侧，三世佛殿后一株较前者更为巨大，为唐代建寺时所留。

那么，以何者记载为准呢？

《游业》的作者区怀瑞系明朝天启年间举人（天启元年，1621），距离励宗万《京城古迹考》成书的乾隆十年不过百年的时间，他们的记载应该没有大的差别。

不过，《京城古迹考》系励宗万奉旨考证撰写、"以供观览"的书籍，励宗万在《京城古迹考》中记载娑罗树情况之前有"今查"字样，可知，他确实是到过卧佛寺的。

关于卧佛寺娑罗树到底是几棵也不相同。道光年间，麟庆《鸿雪因缘图》载："（三世佛）殿前娑罗树二株，相传唐贞观创寺时自西域移种。"

不过，到清末人徐珂的《清稗类钞》中，卧佛寺娑罗树却变成了一棵，云：

> 最后有一卧佛，以手支颐而卧……前院有娑罗树一株，又名七叶树，其叶七出，略如鸡爪，故名。[1]

称娑罗树在三世佛殿。

综合考量，或者，在卧佛寺历史上曾有娑罗树数株，有枯死者即遭砍伐，故诸家记载不能完全合榫。

顾太清《定风波·卧佛寺娑罗树围七十二肘，已为官僧伐为薪矣，凄然赋此》云：

---

① 徐珂：《清稗类钞·六府文藏·子部·杂家类·西山诸胜》。

三十年中两度过，殷勤一访老娑罗。记得树腰围四丈。
惆怅。官僧利斧奉官磨。

剃尽根株搜尽子。已矣。古铜卧佛不嗔他。此后相思判
作梦。只恐。别君日久忘枝柯。①

由于卧佛寺娑罗树在京城非常有名，成为游人游卧佛寺必看的胜
景，文人多有文字提及。明人于奕正有《娑罗树歌》，称颂卧佛寺之娑
罗树云：

不知老树年何庚，西山一簇娑罗名。
大叶小叶青如剪，千螺万螺绕根生。
阶前数亩数百载，日影不向其中行。
耳中惟闻雨大作，出树乃见天空晴。
人间谁欲为知旧，汉柏是弟秦松兄。
谭子昂首为余说，崟山曾见蔽日月。②

于奕正眼中的娑罗树是如此巨大，以至于"日影不向其中行"。下
雨之时，人躲在娑罗树下，"耳中惟闻雨大作，出树乃见天空晴。"

谭子，即崇祯元年（1628）进士、嘉兴人谭贞默，与于同来，亦有
《娑罗树歌》。

崟山，指武当山，初名崟山——崟，形容山势参差不齐，东汉时代
归武当县辖，故后名武当山。

《帝京景物略》写卧佛寺娑罗树情形更为详细，云：

---

① 《顾太清奕绘诗词合集》，上海古籍出版社 1998 年版。
② 《帝京景物略》卷六《西山上·卧佛寺》。

> 寺内即娑罗树，大三围，皮鳞鳞，枝槎槎，瘿累累，根
> 挓挓，花九房峨峨，叶七开蓬蓬，实三棱陀陀，叩之丁丁然。
> 周遭殿墀，数百年不见日月，西域种也。初入中国，崂山、
> 天台与此而三。游者匝树则返矣，不知泉也。

天台，指浙江天台山，是佛教天台宗的发祥地。

卧佛寺娑罗树还因其独特的疗效，引起人们的关注。明人蒋一葵
《长安客话》载：

> 寺内有娑罗大树二株，可数围，其子如橡栗。寺僧
> 云："不但与菩提幼子可作佛珠，碎之下酒，可疗心痛，诸
> 山皆无。"

不过，由于年岁太久，至清末，卧佛寺唐代娑罗树中仅剩的一株也
有渐将枯死的情况。徐珂《清稗类钞》云：

> 树最洁，古人谓为鸟不栖、虫不生，干围两人抱，约一
> 丈一尺以上，上半已枯，心空如刿，然巨枝下垂，犹拳曲如
> 虬龙，相传为唐贞观
> 建寺时自西域移植而
> 来者。

天王殿背面与甬道上的七叶树

徐珂所载唐时栽植的
娑罗树后因枯死被砍伐，
天王殿前甬道东侧一株老
娑罗树也于 1949 年 5 月 4

日被大风吹倒。①

如今，只有天王殿前、三世佛殿左后还各有一株娑罗树，樱桃沟内有一株巨大的娑罗树，卧佛寺僧舍院东也有十数株，虽大小不一，年代不同，但可借以想象三世佛殿前那曾经有过的、名驰天下的娑罗古树的风采。

十四　清世宗御制十方普觉寺碑

三世佛殿前甬路东、西两侧平台凹处各有石碑一通，东侧碑刻为励宗万书清世宗御制十方普觉寺碑（该碑正面镌此碑文，其余诸面皆镌乾隆皇帝历年临幸卧佛寺所作瞻礼诗），西侧碑刻为清高宗御制瞻礼诗碑（各面皆有诗刻）。

雍正十二年（1734），怡王府修缮卧佛寺工程基本完毕。雍正皇帝为之作《御制十方普觉寺碑文》，由内阁学士、礼部侍郎励宗万正楷书写，镌石，立于三世佛殿前甬道东侧。

《御制十方普觉寺碑》云：

卧佛寺三世佛殿前雍正御制碑

西山寿安有唐时古刹，以窣堵波为门，泉石清幽，层岩夹峙，乃入山第一胜境。

———————
① 许惠利：《卧佛寺与樱桃沟》，中国旅游出版社1986年版。

寺在唐名兜率，后曰昭孝、曰洪庆、曰永安，实一寺也。中有栴檀香佛像二：其一相传唐贞观中造；其一则后人范铜为之；皆作偃卧相，横安宝床，俗称卧佛，见于记载诗歌者屡矣。

岁久颓圮，朕弟和硕怡贤亲王以无相悉檀，庀工修建；嗣王弘晈弘晓继之，舍赀葺治。于是琳宫梵宇，丹臒焕然，遂为西山兰若之冠。

工既竣，命无阂永觉禅师超盛往主法席。

夫象教之设，所以显示真宗佛身充满于法界，普现一切群生前，随缘赴感，靡不周，而恒处此菩提座。是以造像多为五色莲台，结跏趺坐，而兹独示卧相者，其义何居？

《善见毘婆沙律》释佛游王舍卫城，谓游有四：一者行，二者住，三者坐，四者卧，以是四法名之曰游。然则竖穷三际，横亘十方，惟一真心，泯绝对待，应缘现迹，任物成名，凡此四威仪，边在三摩钵地，如玉镜之交照，似宝珠之五色。非同非异，非即非离，居斯常寂光中，便是毗卢顶上。

今者，石泉流于舍下，木叶飘于岩间，非王舍卫城行法游乎？塔铃少选而声销，幡角无风而动息，非王舍卫城住法游乎？行者、住者如是，坐者、卧者同然矣。

夫虚空无相，不拒诸相发挥；法性无身，匪碍诸身显见。果能不起有情无情之妄想，不生心内心外之邪思，将一法才通，万象悉归心地；千途并会，光明遍满恒沙。此七宝床上古佛，现前丈六金身，盖覆大地，占断三际，不往不来，岂非一佛卧游，十方普觉欤？因名之曰"十方普觉寺"，而勒是语于碑；并记朕弟和硕怡贤亲王修寺缘起，以示来者。

大清雍正十二年十一月初一日，内阁学士兼礼部侍郎加一级臣励宗万奉敕敬书

《善见毗婆沙律》，记述佛灭后三次结集、阿育王派遣传道师摩哂陀至锡兰传教等事并加以注释，亦名《善见律毗婆沙》《善见律》《善见论》《毗婆沙律》。南朝萧齐僧伽跋陀罗译，十八卷。

在碑文中，雍正皇帝解释了他为卧佛寺定名为"十方普觉寺"的原因，认为寺内卧佛形象是佛游王舍卫城的写照，又因佛教主张"果能不起有情无情之妄想，不生心内心外之邪思，将一法才通，万象悉归心地；千途并会，光明遍满恒沙"，故而，卧佛寺卧佛实乃"一佛独卧""十方普觉"，故为卧佛寺定此"十方普觉寺"名称。

从此，"十方普觉寺"成为卧佛寺的定名。至今已有近300年的历史。

除正面南向镌雍正《御制十方普觉寺碑文》外，雍正碑北、西两面则镌乾隆历年瞻礼诗，隔甬道西侧碑四面镌乾隆皇帝瞻礼诗碑，乾隆瞻礼诗皆为皇帝御书，行草体，典型的乾隆书法。

十五　乾隆皇帝诸瞻礼诗

雍正碑背面北向乾隆瞻礼诗云：

> 癸卯曾经此落成，重临净域畅闲情。

十方普觉瞻奎圆（是寺本唐兜率寺，俗称"卧佛寺"，以寺有卧佛像也。雍正十二年，皇考赐额为"十方普觉寺"，又御制碑文云，一佛卧游，十方普觉，奎额盖取意于此），一榻卧游示化城。

乾隆《御制诗五集》卷十五《十方普觉寺瞻礼》

横遍竖穷宁有象，泉声树色契无生。

却缘结习祈年切，望雨方当意正怦。

乙巳孟夏中浣瞻礼，御笔

乾隆癸卯，即乾隆四十八年（1783）。中浣，月之中旬。唐代制，官吏十天一次休息沐浴，每月分为上、中、下浣，后遂借作为上旬、中旬、下旬的别称。

"癸卯曾经此落成"句告诉后人，时卧佛寺曾经大修。"重临"紧接前句，知乾隆四十八年皇帝曾至卧佛寺。

乾隆《御制诗四集》卷九十七，署年"癸卯"，第一首诗诗题云《四月朔日，重修十方普觉寺落成瞻礼，因至香山静宜园驻跸，即事得句》，知乾隆四十八年四月初一，卧佛寺重修落成，乾隆皇帝确实曾到卧佛寺。

奎额，即匾额。奎宿为二十八宿之一，西方白虎七宿的第一宿，有星十六颗。《庄子·天文书》称："西方十六星，象两髀，故曰奎。"《说文》载："奎，两髀之间。"

中国文化认为，奎星主文章，故有关文章、文运、文字的事，多加奎字。如奎章（皇帝的亲笔字、神仙的手笔）、奎垣（文人荟萃之地）等。

由乾隆诗及诗注，知乾隆曾阅看雍正皇帝为卧佛寺题写的匾额"十方普觉寺"和《御制十方普觉寺碑文》。

乾隆还认为："横遍竖穷宁有象，泉声树色契无生"，指出佛得大涅槃，无有实象，十方普觉寺里的泉声、树色都没有私欲，自然天真，正契合佛教"无生"的大旨——《大宝积经》卷八七："无生者，非先有生，后说无生，本自不生，故名'无生'。"

"乙巳"，系乾隆五十年（1785），说明在乾隆四十八年来寺后，时隔两年，乾隆皇帝再次临幸卧佛寺。

《御制十方普觉寺碑文》碑西侧碑面上亦镌乾隆瞻礼诗，云：

旧名虽屡易，普觉传定称（寺为唐时古刹，原名兜率，后名昭孝，又名洪庆，明曰永安。至雍正十二年重修，乃赐今名。旧传，中有卧佛像二，今祇存其一，故俗又称"卧佛寺"。恭读御制碑文，云卧佛游有四，一者行，二者往，三者坐，四者卧，以是四法名之曰"游"。然则竖穷三际，桓亘十方，惟一真心，泯绝对待；又云一佛卧游、十方普觉，此赐名之义也）。

其义见御碑，衍绎识圣情。

行住与坐卧，四者人之恒。

卧似无所觉，惟佛觉无停。

何以知其然，试看卧者仍。

按指海印光，动念尘劳增（我若按指，海印先光汝绕，动念尘劳顿起，见《楞严经》）。

是为普觉义，静示最上层。

而犹五字宣，全提诚未登。

普觉寺瞻礼

乾隆癸丑孟夏月之中浣，御笔

"按指海印光，动念尘劳增"一句，乾隆诗注云："我若按指，海印先光汝绕，动念尘劳顿起，见《楞严经》。"告诉我们，这句诗中用典出自《楞严经》。

《楞严经》又称《大佛顶首楞严经》，"我若按指，海印先光汝绕，动念尘劳顿起"此句原文作：

富楼那，汝以色空相倾相夺于如来藏，而如来藏随为色空，周遍法界。是故，于中风动空澄，日明云暗，众生迷闷，背觉合尘，故发尘劳，有世间相；我以妙明不灭不生合如来藏，而如来藏唯妙觉明、圆照法界……如何世间三有众生及出世间声闻缘觉以所知心测度如来无上菩提，用世语言入佛知见？

譬如琴瑟、箜篌、琵琶，虽有妙音，若无妙指，终不能发，汝与众生亦复如是。

宝觉真心，各各圆满。如我按指，海印发光；汝暂举心，尘劳先起。由不勤求无上觉道，爱念小乘，得少为足。

这段佛经是说，世间众生不能如佛一样，以"妙明不灭不生合如来藏"，导致"众生迷闷，背觉合尘，故发尘劳"；而佛法无边，佛陀只要一按指，就能印得"海印三昧"。

"海印三昧"是佛所得的三昧，如同大海印象的一切事物，湛然于佛之智海，印现一切之法。《大集经》十五曰："譬如阎浮提一切众生身及余外色，如是等色，海中皆有印像。以是故，为大海印。"《宝积经》二十五曰："如大海，一切众流悉入其中，一切诸法入法印中，亦复如是，故名'海印'。"

五字，即文殊五字，云"阿啰跛左曩"（音近于 Ā lā bá jiā nǎng）。唐不空译《金刚顶经瑜伽文殊师利菩萨法一品》（一卷，亦名五字咒法），云：

尔时，文殊师利菩萨在毗卢遮那大会中，从座而起，顶礼佛足，白佛言："世尊，我今说本五字陀罗尼。若有善男子、善女人才诵一遍者，一切如来所说法义、修多罗藏，读诵受持，等彼功德。"

毗卢遮那佛告文殊师利言："随意说之。"

尔时，文殊师利即说明曰："阿啰跛跛者曩。"

才说此陀罗尼，一切如来所说法摄入五字陀罗尼中，能令众生般若波罗蜜多成就……此陀罗尼极应秘密。阿啰跛者曩者，是满一切愿义，何以故？

阿字者，乐欲菩提义；啰字者，深着不舍众生义；跛字者，第一义谛义；左者字者，妙行义；曩字者，无自性义。

全提，佛教术语。《丁福保佛学大辞典》释云：

完全提起宗门之纲要也。碧岩第二则垂示曰："历代诸师全提不起。"无门关颂曰："狗子佛性，全提正令。"

该诗作于乾隆癸丑，即乾隆五十八年（1793），已在卧佛寺重修之十年后。该碑东向碑似无刻诗。

三世佛殿右前（甬道西侧）为"重修十方普觉寺瞻礼诗"碑，与东面的雍正御制十方普觉寺碑相对。

碑正面南向碑文云：

梵宇曾修雍正年，十方普觉圣题宣。

春秋又复五旬阅，修葺应教六度全（六度出梵典，即六波罗蜜多，首以檀波罗蜜多。檀者，施舍也。）

是日落成为庆谒，一时欲忘孰因缘。

穹碑已揭卧之义（是寺又名卧佛寺），

三世佛殿甬道西侧乾隆瞻礼诗碑

拱读如闻膝下禅（皇考精于禅礼，谓之十方普觉者，盖取横亘十方之意）。

借无废者有何修，修废有无谁话头。

徒记像双语已舛（据《日下旧闻考》称，寺在西山，为唐时日永安，实一寺也。中有佛像二。一相传唐贞观中造，一后人范铜为之。于前后各作偃卧像，故又称为卧佛也。然今只一卧佛，其一亦不知何时移向何处），果看佛一卧而游（恭读雍正十二年御制碑文，佛游有四，一者行，二者住，三者坐，四者卧，以是四法名之曰游。然则监穷三际横亘，十方为一，真心泯绝对待。又云一佛卧游，十方普觉，因赐名"十方普觉寺"）。

树笼宝殿千年阅（殿前桫椤树阅今将千年，盖唐贞观中所植也），水绕禅房各处流。

不必摘文纪日月，两章七字当（去声）碑留。

重修十方普觉寺落成瞻礼二首

乾隆四十有八年岁在癸卯孟夏月朔日，御笔

从乾隆诗落款可知，该诗为乾隆四十八年（1783）卧佛寺大修工程后，四月初一，乾隆游卧佛寺时所作。

"水绕禅房各处流"句告诉我们，至晚在此时，卧佛寺已经将樱桃沟或者观音阁天池水引至寺内，观者无"卧佛无泉"之遗憾了。

背面北向碑文云：

偶因月望礼金仙，咫尺精蓝五里便。

请雨况当临未雨，述年何用举唐年（是寺唐时名兜率，后名昭孝，又名洪庆，明时曰永安，见《帝京景物略》。至雍正十二年，始赐名"十方普觉寺"）。

恤民本合殷勤苦，让佛于焉自在眠（是地又名卧佛寺，
殿中供卧佛。旧云二，今只一，亦无从考矣）。

一二二而一莫辨，不如无语且随缘。

瞻礼一律

乾隆丁未孟夏月中浣御笔

月望，即望月，满月。月满之时，通常在月半，故用以指农历每月
十五日。《吕氏春秋·精通》："月也者，群阴之本也。月望，则蚌蛤实、
群阴盈。"高诱注云："月十五日盈满，在西方与日相望也。"

乾隆丁未，为乾隆五十二年（1787）。孟夏，四月。知乾隆来卧佛
寺是在四月十五日。

乾隆五十二年，皇帝曾来香山祈雨，"咫尺精蓝五里便"言其至卧
佛寺是从香山而来。

是碑西面碑文云：

旋跸前遭斯未来（日前，自潭柘回跸，至香山，仅驻三
日，是以未来此瞻礼），斯因补咏重徘徊。

装新葺旧数朝阅（寺建自唐时，名兜率，历代相传，或
名昭孝，或名洪庆，或名永安，雍正十二年重葺之，赐名十
方普觉寺，至乾隆癸卯复加修理装饰），横遍竖穷一寺该（谓
卧佛也，竖穷三际谓立与坐，相横遍十方谓卧相，见梵典）。

七叶娑罗明示偈（寺内有娑罗树，叶皆七出，相传为毗
舍浮佛倚以成道并有偈），两行松柏永为陪（寺门前两行松柏
排立，皆数百年物）。

苾荔望日伊蒲献（今日来此，值望日，寺僧以素馔来献，
因优赐银为檀施），识见谓当如是哉？

乙卯四月望日，卧佛寺瞻礼得句，御笔

芯蒭，即比丘，本西域草名，梵语以喻出家的佛弟子，为受具足戒者之通称。唐玄奘《大唐西域记·僧诃补罗国》："大者谓苾刍，小者称沙弥。"伊蒲，素食供品。明杨慎《仁祠》："《汉书·明帝纪》：'以助仁祠伊蒲之供。'仁祠，僧寺也。伊蒲供，斋食也。"

乾隆乙卯，为乾隆六十年（1795）。

东面碑文因风化已辨认不清，落款年月为"乾隆己酉孟夏月中浣瞻礼成什，御笔"。

己酉，乾隆五十四年（1789）。

查乾隆《御制诗》，其《五集》卷四十七《普觉寺瞻礼》诗时间与碑上时间同，云：

> 望日乘闲礼梵宫，碧天朗霁晓曦红。
>
> 若时晒麦诚为幸，未至登秋敢到丰。
>
> 现相横竖真莫定，传讹一二辩难穷（竖穷三际谓立与坐相，横遍十方谓卧相，见梵典。又，旧志谓卧佛本有二相，传一唐贞观中造，一后人范铜为之，于前后殿各作偃卧相，然今只存一，其一不知移何处，年代久远，亦不能置辩也）。
>
> 吾惟普觉参宸额（雍正十二年赐名十方普觉寺），空色都归指示中。

从石碑上乾隆诗的落款可知，乾隆四十八年（癸卯，1783）、乾隆五十年（乙巳，1785）、乾隆五十二年（丁未，1787）、乾隆五十四年（己酉，1789）、乾隆五十八年（癸丑、1793）、乾隆六十年（乙卯，1795），乾隆皇帝至少六至卧佛寺，几乎每两年一游卧佛寺。

此外，从诗的落款时间，可以知道彼时使用雍正碑的情况：

乾隆四十八年四月初一日，乾隆来卧佛寺，作瞻礼诗二首（首句"梵宇曾修雍正年"），镌刻于三世佛殿西侧碑的南向正面；

乾隆五十年四月中，皇帝复来卧佛寺，作瞻礼诗（首句"癸卯曾经此落成"），镌刻于三世佛殿东侧雍正《御制十方普觉寺碑》背面北向阴面；

乾隆五十二年四月中，皇帝来卧佛寺，作瞻礼诗（首句"偶因月望礼金仙"），镌刻于三世佛殿西侧碑北向阴面；

乾隆五十四年四月中，皇帝来卧佛寺，作瞻礼诗（首句"望日乘闲礼梵宫"），镌刻于三世佛殿西侧碑东面；

乾隆五十八年四月中，皇帝来卧佛寺，作瞻礼诗（首句"旧名虽屡易"），镌刻于三世佛殿东侧碑西面；

乾隆六十年四月中，皇帝来卧佛寺，作瞻礼诗（首句"旋跸前遭斯未来"），镌刻于三世佛殿西侧碑的西面。

三世佛殿东侧碑西侧无刻诗。

又，雍正《御制十方普觉寺碑文》云："中有旃檀香佛像二：其一相传唐贞观中造；其一则后人范铜为之"；而乾隆五十四年《普觉寺瞻礼》诗注则云："旧志谓卧佛本有二相，传一唐贞观中造，一后人范铜为之，于前后殿各作偃卧相，然今只存一，其一不知移何处"。

两相比较，考虑雍正末、乾隆初怡王府修缮卧佛寺情况，颇疑卧佛寺檀香木卧佛很可能被怡亲王府移往他处[①]。

十六 三世佛殿

三世佛殿是供奉三世佛的大殿，很多寺庙称为"大雄宝殿"。

---

① 清初，著名史学家谈迁在《北游录》中写道："像自唐，与娑罗同植。"

之所以有两种叫法，前者基于佛殿供奉三世佛像，而后者则基于赞扬释迦牟尼佛佛法无边大雄是佛的德号。大者，包含万有；雄者，摄伏群魔。因为释迦牟尼佛具足圆觉智慧，能雄镇大千世界，因此佛弟子尊称他为大雄。宝殿的宝，是指佛法僧三宝。

据 20 世纪 20 年代照片，可知三世佛殿前有石制雕花台座并绿琉璃"清""规"摆件儿。

据 1958 年的调查，"院内铁云板一个，高 0.79 米，上写'普觉寺咸丰十一年'"。

卧佛寺三世佛殿面阔五间，进深三间，长 24.32 米，宽 13.5 米，单檐歇山绿琉璃瓦顶，黄琉璃瓦剪边，为寺中最大的佛殿。所以，一般文籍记载三世佛殿直称其为"殿"或"大殿"。

殿门额上悬乾隆御题"双林邃境"一匾，木托铜字。

释迦牟尼佛于两棵娑罗树下涅槃，故后世佛寺模拟此场景以为供奉。三世佛殿东西两侧各有一株巨大的银杏树，故乾隆题此"双林邃境"。

大殿抱柱悬挂乾隆御制楹联，上联作"翠竹黄花，禅林空色相"，下联曰"宝幢珠络，梵语妙庄严"，毁于"文革"期间现在三世佛殿抱柱上所挂对联，是爱新觉罗·溥杰于 1983 年 2 月题写的。

民国初年的卧佛寺三世佛殿

"翠竹黄花，禅林空色相"；"宝幢珠络，梵语妙庄严"，赞颂禅宗看破色相，直达本心的修行境界以及佛地净土的无上庄严。

三世佛殿原为唐代建寺时的卧佛殿，殿内供奉一尊按照玄奘法师从天竺带回样式制作的檀香木卧佛；元代，英宗复开山建卧佛殿，供奉 50 万斤的铜制卧佛。自此（至治元年，1321），两尊卧佛共处一寺长达 400 多年。

如今的三世佛殿内须弥座上供奉着三世佛坐像。

佛教所供"三世佛"有横、竖之分：纵三世佛分别为过去佛燃灯佛、现在佛释迦牟尼、未来佛弥勒；横三世佛指

中间左侧为殿前摆放的"清""规"绿琉璃摆件

三个世界的佛，即东方琉璃世界药师佛、中间娑婆世界释迦牟尼佛和西方极乐世界的阿弥陀佛。卧佛寺三世佛殿供奉佛像为横三世佛。

卧佛寺三世佛殿内须弥座上从东向西分别供奉着东方药师佛、娑婆世界释迦佛、西方极乐世界阿弥陀佛像，木制漆身，高 2.4 米。

释迦牟尼佛前原有迦叶、阿难立像，亦木制漆金，高 2.4 米。1958 年调查，该殿设施如下：

三世佛殿内三世佛各一，木制漆金，高 2.4 米；小木佛一个，高 1.9 米；另一小木佛高 0.55 米。三世佛两旁胁侍各一，高 2.32 米（木制），下木座（须弥座）高 0.66 米。前木五供三

三世佛殿（殿檐前悬挂乾隆"双林邃境"匾额）

份，中间炉高 0.49 米，口径 0.3 米；铜磬一个，高 0.63 米，口径 0.78 米，"顺治十五年"。[①]

诸像均毁于"文革"，现供佛像为 1983 年重塑。顺治十五年铜磬已经挪至后面的卧佛殿中。

十七　关于十八罗汉

三世佛殿东、西、北三面围坐十八罗汉泥塑彩绘坐像，像高 1.79 米，形态生动。

罗汉，在佛经里被称作"阿罗汉"，意为已经消除烦恼、不受生死果报之应、应受供应的佛弟子，地位高于比丘，但低于菩萨，受佛的差遣，在世间普度众生。

中国素有十八罗汉、五百罗汉的说法。天竺师子国难提蜜多罗尊者（汉译为"庆友尊者"）《大阿罗汉难提密多罗所说法住记》云：

> 佛薄伽梵般涅槃时，以无上法付嘱十六大阿罗汉并眷属等，令其护持使不灭没，及敕其身与诸施主作真福田，令彼施者得大果报。

十六大阿罗汉分别是：第一尊者名宾度罗跋啰惰阇，第二尊者名迦诺迦伐蹉，第三尊者名迦诺迦跋厘堕阇，第四尊者名苏频陀，第五尊者名诺距罗，第六尊者名跋陀罗，第七尊者名迦理迦，第八尊者名伐阇罗弗多罗，第九尊者名戍博迦，第十尊者名半托迦，第十一尊者名啰怙罗，第十二尊者名那伽犀那，第十三尊者名因揭陀，第十四尊者名伐那婆斯，第十五尊者名阿氏多，第十六尊者名注荼半托迦。

因此，早期的罗汉塑像和绘画只有十六人。至五代十六国时期，前蜀画家张玄绘"十八罗汉图"，北宋大文学家苏东坡则为十八罗汉每人

---

① 磬，同"磬"，仍用原文。

配诗一首，合称《十八大阿罗汉颂》。

苏东坡认为，十八罗汉中前十六罗汉尽如庆友所言，而第十七、十八罗汉分别为庆友尊者和宾头卢尊者。

实际上，宾头卢尊者即是十六罗汉之一的宾度罗跋罗惰阇。因此，也有以著《法住记》的庆友和译《法住记》的玄奘为十七、十八罗汉的。

由于诸位罗汉的印度名字汉译后字符很长，不便记忆，汉地之人就根据他们的特征，给他们起名为降龙罗汉、伏虎罗汉、长眉罗汉、开心罗汉等。

十八罗汉梵文名与通称对照表

罗汉印度名	俗 称	原 因
宾度罗跋罗惰阇	坐鹿罗汉	曾乘鹿入皇宫劝喻国王学佛修行
迦诺迦伐蹉	欢喜罗汉	古印度雄辩家
迦诺迦跋厘堕阇	举钵罗汉	托钵化缘行者
苏频陀	托塔罗汉	因怀念佛陀而常手托佛塔
诺距罗	静坐罗汉（大力罗汉）	武士出身，力大无穷
跋陀罗	过江罗汉	过江似蜻蜓点水
迦理迦	骑象罗汉	本为一名驯象师
伐阇罗弗多罗	笑狮罗汉	原为猎人，学佛不再杀生，狮子来谢
戍博迦	开心罗汉	曾袒露其心，使人觉知佛于心中
半托迦	探手罗汉	打坐完常只手举起伸腰
啰怙罗	沉思罗汉	佛陀十大弟子中以密行居首
那伽犀那	挖耳罗汉	以论"耳根清净"闻名
因揭陀	布袋罗汉	常背一布袋笑口常开
伐那婆斯	芭蕉罗汉	出家后常在芭蕉树下修行用功
阿氏多	长眉罗汉	出生时就有两道长眉
注荼半托迦	看门罗汉	为人尽忠职守
庆友尊者	降龙罗汉	曾降伏恶龙
宾头卢尊者	伏虎罗汉	曾降伏猛虎

至清朝乾隆年间，编著《秘殿珠林续编》时，乾隆皇帝据章嘉呼图克图考订题颂最后两位罗汉为降龙罗汉即迦叶尊者、伏虎罗汉即弥勒尊者。卧佛寺的十八罗汉造像即是根据乾隆年间的考订而制作的。

三世佛殿东侧最南三尊罗汉像

三世佛殿东侧从南数第一尊罗汉塑像与其他罗汉塑像不同。该罗汉披龙袍、留长髯，威风凛凛，造型颇似一位年长成熟的君主。卧佛寺里何以出现这样的造像呢？

据香山民间传说，这尊罗汉是根据乾隆皇帝的形象塑造的。乾隆以为，自己贵为天子，佛学修养很深，为罗汉转世，因此，命人把自己的塑像供奉在三世佛殿之中。

不过，也有人认为，这尊佛像为雍正形象。卧佛寺曾为敕赐胤祥家庙，为感谢皇帝，胤祥家族在庙中供奉皇帝之像，似乎也讲得通。

十八　倒坐观音

三世佛的背面是面向寿安山的"倒坐观音"（背南面北）塑像。

观音菩萨为"西方三圣"之一，是阿弥陀佛的辅佐，负责接引众生往生西方极乐世界，使众生离苦得乐。鸠摩罗什《法华经·观世音菩萨普门品》云：

> 尔时，无尽意菩萨即从座起，偏袒右肩，合掌向佛，而作是言："世尊，观世音菩萨以何因缘，名观世音？"
>
> 佛告无尽意菩萨："善男子，若有无量百千万亿众生受诸苦恼，闻是观世音菩萨，一心称名，观世音菩萨即时观其音声，皆得解脱。"

观音菩萨以大悲心观照世间众生，观其音声，现身世间，大悲救苦。

佛教进入中国，随着佛教的传播，观音"大悲"形象深入人心。国人以女性代表慈悲，至唐朝高宗、武后时期，观音菩萨的形象也逐渐从男身化成女相。

山东梁山一带传说称，如来佛祖派观音菩萨远来东土、普度众生。到中国后，观音菩萨发现，中国礼法讲究男女授受不亲。为了能够普度众生，观音才化身女相，开化普度有缘众生。

观音菩萨在中土的影响甚大，甚至有"凡有井水处，人皆知观世音"的说法。在汉地寺院中，观音的形象很多，民间共塑造出33种形象。卧佛寺的观音像何以倒坐呢？

南京鸡鸣寺观音殿内供奉的观音像亦面北而坐，殿门上的楹联作：

卧佛寺三世佛身后北向坐观音像

问菩萨为何倒坐，叹众生不肯回头。

感慨众生执着于物欲，不能自拔，不能以清净心面对世界，这或许才是设计倒坐观音像之人想要表达的想法。

1958 年，三世佛殿"木制观音一个，高 1.12 米，站佛像，两旁善财、童女各一，高 0.9 米，站像。前木五供一份，中间炉高 0.35 米，口径 0.2 米；西角有四柱木亭一个，斗拱为五正重昂带交麻叶头，全高 2.5 米"。

诸佛像毁于"文革"，1983 年重塑，2012 年复加修缮。

十九　伽蓝殿

三世佛殿有东、西配殿各三间：东配殿为伽蓝殿，西配殿为祖师殿。

1958 年北京市文物局卧佛寺调查材料载：

三世佛殿东配殿：期托太子、卜缩尼王各一，泥制彩绘，高 1.89 米，站佛。关平、周仓各一，高 1.69 米，泥塑彩绘。木香炉一个，高 0.35 米，口径 0.22 米。二郎神佛一个，泥胎，高 1.62 米。

期托太子，祇陀太子；卜缩尼王，波斯匿王。

波斯匿王是中印度憍萨罗国、迦尸国的国王，其所领王国与摩竭陀国并称为佛陀时代印度两大强国。

波斯匿王的太子祇陀在首都舍卫城有一处豪华的园林，舍卫城富商须达多信奉佛教，希望将此园林买下来，为佛建造精舍。祇陀太子不想出让花园，但又不想过分生硬地拒绝，要求将黄金铺满园林，才肯出让花园。于是，须达多用黄金将园中的每一寸土地都铺满。

祇陀太子非常惊讶，询问须达多购买此园的原因。须达多便将自己的想法告诉太子。太子大为感动，道："黄金只能铺满地面，却无法铺到花草树木上，所以，我便把这些花草树木布施给佛陀。"

须达多乐善好施，常向孤独长者布施，有"给孤独"的别号。由于这座花园由须达多、祇陀太子共同布施，因此，这座园林被称作"祇树给孤独园"。

波斯匿王听说此事，非常好奇，率群臣到此拜访佛陀。随后，皈依佛门，护持教法。

佛陀在"祇树给孤独园"广说佛法，故而，诸多佛经以"如是我闻。一时，佛在舍卫国祇树给孤独园"开头。

波斯匿王、祇陀太子、须达多都是佛传法时的大施主，为感谢他们对佛教的贡献，以后的寺庙多供奉三人像。

新中国成立之初，伽蓝殿内给孤独长者像已无。"文革"中，伽蓝殿其他佛像亦被损坏。今像系 2008 年重塑的。

伽蓝殿新塑孤独长者、波斯匿王、祇陀太子像

三世佛殿东侧银杏树秋色

二十　三世佛殿东西两侧之古银杏

三世佛殿东、西山墙外各有古银杏树一株（两株银杏树主株皆被列为一级古树），乾隆皇帝题三世佛殿之"双林邃境"，现实中的"双林"即指此二树。

三世佛殿山墙东面一株银杏树主株干径 1.21 米，胸围 3.80 米，高 22.5 米；旁出有树娃四株，其中最粗的一树娃，胸径已达 0.6 米。

三世佛殿山墙西面一株银杏树主株高近 20 米，干径 1.03 米，胸围 3.23 米；旁出树娃三株，粗者胸径已达 0.5 米。

秋来，树叶转黄，飒飒秋风中，如同一只只黄色的蝴蝶在舞动，十分优美。

二十一　弘晓铸乾隆元年铜钟

三世佛殿东、东配殿北侧悬铜钟一口，"高 1.31 米，口径 0.88 米"，上刻"乾隆元年""怡亲王诚造"，较精细。

乾隆元年，即 1736 年。时，怡亲王为胤祥之子、第二代怡亲王弘晓。

弘晓不仅曾重修卧佛寺，也曾重修樱桃沟口的孙承泽退谷亭，并曾随乾隆皇帝来卧佛寺，与卧佛寺方丈青崖禅师、居住正白旗一带的著名文学家曹雪芹关系都很密切，《红楼梦》成书后，还曾组织家人抄录《红楼梦》。

于是，因胤祥、弘晓的关系，卧佛寺也成就了与《红楼梦》的

乾隆元年弘晓铸铜钟

因缘。

　　胤祥、曹雪芹共同的好友，宗室敦敏所作的《赠芹圃》（曹雪芹一号芹圃）云：“寻诗人去留僧舍，卖画钱来付酒家。”考虑胤祥、弘晓、曹雪芹及诗歌的意思，“寻诗人去留僧舍”一句中的“僧舍”或者与卧佛寺有关系也未可知。

二十二　祖师殿

　　“祖师殿”在伽蓝殿对面、三世佛殿的西侧，其得名缘于其殿中供奉的达摩像。

　　南朝梁时，达摩自印度来到中国，传播禅宗，被尊为禅宗中土初祖，禅宗寺院须供奉其像。

　　随着佛教在中国的发展，中国普遍信仰的关公、二郎神等神祇也被称作佛、菩萨的转世或者佛教的护法，被塑成神像，供奉于庙宇之中。1958 年，北京市文物局调查材料载：

三世佛殿西配殿内有达摩祖师（泥胎彩绘）高 1.07 米坐像；西另有一佛像高 1.07 米；关羽泥佛像一个，高 1 米；韦驮像一个，高 1 米；均为泥胎。千手千眼观音佛一个，泥胎，高 0.8 米。小石制的三世佛各一，高 0.42 米。达摩祖师一个，高 1.2 米；观音一个，高 1.1 米，为木制漆金，胁侍四个，高 1.66 米。

玄奘法师译《大乘大集地藏十轮经序品第一》云，地藏菩萨因其"安忍不动如大地，静虑深密如秘藏"而得名，与观音、文殊、普贤一起，并称佛教四大菩萨。《地藏菩萨本愿经》卷上《忉利天宫神通品第一》云：

> 地藏菩萨摩诃萨，于过去久远，不可说不可说劫前，身为大长者子……长者子因发愿言："我今尽未来际不可计劫，为是罪苦六道众生广设方便，尽令解脱，而我自身方成佛道。"以是，于彼佛前立斯大愿，于今百千万亿那由他不可说劫尚为菩萨。

后人将地藏菩萨这一宏愿总结为"地狱未空，誓不成佛；众生度尽，方证菩提"。因发愿宏大，故地藏菩萨被尊称为"大愿地藏王菩萨"。

民间也有观音、文殊、普贤、地藏四大菩萨加上弥勒菩萨，共称"五大菩萨"的说法：大慈弥勒菩萨、大智文殊菩萨、大行普贤菩萨、大悲观音菩萨、大愿地藏菩萨，香山碧云寺即有五大菩萨殿。

唐朝高宗、玄宗时代，新罗国王子金乔觉航海来华，后出家为僧，至安徽省池州府青阳县九华山栖居修行，于开元十六年（728）七月三十日夜成道，时年 99 岁。人们认为，金乔觉是地藏菩萨的转世，故而，以九华山为地藏菩萨修行的道场。

两配殿的佛像均毁于"文革"中，现供佛像为 2008 年重塑：殿正中供禅宗东来初祖达摩，其左为禅宗东来二祖慧可，右侧为禅宗东来三祖僧璨，殿北侧供六祖慧能，殿南侧供奉百丈怀海。

二十三　游廊

现在的卧佛寺三世佛殿两侧至卧佛殿之间是绿化带，但是，这里原本是一趟游廊。[①]

1932 年，著名建筑学家梁思成曾考察卧佛寺，作《平郊建筑杂录》一文，发表在《中国营造学社汇刊》第三卷第四期上。其中《卧佛寺的平面》一节云：

> 东西（连山门和后殿算上）十九间，南北（连方丈配殿算上）四十间。中间虽有天王殿、三世佛殿和卧佛殿，却不像普通的庙殿将全寺用"四合头"式前后分成几进，这是少有的。

1958 年，北京市文物普查时，这里的游廊还在。不过，20 世纪 60 年代以后，这些游廊就被拆除了。

民国时期的三世佛殿（其西侧游廊仍在）

---

① 疑东侧伽蓝殿向北亦应有一趟游廊，与此对应。

二十四　卧佛殿前两通无字碑与卧佛殿

三世佛殿后为卧佛殿，连接两殿的甬路东、西两侧各立有一块无字碑。从其规制来看，与三世佛殿前的雍正、乾隆御碑一般无二，碑面光滑如镜，不着一字。

分析其原因，三世佛殿前二碑四面皆为乾隆皇帝题满诗文，若乾隆再作诗文，则无处题刻，因此，此卧佛殿前二碑很可能是乾隆皇帝为自己再来卧佛寺题诗而备，只是后来没有成行，没有再题写碑文、诗篇，从而造成了两块石碑现在无字的情况。

《游业》记载，天王殿前"左一海松，后殿卧佛一，又后小殿更置卧佛一，后遂称'卧佛寺。'"

"又后小殿"，即供奉铜卧佛的卧佛殿。

卧佛殿为寺内主轴线上第四重殿宇，阔三间，单檐歇山，建筑面积196 平方米，略小于三世佛殿。绿琉璃瓦顶，黄琉璃瓦剪边。

卧佛寺大殿悬挂慈禧书"性月恒明"匾，门两侧有抱柱楹联一副：上联为"发菩提心，印诸法如意"；下联为"现寿者相，度一切众生"，为溥杰先生题写。

佛教终极宗旨是体悟人自身所有的佛性，一旦悟得，即身成佛。又谓佛性清净，仿佛明月，故以明月表示佛性。《菩萨处胎经》即云："众星微光明月为最。如来出世法灯第一。"故而，慈禧为卧佛殿题词云："性月恒明"，表示佛性常住。

慈禧为卧佛殿题"性月恒明"之前，卧佛殿

卧佛殿（殿顶小亭为半山的寿山亭）

悬挂的是乾隆皇帝题写的"得大自在"匾；慈禧题写"性月恒明"匾额后，就把乾隆题写的匾额挪到大殿内去了。

二十五　石香炉

卧佛寺僧舍外有一体量巨大的石制香炉，炉身已残，但形制规整，看来异常舒适。

此等规制香炉，北京市石景山区的天泰山亦有一座，位于寺庙最后一重建筑魔王老爷殿的前面——传说，庙中佛像为顺治肉身。

因缺乏资料，不知道这座巨大的石香炉原来供奉于何处，但据其规制，历史上似当为卧佛殿或三世佛殿前设施。

二十六　卧佛

卧佛殿内宝床上供奉着元英宗时铸造的铜卧佛，佛像长 5.3 米，高 1.6 米。

《元史·英宗纪》称："冶铜五十万斤，役卒万余人，历时十年，耗银五百万两。"

"役卒万余人，历时十年，耗银五百万两"，当然包括整个寺庙的建设，但"冶铜五十万斤"还是给后世了解铜卧佛提供了极其重要的信息。

卧佛寺铜卧佛是中国，也是世界上现存最大的铜制卧佛。

体量巨大还不是卧佛寺卧佛的唯一特点。据勘察，该卧佛是一体浇筑而成的。

尤其令人称道的是，一般佛像都要装脏——古时，塑佛像时，先在佛像背后留一空洞，开光时，

卧佛寺巨大的石香炉

卧佛殿的卧佛及圆觉菩萨

由住持高僧将经卷、珠宝、五谷及金属肺肝放入洞中封存，而卧佛寺铜卧佛，则是实心的。

佛像头西面南，倒身侧卧状。双腿平伸，右手曲肱托首，左手自然平舒放在腿上。佛像面部安详，体态自如，浑朴精致，表现了佛教艺术精湛、肃穆的风格和元代高超的冶炼铸造技术。

二十七　关于卧佛的涅槃与卧游

关于卧佛卧姿的意义，素有"涅槃"与"卧游"两种说法。"涅槃"说认为，卧佛像展示的是释迦牟尼圆寂时向弟子交代后事的情景；"卧游"说则认为，此像是佛"卧游"的造型。

实际上，涅槃说、卧游说都有证据。中国早期的卧佛造像中，佛弟子多因释迦牟尼佛即将离世而面目悲伤，然而，随着时间的推移和对经典的理解，人们对卧佛造像的理解也在发生变化。雍正皇帝《御制十方普觉寺碑文》就指出：

> 而兹独示卧像者，其义何居？《善见毗婆沙律》释佛游至舍卫城，谓游有四：一者行、二者住、三者坐、四者卧，以是四法，名之曰游……此七宝床上古佛，现前丈六金身……岂非一佛卧游，十方普觉欤？

从佛学的角度，阐释了佛像卧姿的意义。卧佛寺铜卧佛周围菩萨面目端庄、平静宁和，这样的形象也反映了此佛假卧实为卧游。

从前，游卧佛寺，观娑罗树与卧佛是向来的传统，不少帝王皆来过卧佛寺瞻仰卧佛，文人雅士游卧佛寺，题诗咏颂卧佛者众多。王在晋《游卧佛寺》诗云：

> 佛说卧非卧，是名卧佛因。
> 坐无功朽骨，像亦表天真。
> 欲豁前尘目，全舒自在身。
> 法轮垂手转，花甲枕肱新。
> 匪梦何言觉，忘情岂有拏。
> 乾坤呼吸老，世事展翻频。
> 万态双眸外，千秋一息臻。
> 浑沦窥妙悟，混沌足元神。
> 嗟尔浮沉辈，蘧然未寤人。

"浑沦窥妙悟，混沌足元神"是王在晋对佛教与人生的理解，不过从思想上说，却更接近于中国传统的易学思想。

二十八　卧佛的侍者与供具

卧佛像后，环立着释迦牟尼的十二名圆觉菩萨，亦称"十二大士"，分别是文殊师利、普贤、普眼、金刚藏、弥勒、清净慧、威德自在、辨音、净诸业障、普觉、圆觉、贤善首。

十二大士像高 2.05

日本东洋文化研究所藏卧佛殿照片

米，底座 0.3 米。"文革"中，东侧两尊菩萨像被毁。现东侧两尊菩萨像为 1973 年北京雕塑厂新塑。新雕的两尊菩萨比原有的微胖，但神情一般无二。

卧佛像前陈设的是铜制的佛教"八宝"。

所谓八宝，亦名八吉祥、八瑞像，分别是宝瓶、宝盖、双鱼、莲花、右旋螺、吉祥结、尊胜幢、法轮。

1958 年统计资料记载卧佛殿情况云：

> 殿内卧佛（铜制）长 5.2 米，周围 12 个泥像是该佛弟子
> （木），高 1.55 米。铁磬一个，高 0.44 米，口径 0.52 米，清
> 雍正七年。木制五供一份，高 0.49 米，口径 0.29 米（炉）。
> 木制佛的鞋箱一个，高 1.6 米，长 1.9 米，宽 0.98 米。

二十九　乾隆皇帝书"得大自在"匾额

卧佛殿内悬挂"得大自在"匾，为乾隆皇帝御题。

《法华经》云："尽诸有结，心得自在。"自在是一种修行的境界。是故，佛经中经常说"自在无碍"。《心经》第一句即云："观自在菩萨，行深般若波罗蜜多时，照见五蕴皆空，度一切苦厄。"

乾隆皇帝为卧佛殿题写"得大自在"的匾额，是说佛已达到最高境界，不受任何外境的影响，得到了最大的自在。[①]

三十　卧佛殿的鞋子

卧佛殿东西两侧的木桌上摆放着许多巨大的鞋子，都是由历代皇帝和善男信女们供奉的。可是，信众为什么要供奉这些鞋子呢？

---

① 乾隆为皇子时，曾为雍正"当今法会"得证者之一，对佛教文化有相当的认识，曾令人刻一"得大自在"印章。可见，其对这段佛典的认同。

相传，乔达摩·悉达多诞生后，一位在喜马拉雅山上修行的仙人来到王宫，为之看相，放声大哭，云：

清代、民国期间卧佛殿供奉的巨大鞋子

太子天成宝相，又具福慧，他才是真正可以解救众生的大智慧者。他不会贪图欲念，不会留恋王位，他一定会修行成佛的。我哭是因为我不能活着见他成佛，不能亲耳听到佛的说法啊。

国王听到仙人的话后，又喜又忧。为了阻止太子出家，净饭王让国内最贤明多智的女子侍奉他；长大后，延请名师传授他文才武略，并为他娶了才貌双全的妻子，希望以人世间的欢乐拴住有可能出家修行的太子。

虽然太子什么都有，但是由于寻找不到生命的真谛，过得还是不快乐，整日郁郁寡欢。某日，他出游四门时，遇到老人、病人、死人和快乐的沙门，使他意识到生老病死是人生的痛苦，而只有修行才可以使人离苦得乐，于是他决定出家。

净饭王派重兵把守宫门，严禁太子出入。夜半时分，太子待夫人睡熟后，在马夫车匿的帮助下，离开王宫。因为走得急，又怕弄出声音，惊醒太子妃，乔达摩·悉达多是赤脚离开的。

历代皇帝和众多的善男信女们尊敬释迦牟尼，为他拯救众生的行为而感动，纷纷出资做出巨大的鞋子，希望佛祖穿上后，不会感到脚凉。

原来卧佛殿东西两侧都有供桌，上面供奉巨大的鞋子：东面的鞋子是清代帝后供奉的，西面的鞋子则是民国时期的各大总统供奉的。

三十一　藏经楼

藏经楼位于卧佛殿后，是寺院的最后一座建筑。

藏经楼面阔 5 间，带廊，卷棚硬山箍头脊，灰，筒瓦顶，东、西两侧各有三间北配房。

明清两代，卧佛寺不但以卧佛出名，还以藏经著称。明英宗、明神宗分别给卧佛寺赠"大藏经"。《宛署杂记》载，"万历年，两幸其地，赐藏经。"清朝雍正皇帝还将自己亲笔辑录的佛经语录赐予该寺。[①]

"大藏经"为佛教典籍汇编，又名一切经、契经、藏经或三藏，内容包括经、律、论三部分。经是指释迦牟尼在世时所说佛法，也包括后来增入的少数阿罗汉或菩萨的说教；律是释迦牟尼为信徒制定的必须遵守的行为规则；论则是关于佛教教理的阐述和解释。

释迦牟尼涅槃后不久，为了保存他的说教，统一信徒的见解和认识，佛弟子通过集会演说、探讨的方式，将佛在世所说佛法集结起来。其后，在佛教传播中，又增加了有关经、律、论的注释和疏解，称为"藏外典籍"。

汉文"大藏经"兼收大、小乘佛教典籍，流传至今，存有经典 20 余种。北

卧佛寺藏经楼

---

①　许惠利：《卧佛寺与樱桃沟》，中国旅游出版社 1986 年版。

宋开宝年间（968—976），第一部木版雕印的"大藏经"问世后，历元、明、清至民国八百年间，中国汉文"大藏经"木刻和排印本有20余种。

由于元、明、清三代皇帝对卧佛寺的眷顾，屡赐经书，加上寺僧不断地收藏，卧佛寺中佛经甚多，除藏经楼尽是藏经外，殿堂两侧的配殿也都放置了佛经。放置经书的巨大藏经柜直达殿顶。

1936年，段祺瑞死后，因战乱难择墓地，其灵柩曾在藏经楼下层停放，新中国成立后由其家人移走。

三十二　卧佛寺的晾经日

由于经书众多，为了防止潮湿、虫蛀损坏经书，寺僧每年都要把经书拿出来晾晒。每年的农历六月二十四日为卧佛寺"晾经日"。

这一天，卧佛寺的僧人都忙碌起来，把经书从书柜里拿到院子里晾晒。需要晒晾的经书很多，周边寺院的僧人都要过来帮忙。晒晾前，还要举行隆重的诵经仪式。

新中国成立之初，这些巨大的橱柜和丰富的佛经藏书还都保存完好，可惜多被特殊年代冲动、无知的人们给破坏掉了。

第二节　卧佛寺西路行宫院

一　卧佛寺行宫的建造时间

雍、乾二代，卧佛寺成为皇家寺庙，于是，在卧佛寺的西路兴建了皇帝行宫，供皇帝往来进香时居住、歇息。

卧佛寺行宫到底建于何时，概不可考。

香山百姓称其为雍正行宫。雍正十二年，卧佛寺大修基本完工后，雍正皇帝为赐寺名，并亲自委派超盛禅师前往主持。似乎此时卧佛寺就已经是皇家寺庙了。

乾隆十一年（1746）青崖禅师圆寂后，乾隆皇帝发内帑银一百两，怡亲王弘晓赠银五十两，交卧佛寺住持，会同内务府官员一起办理青崖禅师丧葬事宜。僧人丧礼由内务府办理，进一步说明卧佛寺与皇家的关系。

二　卧佛寺行宫的平面布局

清代皇帝酷好园林，又复勤政，不愿因游乐耽

卧佛寺琉璃牌坊与行宫院大门

误行政，因此，包括卧佛寺行宫在内的皇家寺庙园林一般都兼顾了这两种功能。

卧佛寺行宫院自南向北分别是东西朝房、宫门、大叠石、三孔石桥、水池、垂花门、穿堂殿院、含青斋、方河、古意轩、含碧亭、观音阁。

自垂花门开始，穿堂殿院、含青斋院、古意轩东西皆有游廊连接主要建筑。古意轩院落虽有游廊相连，实际上却是敞开式的，与周围的山体、行宫御花园内树木融为一体。

观音阁前为一小型四方石砌石池，石池右侧为万松亭，万松亭南即是青崖和尚的坟墓。

按照功能划分，卧佛寺行宫可以分为三大区域：导引区（自朝房至穿堂殿）、居住区（含青斋院落）、园林区（古意轩及其外部建筑、树木、假山等）。实际上，还有一个配套区，即位于西朝房西侧的御膳房。

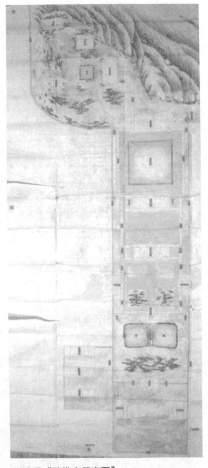

样式雷"卧佛寺行宫图"

行宫前院

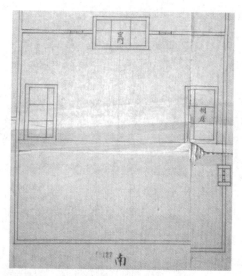

"样式雷"图档中的卧佛寺行宫朝房与宫门

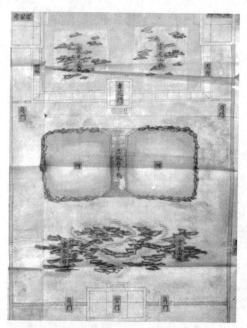

"样式雷"图档中的宫门、云片山石、水池

（一）宫门前院

宫门前院是皇帝御驾卧佛寺时停放车马銮舆的地方，东侧宫门通向卧佛寺琉璃牌坊前广场。

宫门前院北端东、西两侧建有东、西朝房，为皇帝驾临卧佛寺，陪同大臣候旨之所在。

宫门前院的最北端为宫门。宫门三间，为卷棚硬山灰，筒瓦顶建筑。宫门东、西两侧各开一角门。

（二）叠石与三孔石桥

园林造景少不了假山的装点，卧佛寺行宫内有非常典型的北方叠石作品。据统计，整个卧佛寺行宫内共有四大组假山叠石，最大的一组即在行宫宫门内。

从宫门入，迎面是云片山石叠成的假山。假山阔长30米，高约5米，南北进深10米，为进院影壁。山石青翠，叠置精巧，典型的北方皇家园林叠石工艺，走入其中，宛如进入山林一般。

整组云片山石规模宏大，中有曲折的通道和幽深的山洞，配以周围巨大的松树，宛如进入自然的山林。

出假山，东、西各有一角门，东面角门通卧佛寺，西面角门通御膳房（样式雷图档称"落膳房"）。

行宫内的叠石、水池及池上石桥

云片山石后为水池，上横三孔石头平桥。水池中的水源来自古意轩内的莲花池，并与卧佛寺内放生池相连。

过石桥为一垂花门，入门即是含青斋院。

（三）落膳房

清代，在宫门前院和大假山的西侧是为皇帝临时备膳的落膳房，又名御膳房。

落膳房三排，每排五间。落膳房西侧即为广慧庵，其与行宫大墙之间有引水石槽自南而北通过，由行宫宫门外朝房南东流，过琉璃牌坊。

（四）引水石渠

乾隆二十年（1755）前后，以石渠配合石墙，引樱桃沟水源头泉水、碧云寺泉水、香山泉水东流，至玉泉山西部，为挂瀑檐、涵漪斋、含漪湖等诸工程。

樱桃沟引水石渠顺山势，沿山脚而下，入卧佛寺行宫。

根据北京市植物园的现场勘查发掘，可知引樱桃沟泉水至玉泉山的石槽在广慧

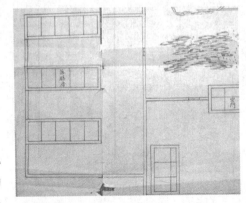

同治"样式雷"图档中的落膳房

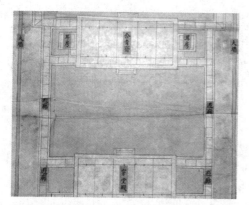

"样式雷"卧佛寺行宫之"含青斋"院落

含青斋院落今景①

庵后东流至落膳房后，复在落膳房与卧佛寺行宫西大墙之间穿过，一部北流，入行宫大方河，一部南流，在行宫宫门外朝房之南东折，过卧佛寺琉璃牌坊东下，至王锡彤墓下侧、正白旗。

（五）含青斋

自垂花门起，东西各有游廊与正北面的含青斋及耳房相连。

含青斋是帝后休息之处，坐南朝北，院内有北房5间，面阔19.6米，进深9.8米，硬山箍头，卷棚灰，筒瓦顶，前面带廊，两侧附耳房各两间。

院中亦叠假山，不过，形态玲珑纤巧，与前院假山迥然不同。乾隆皇帝诗中称含青斋为"含清斋"，云：

> 寺侧有书斋，廊如亦自佳。
> 山客标画展，泉韵与琴谐。
> 适尔归澄照，悠然引静怀。
> 于斯得五字，初不费安排。

---

① 行宫前院、含青斋皆系颐和吴老摄影。

108

乾隆对这座建筑的安排颇为得意，认为建筑"初不费安排"，却能于此"悠然引静怀"。

古意轩与轩前的莲花池（一名大方河）

（六）古意轩

最后一重院为三行宫院，建筑名为"古意轩"。院内 5 间敞厅，南向，建筑面阔 22.2 米，进深 9.3 米，硬山箍头脊，卷棚灰，筒瓦顶。

同治年间重修古意轩档案，其中文字云：

> 古意轩：歇山正殿一座，五间，内明间面阔一丈二尺，次稍间各面阔一丈一尺，进深一丈六尺，周围廊深四尺，檐柱高一丈。

（七）大方河

古意轩院中有一方形水池，俗称"大方河""大方池"，四周以石围栏围护。观音阁下水池水源不足，因此，池中泉水引自樱桃沟。

乾隆二十一年（1756），为了玉泉山西部造景，兼及沿途寺观、旗营供水，乾隆皇帝命令工匠设计石制河槽将樱桃沟泉水，经隆教寺、卧佛寺、正白旗、四王府引至玉泉山。

石制的水槽从隆教寺前东折，至卧佛寺行宫西大墙南折，在卧佛寺行宫与御膳房之间穿过，复东折，在卧佛寺行宫朝房、卧佛寺琉璃牌坊前穿过。

行宫玉莲池水亦从石槽引注，并经行宫前院三孔石桥下的水池，至卧佛寺放生池，从放生池口出，与经过琉璃牌坊石槽的水流合流。

池中水质清澈，游鱼历历。"样式雷"图档称其为"莲花池"。夏季，池中莲花盛开，青莲、红花相互辉映，池水、建筑、山林搭配在一起，构成一幅和谐美丽的画卷。

（八）游廊

玉莲池东、西原来都有红柱游廊，将古意轩与含清斋联系在一起，现在池东的游廊已经没有了。

含清斋、古意轩额枋内外和柁架上绘有苏式彩画，各种花鸟、人物美丽动人。

古意轩以水景取胜，是皇帝纳凉观舞的地方。敞厅北侧为山崖，特意不设围墙，令人有意犹未尽之感。乾隆《古意轩》诗云：

> 此寺富于水，方池隔斋轩。
>
> 四围廊可通，镜光含照间。
>
> 含清既有咏，古意得无言。
>
> 适意已引之，推行在远孙。

"方池隔轩斋"指明了方池的位置：位于古意轩与含清斋之间。下句"四围廊可通"是说含清斋东、西两侧皆有游廊，连通含清斋与古意轩之间。

行宫大方池西侧游廊

远孙即远裔。沈括《梦溪笔谈·辩证一》："雷郑之学，阙谬固多，其间高祖远孙一事，尤为无义。丧服但有曾祖齐衰六月，远曾缌麻三月，而无高祖远孙服。"

乾隆在诗末句"适意已引之，推行在远孙"句下自注云："丁未题此轩，与云'如是百千秋，吾意与之与。'盖引而未发，兹二什特显揭之。"

"什"指书篇。"丁未"为乾隆五十二年（1787），该年乾隆曾作《古意轩》诗，云：

> 意自蕴于心，而轩额已古。
> 然岂易言哉，古宁容易睹？
> 法古已致艰，泥古或邻卤。
> 祇兹对古山，无毁亦无誉。
> 如是百千秋，吾意与之与。

诗中，乾隆面对已经古旧的匾额，想到政治上的"法古"与"泥古"，认为两者都有问题，而这古意轩静静地面对着古山，不在乎毁谤与赞誉，以后还是这样。"吾意与之与"句重新回到自己对政治操作和"古法"和"古圣人意"处理的看法上来，认为自己已经能够处理娴熟、游刃有余了。

（九）含碧亭

古意轩后接山脚，建有游廊，从古意轩一直通到山脚处。山脚左边建含碧亭，"样式雷"图档称为"合碧亭"。

含碧亭东临山崖，西邻天池，高处为观音阁，夏季近可以俯视天池碧荷，远可以观赏周边林木，"含碧"之称，名副其实。

乾隆《含碧亭口号》云：

含碧亭遗址

大磐石与石壁下的天池

林碧四周水碧下，
荟于一俯仰之中。
奚妨即景参合相，
相匪空空相自空。

含碧亭今不存，遗址并
亭前云片山石尚存。

（十）天池

合碧亭西侧为方形小水池，乾隆皇帝称其为"天池"。

此池就是《长安客话》所在"小窦出泉"的所在。《长安客话》载：

（卧佛寺）门西有石盘，方广数丈，高亦称是。上创观
音堂，周以栏楯。石盘下游小窦出泉，淙淙铮铮，下击石底，
听之泠然。

由此可知，观音堂就在"天池"后面的石盘上。清代，改建为观
音阁。

（十一）大磐石、观音阁、大磐石刻石

大磐石即天池紧靠的山体，也即观音阁的天然地基。

石高出地面两丈有余，南靠山崖，三面独立。因整个大磐石是一块
巨石，颜色青翠，在古代素有盛名。

《长安客话》称其"方广数丈，高亦称是，无纤毫缺"；"斧刃侧削，
高十刃，广百堵"。

大磐石南侧石壁上（面临天池岩壁）刻有诸多文字，其中有乾隆御
制诗二首，字迹多已漫漶不清，至不可识。

翻检《清高宗御制诗全集》，查阅可知，一为《石壁》，一为《石壁
临天池》。《石壁》诗云：

石壁插入天池，
观音阁上临之。

大慈大悲无二，
曰水曰月成伊（三点
成伊出梵典）。

恰偶于斯默会，
忘言乃复题辞。

修废举残余事，
岩风一切与吹。

大磐石与大磐石上西侧石凳、山上的建筑

梵语天城字母的前身是古印度婆罗迷字母，共有五十个，其中的读音为"i"母韵汉译佛经写作"伊"字，简化作"∴"，称为"伊字三点"。

在佛经中，"伊字三品"，多被用来喻说"涅槃三德"。《涅槃经·哀叹品》：

解脱之法亦非涅槃，如来之身亦非涅槃，摩诃般若亦非涅槃，三法各异亦非涅槃。我今安住如是三法，为众生故，名入涅槃，如世伊字。

示如下：

法身德（真性常住）
涅槃三德　般若德（智慧常照）秘密藏
解脱德（得大自在）

《高僧传》卷八："始自鹿苑，以四谛为言初；终至鹤林，以三点为圆极。"唐人王勃《释迦如来成道记》："唱四德以显三伊，指万有而归一性。"

也就是说，涅槃是"解脱之法""如来之身""摩诃般若"三者一体的解脱之道，三者不可分割，犹如伊字的三个点那样不可分开。

《石壁临天池》诗云：

> 石壁临天池，一泓清且泚。
> 坦然玉镜呈，嵌岑影其裹。
> 凭揽生静悟，谁彼更谁此。
> 匪禅院言禅，万物共斯理。

泓字本意是形容水深而广，用作名词可作潭水、池塘解；"泚"字作清澈解；"岑"指小而高的山。

乾隆诗说，大磐石独立高耸在天池之侧，天池水清澈无比，宛如一面玉镜，山石的影子倒映在天池的水面上；接下来，从写景到写人的观感，乾隆皇帝忘却了尘世的烦忧，自己与大自然融为一体："凭揽生静悟，谁彼更谁此。"进而声明，这不只是在禅院而言禅，万物都是此理。

乾隆题诗西侧刻有"我们纪念张志新先生，是承认他已经是前进了。一九三二河北联夏令会敬立"。

据颐和吴老《关于卧佛寺张志新先生刻石简考》，"河北联"是"河北省基督教学生团体联合会"的简称。张志新为张淑义之父。

张淑义，女，直隶（今河北）三河人。1935 年，加入中国共产党，次年毕业于燕京大学社会学系；1943 年，获美国哥伦比亚大学社会工作学院社会科学硕士学位。曾任上海基督教女青年会劳工部主任、中华基督教女青年会全国协会劳工兼民众教育部干事、平山县洛杉矶托儿所秘书。新中国成立后，历任全国妇联国际联络部副部长、中国人民保卫儿童全国委员会秘书长、全国妇联第四届执委、中国联合国协会理事、欧美同学会副会长。第四、五届全国政协委员。

张淑义自述讲道：

大磐石上的石刻（东为乾隆诗，西为纪念张志新石刻）

一九三一年我毕业于贝满女中，立志为社会服务，考入北平燕京大学社会学系。因父病请假一年。我父亲张志新原来是基督教中的一个革新者，拥护民族民主革命，迎接北伐军的胜利，曾经被北洋军阀逮捕入狱，后来就一病不起……一九三三年，我第一次参加夏令会是经燕大同学任宝祥介绍的，他当时任"河北联"主席。同年寒假，在圣公会美籍牧师赫斯带领下，任宝祥和我代表"河北联"到上海参加全国基督教学生团体联合会的会议……回北平后，我积极参加基督教学生团体的活动，还参加"河北联"在西山卧佛寺举办的夏令会……我就在那次会上，被选为"河北联"主席。①

"张志新"碑刻西侧靠近地面的地方，有小楷"念佛"并"宋英、王谦、王峰"题名；再西为"在×处"，"万历三拾五年"的刻石。

转到大磐石的西侧，石壁上刻有清末刘宗汉和任之重诗一首，云：

恰游寿安山已前，观音堂下有荷莲。

无边景致非凡兴，勾引蓬莱入洞仙。

---

① http://blog.sina.com.cn/s/blog_485b09aa0102dy0x.html.

读诗，不禁使人感慨古人的多情与非凡的想象。

大磐石西侧石壁靠近地面处，还有"弘治五年夏月因镌碑到题名"字样，并众人题名，其中亦有"宋英、王谦、王峰"等人的题名，当与大磐石南侧"念佛"题名处的"宋英、王谦、王峰"为同一批人，亦可证此三人为明朝弘治年间信佛之人。

（十二）观音阁

观音阁位于大磐石上，亦称"凌云阁"。

观音阁，方形，面阔三间，高二层，绣柱灰顶，四角攒尖，边长3.8米。

在中国文化里，建筑从来不只是建筑，设计者与使用者的情趣与学养才是一切的关键。

历史上的大磐石与观音阁

观音阁建筑的高度、阔度与大磐石的面积形成合适的比例，又与东侧的小山高度互相搭配，待月出东山，透过松林，正可赏月赋诗；又可下观天池莲花，右视万松围绕的万松亭，听籁籁之松风……

观音阁东、西两侧皆有台阶与地面相连。

东侧台阶历史上似有游廊连接小山石壁下的含碧亭。坐亭中，正可近观天池莲花游鱼。

民国二十年（1931）前后，观音阁仍存。今复制之观音阁单层，非历史原貌，且与周边景

观，如其下的天池，
西侧的龙王堂，南侧
的行宫建筑、行宫游
廊，西南侧万松亭、
叠山等不甚协调。

（十三）龙王堂

大磐石的西侧
是一处玲珑别致的小
院，名为龙王堂。院

龙王堂外景（南面围墙外为堆山，再南万松亭，东面大磐石）

中北房一排，三正两耳，卷棚应山，东、西、南三面筑墙环围，朝东开
有月亮门。

清代京西旗营范围多建龙王庙和关帝庙，旗人尊崇关公，故而，关
帝庙随处皆是；而山区夏季多雨，导致山洪不时发生，又使得人们多建
龙王庙，以求镇水，保一方平安。

龙王堂与大磐石后为峡谷，每到夏季，山水顺势而下，从大磐石与
龙王堂之间流过，到达山下。

人们在这里修建龙王庙，就是要祈求龙王能够镇住夏季的山洪，希
望在神的庇护下，获得这一方的平安。

（十四）万松亭

在天池西，龙王堂
前，"样式雷"图档称
"承云阁"。

亭呈四边形，边
长7.4米，亭内顶部为
井口天花，额枋绘苏式
彩画。亭四角重檐，悬
山卷棚顶，立有4根大

万松亭周边遍栽油松、侧柏，南北两侧为北派青石叠山

民国期间的青崖禅师墓塔

柱、12 根小柱。

整个亭子的基调为绿色，与周边的苍松翠柏和谐一体。亭之周围多植松柏，故名"万松亭"；又言亭高接云，名"承云阁"。

观音阁、龙王堂后，承云阁西、南为卧佛寺行宫大墙，将卧佛寺行宫并御花园圈成一个封闭的独立游赏空间。

乾隆皇帝多次到卧佛寺行宫游幸，并留下 20 多首御制诗，吟诵行宫院和周边环境。

（十五）青崖和尚墓

万松亭南是乾隆初年卧佛寺住持青崖禅师的墓塔。

墓塔砖砌，前为石头供桌，上供石制香炉、烛台，左前为汉白玉碑一通，上书太保、保和殿大学士兼吏部尚书张廷玉撰文的《大清京都普觉青崖元日禅师塔铭并序》，文中称，乾隆十一年（1746）青崖坐化，葬于"寿安山本寺之西园"。

是年，皇帝来卧佛寺，过青崖和尚塔，作《过青崖和尚塔》，云：

> 云水轩轩应远尘，蔼然光霁却堪亲。
> 曾闻说偈标全月，不道题名是后身。
> 能咏琴聪才望七，隔生如展恰逾旬。
> 怜师那得伤心泪，面面青山自故人。[1]

---

[1] 乾隆：《御制诗初集》卷三十三。

青崖禅师墓塔毁于"文化大革命"，石碑倒地。1983年，以正白旗三十九号为基础建立曹雪芹纪念馆，青崖和尚墓碑被移至纪念馆后碑林。

（十六）中华基督教青年会刻石

青崖和尚墓东侧（卧佛寺行宫大方河西侧）的叠石上侧、一块竖剑状的青色山石上，有中华基督教青年会镌刻的碑文。

碑文按照中国传统书写习惯自左而右书写：

> 信与望都在于上帝
> 从彼得训言

石头主体文字基本被破坏殆尽，青石坚硬，应为特殊年代人为破坏；石头右下角署"中华基督教青年会立"。

寿山亭侧面

民国时期由寿山亭前望

20 世纪 20 年代基督教青年会会众在盘山道上留影

（十七）寿山亭

藏经楼后的山麓有东、西两道石板铺就的山道，沿山道蜿蜒而上，至半山腰有一砖木结构的亭子，这就是寿山亭。

寿山亭海拔 160 米，建于 1980 年，以山名寿安山而得名。因建于山之半，故亦名"半山亭"。

寿山亭为单檐歇山琉璃瓦顶，黄琉璃瓦剪边，方形四角十二柱，是卧佛寺最后的，也是最高的建筑。

站在亭中，近可俯瞰全寺景观；极目远望，可观赏植物园主要景观、西山磅礴气势与城内建筑。

第三节　卧佛寺东路僧舍院

卧佛寺东路院是寺僧的起居处所，共有南北五进院，从南向北依次为大斋堂、大禅堂、霁月轩和清凉馆。

以上四重院落均为四合院式建筑，最后是供奉寺内开山祖师的独立建筑——祖堂院。

一　大斋堂

大斋堂是僧侣用斋的地方，北房五间，面阔 17.5 米，进深 13.07 米。

二　大禅堂

大禅堂亦为五间，是寺僧修禅之地。院面阔22.22米，进深14.9米。禅堂门两侧曾经悬挂有乾隆皇帝御书对联，云："苔益山文古，池添竹气清。"①

所谓"禅"，本是古印度人瑜伽修行的一种方式。释迦牟尼现世说法，一次，在灵山的法会上拈花不语，唯大迦叶破颜微笑。释迦云：

---

① 《钦定日下旧闻考》卷一百一《郊坰·西十一》。

吾有正法眼藏，涅槃妙心，实相无相，微妙法门，不立文字，教外别传，付嘱摩诃迦叶。

这不立文字，教外别传的法门就是禅。《五灯会元》记载其事，兹录其文并前后文：

世尊尝在尼俱律树下坐次，因二商人问："世尊还见车过否？"曰："不见。"商人曰："还闻否？"曰："不闻。"商人曰："莫禅定否？"曰："不禅定。"曰："莫睡眠否？"曰："不睡眠。"商人乃叹曰："善哉！善哉！世尊觉而不见。"遂厌白两段。

世尊在灵山会上，拈花示众。是时众皆默然，唯迦叶尊者破颜微笑。世尊曰："吾有正法眼藏，涅槃妙心，实相无相，微妙法门，不立文字，教外别传，付嘱摩诃迦叶。"世尊至多子塔前，命摩诃迦叶分座令坐，以僧伽梨围之。遂告曰："吾以正法眼藏密付于汝，汝当护持，传付将来。"

世尊临入涅槃，文殊大士请佛再转法轮。世尊咄曰："文殊！吾四十九年住世，未曾说一字，汝请吾再转法轮，是吾曾转法轮邪？"

世尊于涅槃会上，以手摩胸，告众曰："汝等善观吾紫磨金色之身，瞻仰取足，勿令后悔。若谓吾灭度，非吾弟子。若谓吾不灭度，亦非吾弟子。"时百万亿众，悉皆契悟。

于是，迦叶便为西天禅宗初祖。迦叶传阿难，二十八传至菩提达摩。南朝梁武帝时期，达摩东渡中华，在河南少室山传下禅宗法脉。自此以后，禅宗在中国生根发芽，发扬光大，并传至日、韩等国。

明清时代，卧佛寺住持皆以禅法高深而闻名，僧众即在此禅堂内参禅，与住持机锋往来，以图领悟佛法，成就无上不退转菩提。

三 霁月轩

霁是指雨、雪之后天气转晴，霁月清辉皎洁。光风（雨后初晴时的风）霁月形容雨过天晴、万物明净的景象，引申用以比喻人品高洁、胸襟开阔。宋黄庭坚《豫章集·濂溪诗序》："舂陵周茂叔，人品甚高，胸怀洒落，如光风霁月。"

题该处建筑为"霁月轩"，用以比喻住在此处的僧人修行甚深，心无挂碍，如同霁月，洞彻生死，不受外物的影响。

四 清凉馆

清凉馆是卧佛寺方丈所居，也即常说的方丈院。《钦定日下旧闻考》卷一百一《郊坰·西十一》载：

> 方丈额曰"是地清凉"，联曰："雨花点地成金粟，水月莹秋贮玉瓶。"檐前联曰："云开春阁图书静，雨霁秋窗竹桂闲。"皆皇上御书。

之所以称方丈院为"清凉馆"，源于《法华经·药草喻品第五》，其中佛说偈语云：

破有法王出现世间，

随众生欲，种种说法。如来尊重，智慧深远，久默斯要，不务速说。……迦叶当知，譬如大云起于世间，遍覆一切，慧云含润，电光晃曜，雷声远震，令众悦豫。日光掩蔽，地上清凉，叆叇垂布、如可承揽。

故佛界以"清凉"比喻佛法广大，覆盖人间，使信者心底清凉。

乾隆御笔"是地清凉"表示认可方丈能够领会、宣讲佛语，故而方丈内外普觉清凉。"云开春阁图书静，雨霁秋窗竹桂闲"联悬于方丈室外，额"是地清凉"、联"雨花点地成金粟，水月莹秋贮玉瓶。"俱悬于方丈室内。

实际上，雍正皇帝也曾为当时卧佛寺住持超盛禅师的方丈室写过对联。《日下旧闻考》亦录其文，云：

> 方丈恭悬世宗御书联曰："花气合炉香馥郁，天光共湖影空明。"

乾隆八年（1743）四月，乾隆皇帝首次游览香山，即召青崖禅师到香山来青轩，谈论佛法，并作《御制香山示青崖和尚》诗，云：

> 峰舍宿润黛螺新，一派曹溪试问津。
> 憩彼来青之梵室，对兹衣紫者山人。
> 却欣触目皆无滓，不必谈元始远尘。
> 坐久兰烟消篆字，禽声树色总天真。

"曹溪"是指禅宗六祖慧能及所传禅宗法脉，因慧能常居广东之曹溪而得名。

乾隆皇帝称，面对香山景色和青崖禅师，不见世间俗尘，满心、满目都是真心，都合禅宗的要求。由此，青崖禅师的风采亦可想见。

乾隆皇帝不仅赠诗给青崖，还将此诗御书赠给青崖禅师，后悬于卧佛寺青崖禅师方丈居所内。

五　祖堂院

方丈院后是祖堂院。

祖堂院，顾名思义，是供奉本寺开山祖师的地方。

《林间录》载：

> 天下丛林之行，大智禅师力也。祖堂当设达摩初祖之像于其中，大智禅师像西向，开山尊塑像东向。

也就是说，一般祖堂院要供奉中土禅宗初祖达摩法师、为天下禅宗丛林设立制度的大智禅师和本寺开山祖师。

祖堂院中有楼房一幢，南向，面阔五间，二层，形制如藏经楼，东、西配房各三间。

《京城古迹考》载，卧佛寺"禅堂后大楼上、下十间，俱贮铜佛"。可知，彼时（雍乾之际）卧佛寺祖堂院大楼内藏有相当数量的铜佛。

六　大智怀海禅师

大智禅师，即唐代禅宗大师百丈怀海。

怀海，俗姓王，福州长乐人，生于唐玄宗开元八年（720），元和九年（814）示寂，享年95岁。唐穆宗长庆元年（821），

卧佛寺僧舍内的祖堂

敕谥"大智禅师"。

怀海法师与智藏、普愿同时入马祖道一门下，三人各有擅长，并称"马祖三大士"。马祖道一圆寂后，怀海初住石门（今江西靖安县），继往新吴（今江西奉新县），住大雄山。该山岩峦高峻，又称为百丈山，因此，世称他为"百丈怀海"。

禅宗认为，佛性人人都有，就在各人的心中，学佛就是要消除内心受到的外在妄想束缚，识得人的本性，也就证得了佛法。因此，学佛不在于读经，也不在于拜佛，不应执着于名相。

正是因为这种认同，怀海禅师讲道："灵光独耀，迥脱根尘。体露真常，不拘文字。心性无染，本自圆成。但离妄缘，即如如佛。"

为了强化听众对所讲佛法根性的认识，怀海禅师在说法完毕，听众出去后，时常将大众唤回。待大众回头后，问道："是什么？"

怀海大师的这种教学方式，很受后人称赞，称其为"百丈下堂句"。

由于直指本心，不拘于外物，所以禅家的对话，往往使拘于名相的普通人听来，感到莫名其妙。实际上，所说的一切，不过要修行者放下心中的执着，过平常的日子罢了。

这一点可以从怀海禅师的一个公案中得到证明：

一次，怀海禅师陪师父马祖散步，忽然听到野鸭的叫声。

马祖遂问："是什么声音？"

"野鸭的叫声。"怀海答道。

过了一段时间，马祖又问："刚才的声音哪里去了？"

怀海道："飞过去了。"

马祖回过头来，用力拧怀海的鼻子。怀海痛得顿时大叫。

马祖道："再说飞过去！"

怀海一听，立即省悟，回到侍者住处大哭。

同舍的人不知所以，问："你想父母了吗？"

怀海答："不是。"

同舍的人又问："被人骂了吗？"

答："也不是。"

"那你哭什么？"

怀海说："我的鼻子被马大师拧痛了，痛得不行。"

同舍的人问道："有什么机缘不契合吗？"

怀海答："你去问和尚吧。"

同舍的人就去问马祖大师："怀海侍者有什么机缘不契合吗？他现在住处哭。请和尚对我明示。"

马祖道："怀海已经悟了，你自己去问他。"

同舍的人回到住处，问怀海禅师："和尚说你悟了，叫我回来问你。"

怀海禅师，哈哈大笑。

同舍问："刚才哭，现在为什么却笑？"

怀海说："刚才哭，现在笑。"

怀海大师根据当时禅宗的发展形势，建立了一套完善的禅宗丛林制度。

怀海创建独立的禅院、禅寺禅院（寺）中不立佛殿，唯树法堂，表示佛法不依赖于言、象进行传承，而靠师父的启发和僧人自身的印证。

禅院以悟道最深、德高望重的禅僧为化主，称"长老"，独住一室，室称"方丈"。长老说法之时，僧徒按照出家时间的长短排序在法堂的东、西两侧立听，不时问答。

另外，禅宗自六祖慧能以来，都不排斥生产劳作，甚至许多开山祖师也都亲自劳动。在这种情况下，怀海提出了"一日不作，一日不食"的修行主张。

有一次，众人都在外面劳作。忽然，鼓声响起，一个和尚扛起农具，大笑而归。

怀海禅师不禁感慨道："好啊！这种体悟与观音菩萨听音入理有同工之妙！"

回到寺里，怀海问那个和尚："刚才明白了什么道理？"

和尚道："刚才肚子饿了，一听到鼓声，我便赶紧回来吃饭。"

怀海听后，哈哈大笑。①

怀海禅师年纪大了，也不停止劳作。

据说，禅师94岁那年，仍然坚持与弟子们一起劳动。一次，弟子感到不忍，把他的农具藏起来了，以为禅师借此可以休息。怀海大师说："我没有什么德行，怎么敢让别人白养着我呢？"当天，禅师因为没有参加劳动，便不肯吃饭。弟子无法，只能让他每日劳作以为修行。

怀海禅师将禅宗修行的种种制度编成一书，称为《百丈清规》，或称《禅门规式》，很快风行天下，被天下禅宗仿效。百丈禅师二十条丛林云：

> 丛林以无事为兴盛
> 修行以念佛为稳当
> 精进以持戒为第一
> 疾病以减食为汤药
> 烦恼以忍辱为菩提
> 是非以不辩为解脱
> 留众以老成为真情

---

① 陈耳东：《公案百则》，中华书局2008年版。普济：《五灯会元》，中华书局1984年版。

执事以尽心为有功

语言以减少为直截

长幼以慈和为进德

学问以勤习为入门

因果以明白为无过

老死以无常为警策

佛事以精严为切实

待客以至诚为供养

山门以耆旧为庄严

凡事以预立为不劳

处众以谦恭为有礼

遇险以不乱为定力

济物以慈悲为根本

　　鉴于怀海做出的贡献，怀海被后世禅宗尊称为"乐门上首""丛林开关祖"。建造禅寺，祖师堂中必祀怀海。

七　叶家小院

　　东路僧舍院还有一处附属建筑，就是位于斋堂院前的一处小院，这里本是寺庙为乡绅办理法事、停灵超度的地方。

　　乾隆二十一年（1755），清政府建造自樱桃沟至玉泉山的引水工程，引水石渠在经过卧佛寺琉璃牌坊前后，至此院，从高处跌落入院下的石池中，向南

叶家小院位于卧佛寺东路僧舍最南端

流走。

民国时期，此院被曾任职于北平市政府的叶绍华购置，故也称为"叶家小院"或"叶家花园"。1994年后，东路僧舍院被改建为卧佛寺饭店。

附录：《梁思成、林徽因〈卧佛寺的平面〉》

说起受帝国主义的压迫，再没有比卧佛寺委屈的了。卧佛寺的住持智宽和尚，前年偶同我们谈天，用"叹息痛恨于桓灵"的口气告诉我，他的先师老和尚，如何如何地与青年会订了合同，以每年一百元的租金，把寺的大部分租借了二十年，如同胶州湾、辽东半岛的条约一样。

其实这都怪那佛一觉睡下几百年不醒，到了这危难的关点，还不起来给老和尚当头棒喝，使他早早觉悟，组织个佛教青年会西山消夏团。虽未必可使佛法感化了摩登青年，至少可藉以繁荣了寿安山……不错，那山叫寿安山……又何至等到今年五台山些少的补助，总能修葺开始残破的庙宇呢！

我们也不必怪老和尚，也不必怪青年会……其实还应该感谢青年会。要是没有青年会，今天有几个人会知道卧佛寺那样一个山窝子里的去处。在北方——尤其是北平——上学的人，大半都到过卧佛寺。一到夏天，各地学生们，男的、女的，谁不愿意来消消夏，爬山、游水、骑驴，多么优哉游哉。据说每年夏令会总成全了许多爱人儿们的心愿，想不到睡觉的释迦牟尼，还能在梦中代行月下老人的职务，也真是佛法无边了。

从玉泉山到香山的马路，快近北辛村的地方，有条岔路忽然转北上坡的，正是引导你到卧佛寺的大道。寺是向南，一带山屏障似地围住寺的北面，所以寺后有一部分渐高，一直上了山脚。在最前面，迎着来人的，是寺的第一道牌楼，那还在一条柏荫夹道的前头。当初这牌楼是什么模样，我们大概还能想象，前人做的事虽不一定都比我们强，却是关于这牌楼大概无论如何他们要比我们大方得多。现有的这座只说它不顺眼已算十分客气，不知哪一位和尚化来的酸缘，在破碎的基上，竖了四根小柱子，上面横钉了几块板，就叫它做牌楼。这算是经济萎衰的直接表现，还是宗教力渐弱的间接表现？一时我还不能答复。

顺着两行古柏的马道上去，骤然间到了上边，才看见另外的鲜明的一座琉璃牌楼在眼前。汉白玉的须弥座，三个汉白玉的圆门洞，黄绿琉璃的柱子，横额，斗栱，檐瓦。如果你相信一个建筑师的自言自语，"那是乾嘉间的做法"。至于《日下旧闻考》所记寺前为门的如来宝塔，却已不知去向了。

琉璃牌楼之内，有一道白石桥，由半月形的小池上过去。池的北面和桥的旁边，都有精致的石栏杆，现在只余北面一半，南面的已改成洋灰抹砖栏杆。这也据说是"放生池"，里面的鱼，都是"放"的。佛寺前的池，本是佛寺的一部分，用不着我们小题大作地讲。但是池上有桥，现在虽处处可见，但它的来由却不见得十分古远。在许多寺池上，没有桥的却较占多数。至于池的半月形，也是个较近的做法，古代的池大半都是方的。池的用途多是放生、养鱼。但是刘士能先生告诉我们说南京附近有一处律宗的寺，利用山中溪水为月牙池，和尚们每斋都跪在池边吃，风雪无阻，吃完在池中洗碗。幸而卧佛寺的和尚们并不如律宗的苦行，不然放生池不惟不能放生，怕还要变成脏水坑了。

与桥正相对的是山门。山门之外，左右两旁，是钟鼓楼，从前已很破烂，今年忽然大大地修整起来。连角梁下失去的铜铎，也用二十一号的白铅铁焊上，油上红绿颜色，如同东安市场的国货玩具一样鲜明。

山门平时是不开的，走路的人都从山门旁边的门道出入。入门之后，迎面是一座天王殿，里面供的是四天王——就是四大金刚——东西梢间各两位对面侍立，明间面南的是光肚笑嘻嘻的阿弥陀佛，面北合十站着的是韦驮。

再进去是正殿，前面是月台，月台上（在秋收的时候）铺着金黄色的老玉米，像是专替旧殿着色。正殿五间，供三位喇嘛式的佛像。据说正殿本来也有卧佛一躯，雍正还看见过，是旃檀佛像，唐太宗贞观年间的东西。却是到了乾隆年间，这位佛大概睡醒了，不知何时上哪儿去了。只剩了后殿那一位，一直睡到如今，还没有醒。

从前面牌楼一直到后殿，都是建立在一条中线上的。这个在寺的平面上并不算稀奇，罕异的却是由山门之左右，有游廊向东西，再折而向北，其间虽有方丈客室和正殿的东西配殿，但是一气连接，直到最后面又折而东西，回到后殿左右。这一周的廊，东西（连山门和后殿算上）十九间，南北（连方丈配殿算上）四十间，成一个大长方形。中间虽立着天王殿和正殿，却不像普通的庙殿，将全寺用"四合头"式前后分成几进。这是少有的。在这点上，本刊上期刘士能先生在智化寺调查记中说："唐宋以来有伽蓝七堂之称。惟各宗略有异同，而同在一宗，复因地域环境，互相增省……。"

现在卧佛寺中院，除去最后的后殿外，前面各堂为数适七，虽不敢说这是七堂之例，但可藉此略窥制度耳。

这种平面布置，在唐宋时代很是平常，敦煌画壁里的伽蓝都是如此布置，在日本各地也有飞鸟、平安时代这种的遗例。在北平一带（别处如何未得详究），却只剩这一处唐式平面了。所以人人熟识的卧佛寺，经过许多人用帆布床"卧"过的卧佛寺游廊，是还有一点新的理由，值得游人将来重加注意的。

卧佛寺各部殿宇的立面（外观）和断面（内部结构）却都是清式中极规矩的结构，用不着细讲。至于殿前伟丽的娑罗宝树，和树下消夏的青年们所给与你的是什么复杂的感觉，那是各人的人生观问题，建筑师可以不必参加意见。事实极明显的，如东院几进宜于消夏乘凉，西院的观音堂总有人租住；堂前的方池——旧籍中无数记录的方池——现在已成了游泳池，更不必赘述或加任何的注解。

"凝神映性"的池水，用来做锻炼身体之用，在青年会道德观之下，自成道理——没有康健的身体，焉能有康健的精神？——或许！或许！但怕池中的微生物杂菌不甚懂事。

卧佛寺钟鼓楼、水池的四周原有精美的白石栏杆，已拆下叠成台阶，做游人下池的路。不知趣的、容易伤感的建筑师，看了又一阵心酸。其实这不算稀奇，中世纪的教皇们不是把古罗马时代的庙宇当石矿用，采取那石头去修"上帝的房子"吗？这台阶——栏杆——或也不过是将原来离经叛道"崇拜偶像者"的迷信废物，拿去为上帝人道尽义务。"保存古物"，在许多人听去当是一句迂腐的废话。"这年头！这年头！"每个时代都有些人在没奈何时，喊着这句话出出气。①

---

① 该文为梁思成、林徽因《平郊建筑杂录》第一部分，原载《中国营造学社汇刊》1932 年第三卷第四期。

第三章

高僧大德——元明清卧佛寺的几位名僧

卧佛寺为西山巨刹，在元、明、清三代，寺内住持多由皇帝钦点，高僧众多、名僧辈出，或传经讲法或主持寺中事务，其中尤以法洪、济舟、超盛、青崖几位禅师，以戒行精严、潇洒出尘，为皇室所敬重，为民众所敬仰。

第一节　法洪禅师

法洪禅师（1271—1344），元朝陕西省巩昌府成州（明太祖洪武十年，改州为县）人，名僧，为皇室所重，曾主卧佛寺，其生平事迹见延祐二年（1315）进士、御史中丞许有壬（1286—1364）奉旨作《敕赐故光禄大夫大司徒释源宗主法洪碑》。

《敕赐故光禄大夫大司徒释源宗主法洪碑》载《四库全书》卷四十七《至正集》，云：

至正七年八月戊寅，皇帝御慈仁殿，集贤大学士臣五十四言，故光禄大夫、大司徒沙门法洪逮事累朝，其德业有足称者，原刻石以示永久，有旨命御史中丞臣有壬制文且为书，翰林学士承

《敕赐故光禄大夫大司徒释源宗主法洪碑》

旨臣起岩篆其额。

臣有壬于洪公非有支许之分，而其为学又异，宜不足以知之者，然天子有命，岂有辞？谨按其事状，择而书之。

公姓刘氏，陇西巩昌成州人，生有异禀；九岁入乡校，校日受书累千言，辄成诵不忘；年十二，窥释氏内外典有契，遂辞亲，礼州之兴化寺武公，总摄而祝发焉；又八年，从金仙律师受具戒，乃发足游方，谒少林法主，参决心要，即廓然自得。

时，真觉国师松堂公居大白马寺，公往依之，松堂沙门上辈负海内之望，与语，大见器异，留待左右，为之发扬宗旨，周密微妙，遂能穷极法源，卒嗣其业。承记传衣之日，灵鹤翔其庭，松堂喜曰："是必能大吾教矣！"

大德中，总统司请释源为白马寺长讲，号大德法主。武宗皇帝在潜邸闻其名，特命主持秦州大圣寿寺。至大改元，复命即秦州开演长讲，敕有司月给衣粮焉。

仁宗皇帝临御之明年，宣政臣奏旨起公住持白马寺。未几，赐号释源宗主。驿召至京师，沙罗迦八哈失首见推重，请主西山龙泉寺；寻奉敕翻译诸菩萨经、撰大元帝师帕克斯巴文庙碑，文成，奏御，嘉赉甚厚，遂召公主持新建大永福寺，莅事之日，三宫赐白金、中宫复制红衣以衣之。

英宗皇帝时居东宫，已虚佇信响，数尝引见。既继位，即授公荣禄大夫、司徒。已而，进阶光禄，加大司徒，刻银为印，食一品禄，承制总选名僧，校雠三藏书，领江淮官讲凡三十所，于是贵姓莫比矣！

会寿安山大昭孝寺成，诏以公主之，大都弘正、栖禅，上都弘正等寺皆隶焉。

大昭孝寺者，英宗之为太子尝至其处，喜其山水明秀，左右或言，此山本梵刹也，后为道士有耳目属意焉。至是，以钞二万锭赐道士，使其别营构，因观基炼石凿阁，大起佛宇，功言而已。

泰定初，或谋动摇寿安者，微公慧力足以摄之则将不得免焉。至正二年，今上皇帝御龙舟游幸玉泉诸山，至寿安，以公先朝耆旧，特优礼之。

初，天历中，尝赐钞三百万锭，以其二买田饭僧，以其一视规息，为国家修建佛事，其后官府稍见侵夺。至是，丞相托克托公以公故奏请复之。比车驾还宫，复遣使赐上尊为公寿，其被遇累朝光显如此。

四年春三月六日，卒，寿七十三，为僧凡六十有一年。大臣以闻天子，天子悯悼，敕有司致赙备仪，卫祖送如礼。

既阇，维门人三分其骨，瘗寿安、白马及陕西之兴教寺，而建塔焉。

公度弟子十余人，得其道者曰允中，为昭孝法主，与公同日殁，嗣法者以百数，曰德政，主白马；曰道传，曰慧润，主永福、寿安，则又所谓杰然者也。

公为人轨行严峻，识度开朗，其于禅乘律义既究极无疑，而于孔老百氏之书又能勾引贯穿，纵横出入乎其间，故其平生论撰多涉猎经史，娓娓可观，有《云麓集》十卷行于世云。

臣闻西方之教以空洞为实，以有为为妄。儒者谓其有体而无用，异于圣贤之道也。惟大司徒始能以真如三昧启迪其徒，空术既显，及其树大法幢、鸣大法鼓，又能以才器文辩见知圣代，恩数优渥，虽宋慧林、唐不空被遇之盛未能有过之者。殆所谓为而未始有为、无为而无所不为者欤？故观其所与东平问答又皆平易精实，体用兼备，其有得于圣贤之学者，未可以浮屠氏之说器之也。谨叙而铭之，其辞曰：

出世之士，一切不作，流于空愚，无有知觉。

用世之士，一切有为，流于功利，靡所底归。

爰有大智，见道立卓，非律非禅，无过无莫。

白业之积，始自秦中，雷音震扬，达乎九重。

毳衣来朝，当宁前席，王后君公，膜拜接写。

爵以上卿，为帝外臣，阴翊乾运，密赞皇仁。

动言事为，有典有则，著为文章，载在金石。

寿安之山，龙宫翼严，人天毕来，四圣俱瞻。

树立门庭，广大坚固，孰为为之？

以我佛故，功名富贵、文字语言，何有于我？

得鱼忘筌，化缘既周，委席而去。

生也则荣，殁有余誉。天子念之，臬臣属辞，以其用诒。

　　《碑》文中云："英宗皇帝时居东宫，已虚儜信响，数尝引见。既继位，即授公荣禄大夫、司徒。已而，进阶光禄，加大司徒，刻银为印，食一品禄，承制总选名僧，校雠三藏书，领江淮官讲凡三十所，于是贵姓莫比矣！"可知，法洪禅师与元英宗多有交往，故能领袖佛界。

　　由于与英宗的密切关系，当寿安山大昭孝寺（卧佛寺）扩建完工后，"诏以公主之，大都弘正、棲禅，上都弘正等寺皆隶焉"。

　　法洪禅师度弟子十余人，"得其道者曰允中，为昭孝法主，与公同日殁，嗣法者以百数……曰慧润，主永福、寿安"。又可知，法洪禅师之后卧佛寺的几位住持为允中、慧润。

第二节　济舟禅师

隆教寺位于卧佛寺西、樱桃沟入口之高崇处。《日下旧闻考》卷一百二《郊坰·西十二》载：

> 隆教寺重建碑，大学士眉山万安撰，成化二十年立。略云，成化庚子，香山之原廓旧庵作寺，赐名"隆教"，升右觉义本谅讲经，俾主寺事。寺距京城三十里许，与寿安寺相望。寺主济舟禅师者，精于法华、楞严之秘，为一方禅宗。谅往学其门，乃即兜率寺趾作庵其旁，朝夕讲演甚重。

古人文字简略，往往省略成分，单看碑文中"（隆教）寺距京城三十里许，与寿安寺相望。寺主济舟禅师者，精于法华、楞严之秘，为一方禅宗"的记载，很难判断济舟禅师到底是隆教寺住持，还是卧佛寺（寿安寺）住持。[①]

但是，既云"俾（本谅）主（隆教）寺事"，复云"寺距京城三十里许，与寿安寺相望。寺主济舟禅师者精于法华、楞严之秘"。则济舟

[①]　许惠利《卧佛寺与樱桃沟》认为，济舟禅师是隆教寺住持。中国旅游出版社 1986 年版。

禅师即应该是寿安寺住持。

《明史》卷七十四《志第五十职官三·僧道录司》载：

> 僧录司：左、右善世二人，正六品；左、右阐教二人，从
> 六品；左、右讲经二人，正八品；左、右觉义二人，从八品。

可知，隆教寺住持本谅是从僧录司从八品右觉义升转隆教寺住持的。

下文之"谅往学其门，乃即兜率寺（卧佛寺）趾作庵其旁，朝夕讲演甚重"。"谅往学其门"中的"其"字即指代济舟禅师。

可知，卧佛寺住持济舟禅师佛学造诣深厚，以至于从僧录司右觉义出身的本谅都要专程拜访，甚至为了学习方便、"朝夕讲演"，而在寺脚下建造住所。

如今，隆教寺还竖立着成化二十二年（1486）"隆教寺重建碑"，其中云："寿安寺主济舟禅师者，精于法华、楞严之秘。"明确指出，济舟禅师系卧佛寺的住持，本谅即是随他学习《法华经》《楞严经》妙义的。

隆教寺碑文中"寿安寺主济舟禅师"字样

济舟禅师生卒年不详，但从隆教寺的建造年代和他与隆教寺住持右觉义本谅的交往可以大体推定。

隆教寺建于成化庚子，即成化十六年（1480）。此年，明宪宗朱见深赐名为"隆教寺"，并钦派右觉义本谅到隆教寺主持寺务，讲经说法。

右觉义本谅既能得到皇帝的认同，其佛学造诣可知，其年龄当在40岁上下，则应生于明英宗正统五年（1440）前后。

隆教寺住持本谅倾慕济舟禅师的佛学造诣，屈身向学，不仅如此，还将此事明确刻入本寺碑文之中，则卧佛寺住持和尚济舟禅师的辈分、年龄都应较本谅为长，如此，则济舟禅师应生活于明朝宣德、正统、景泰、天顺、成化、弘治五朝（1426—1505）。

"济舟禅师者，精于法华、楞严之密，为一方禅宗。""四方来听者甚众。"可知，济舟禅师的佛学素养极高，尤其精于《法华经》《楞严经》的旨意。

《法华经》《楞严经》都是佛教大乘中的经典，素有"开悟的楞严，成佛的法华"的说法，其在佛教诸典中的地位可以想见。济舟禅师精于《法华经》《楞严经》之旨，可知，其人抓住了修佛的根本。

《法华经》，全名《妙法莲华经》，后秦鸠摩罗什译，七卷二十八品，六万九千余字。说一乘圆教，表清净了义，究竟圆满，微妙无上。

《法华经》云："尔时，佛复告药王菩萨摩诃萨，我所说经典无量千万亿，已说、今说、当说而于其中，此《法华经》最为难信、难解。药王，此经是诸佛秘要之藏。"

《法华经》称诸佛世尊之所以出现于世，唯以一大事因缘："欲令众生开佛知见、使得清净""欲示众生佛之知见""欲令众生悟佛知见""欲令众生入佛知见道"。

针对社会上以"声闻""缘觉"为小乘，以"菩萨"为大乘的说法。《法华经》提出没有大、小乘，唯有一乘，即佛乘的说法。云：

> 如来但以一佛乘故为众生说法，无有余乘，若二、若三……过去诸佛以无量无数方便、种种因缘譬喻言辞，而为众生演说诸法，是法皆为一佛乘故。是诸众生从诸佛闻法，究竟皆得一切种智。舍利弗，未来诸佛当出于世，亦以无量

无数方便、种种因缘譬喻言辞，而为众生演说诸法，是法皆
为一佛乘故，是诸众生从佛闻法，究竟皆得一切种智。

这种观点打破了佛教界大、小乘的分野，指出佛所说各种经义
（大、小乘所据经典）不过"诸佛以无量无数方便种种因缘譬喻言辞，
而为众生演说诸法"而已，为佛教各派的矛盾起到了调和作用，找到了
教义上的依据。

佛教认为，"女身垢秽，非是法器。"然而，龙女勤修《法华经》，
于"诸佛所说甚深秘藏，悉能受持，深入禅定，了达诸法，于刹那顷发
菩提心，得不退转，辩才无碍，慈念众生，犹如赤子，功德具足，心念
口演，微妙广大，慈悲仁让，志意和雅，能至菩提。"

由于《法华经》主张，不分贫富贵贱，人人皆可成佛，因而《法华
经》也被誉为"经中之王"。

陈隋之际，智顗和尚（531—597）根据《法华经》创立了天台
宗——因智顗常住浙江天台山传法而得名。

《楞严经》全名为《大佛顶如来密因修证了义诸菩萨万行首楞
严经》。

此经原藏于龙宫，龙树菩萨至龙宫说法，在龙藏中见到此经，拜阅
之下，叹为稀有，将全经默诵下来。出龙宫后，龙树菩萨把《楞严经》
文记录下来，呈给国王，王家将其视为稀世之宝，珍藏国库，禁止其出
国。北宋觉范慧洪大师《林间录·卷下》载：

> 天台宗讲徒曰："昔智者大师，闻西竺异比丘言：'龙树
> 菩萨尝于灌顶部，诵出《大佛顶首楞严经》十卷，流在五天，
> 皆诸经所未闻之义，唯心法之大旨，五天世主保护秘严，不
> 妄传授。'智者闻之，日夜西向礼拜，愿早至此土，续佛寿
> 命，然竟不及见。"

意思是说，陈、隋之际，智顗和尚创立天台宗时，《楞严经》尚未传到中国，一位来自印度的梵僧称，大师所言与其国藏《楞严经》意旨相合。于是，智顗和尚设拜经台，西向拜经，前后十八年，终未得见《楞严经》。

唐朝初年，印度高僧般剌密谛为利益东土之人，誓将此经传至东土。般剌密谛将《楞严经》藏到身上出境，被守边官吏查获。其后，般剌密谛将《楞严经》书写在极细的白绢上，然后剖开自己的肩膊，再将经文藏在其中。待疮口平复之后，再出国。神龙元年（705），大师到达广州。

此时，武则天朝首相房融正被贬在广东。房融闻说高僧远来，便请大师住广州制止寺。般剌密谛剖膊出经，将全部经文以汉文拼出。其后，大师速回本国，以除边吏之难。

由于般剌密谛大师只是将梵音的经文用汉字拼出来，故后复由乌苌国（今日巴基斯坦西北边境省斯瓦特县）沙门弥伽释迦翻译成汉文，由精通古印度文字的广东罗浮山南楼寺沙门怀迪校正，最后由精于文学的房融润色。正是因为这么多各方面专家的配合，《楞严经》经义准确、文辞雅淳，成为中国佛经翻译中文字最美的一部。引其中一段以为示范：

> 尔时，世尊开示阿难及诸大众，欲令心入无生法忍，于师子座摩阿难顶，而告之言：
>
> "如来常说诸法所生，唯心所现，一切因果、世界微尘因心成体。阿难，若诸世界一切所有，其中，乃至草叶缕结，诘其根元，咸有体性，纵令虚空，亦有名貌，何况清净妙净明心？性一切心，而自无体。
>
> "若汝执吝，分别觉观，所了知性必为心者，此心即应离诸一切色、香、味、触诸尘事业，别有全性；如汝今者承听我法，此则因声而有分别，纵灭一切见闻觉知，内守幽闲，

犹为法尘分别影事。我非敕汝执为非心，但汝于心微细揣摩，若离前尘，有分别性，即真汝心；若分别性，离尘无体，斯则前尘分别影事。尘非常住，若变灭时，此心则同龟毛兔角，则汝法身同于断灭，其谁修证无生法忍？"

即时，阿难与诸大众默然自失。

佛告阿难："世间一切诸修学人现前虽成九次第定，不得漏尽、成阿罗汉，皆由执此生死妄想，误为真实。是故汝今虽得多闻，不成圣果。"

《楞严经》备说、反复讲诉"一切因果、世界微尘因心成体"，人之修行即在寻找真性、真心，从而离苦得乐，因讲说最为明白详细，故称"开悟的楞严"，在诸经中享有崇高的地位。

卧佛寺住持济舟禅师，精于法华、楞严之秘，无怪乎他能成为一方禅宗领袖，四方来听者甚众。

明朝秀岩法师曾挂锡卧佛寺，唯不知是否即今寿安山下之卧佛寺，暂系于此，以备资料。

陈梦雷《古今图书集成·博物汇编·神异典·兴国·卧佛寺》载：

> 按《重庆府志》，秀岩和尚，讳兴国，万历间，挂锡京师卧佛寺，跌坐三十年，每夜颂佛经，辄声闻大内，道行感人，敕封护国禅师、太子太保、左善世。

秀岩禅师还长于医药。《中医人物词典》载：

> 明僧人，俗名兴国，垫江（今属四川）人。少时，为人牧牛，后为僧人，曾游京师，住卧佛寺。遇皇婴患病，而诸医用药无效，乃配剂进之，立愈，受封为"护国禅师"。

第三节　超盛禅师

　　超盛，本名深奕，字甸山，号如川，武进庄氏之子。生于康熙三十四年（1695），年少时，坠车被救，悟生死梦幻之理，遂登西山出家。清人汤大奎撰《炙砚琐谈》卷上载超盛禅师略传，云：

> 　　释超盛，吾邑人，姓庄氏，通参厚存擂之孙，仪部省堂清度之从子。少年不遇，披剃为缁。尝诵唐人"春眠不觉晓"一绝，遂悟禅理。

　　超盛禅师戒律精深、洞彻释典，受到雍正皇帝的重视和召见。雍正十一年（1733），39岁的超盛，因敕命与超善、超鼎一起成为茆溪（茆溪行森禅师，号茆溪，又号慈翁，博罗人，族姓黎氏，参大觉普济能仁国师玉琳琇）法嗣，[1] 经常在圆明园服侍，后为贤良寺住持。

　　贤良寺位于东华门外，原为怡贤亲王的府邸。雍正八年（1730），胤祥逝世，生前遗言以邸第作佛宫。寺庙建成后，雍正皇帝赐名为"贤

---

[1] 超善若水、超鼎玉铉、超盛如川三人本非茆溪行森法嗣，雍正十一年（1733）八月，皇帝以玉琳琇、茆溪森法嗣不昌，而命超善、超鼎、超盛三人嗣茆溪后，参与雍正"当今法会"。

良"，以表彰胤祥对大清王朝做出的贡献。

超盛禅师甫经召见，即被委以重任，^①主持贤良寺，其佛学造诣和为人之受雍正皇帝的认可，由此可见。

雍正皇帝深通佛学，赐给超盛等人的银印，虽然没有实际的用途，但却是他们身份的象征，表示雍正皇帝对三人学修素养的认同。

雍正十一年（1733）春夏间，皇帝在宫中举办历时半年的法会，亲为说法，召集全国有学人等参加，由雍正的指引"王大臣之能彻底洞明者，遂得八人"，"沙门羽士亦有同时证入者六人"^②。

此中，沙门、羽士指文觉禅师元信雪鸿、悟修禅师明慧楚云、超善若水、超鼎玉铉、超盛如川三人。

雍正"当今法会"证入者十四人表

王公（五人）	大臣（三人）	僧道众（五僧一道）
皇十六弟庄亲王爱月居士	大学士伯鄂尔泰坦然居士	觉生寺文觉禅师元信雪鸿
皇十七弟果亲王自得居士	大学士张廷玉澄怀居士	妙正真人娄近垣三臣
皇四子和硕宝亲王长春居士	左都御史张照得天居士	圣因寺悟修禅师明慧楚云
皇五子和硕和亲王旭日居士		拈花寺方丈僧超善若水
多罗平郡王福彭如心居士^③		万寿寺方丈超鼎玉铉
		海会寺方丈僧超盛如川

雍正十二年（1734），超盛如川由海会寺住持转卧佛寺住持。

为了表示对超盛的认可，雍正皇帝还特别攽赐超盛以无阂永觉禅师的封号、专敕、银印。

---

① 雍正皇帝曾在自己陵寝旁为胤祥择地，想兄弟二人百年后仍在一起，因胤祥据于君臣大礼，固辞而不获。超盛为贤良寺住持，皇帝对超盛的信任，可见一斑。

② 《御选语录·当今法会》卷十九，《卍续藏》第68册，第722页。

③ 平郡王福彭系《红楼梦》作者曹雪芹的表兄，也是雍正皇帝安排给弘历的早年伴读。

雍正皇帝赐"银印"对象只有三人，即妙正真人（道士）娄近垣、文觉禅师元信以及超盛无阂永觉禅师。《清高宗实录》亦曾提及此事，云：

> 娄近垣、元信、超盛三银印，系雍正年间并敕谕一同颁发，乃赐给本人，不过图章之类，非外藩喇嘛传授承用印信可比，无庸改铸，亦无庸撤回，应俟本人身后，缴部销毁。②

宝林寺存《超盛禅师敕谕碑》①

"雍正年间并敕谕一同颁发"一语非常重要。雍正十三年二月初六日，皇帝封超盛为"无阂永觉祖师"。

"超盛诰封碑"（碑文称"无阂永觉禅师"）存北京门头沟宝林寺，碑额篆书"皇图巩固"，碑文云：

> 皇帝敕谕：
> 无阂永觉祖师超盛：尔生长宦族，幼读儒书，秉性朴淳，赋资颖慧。偶因堕车危殆，遇救获苏，顿悟生死梦幻之理，皈依梵教，其凤根有自求矣。经朕召见，更加提持，遂能直

---

① http://blog.sina.com.cn/s/blog_522592330102vbpv.html.
② 《清高宗实录》卷三三八"乾隆十四年夏四月庚寅"条。

踏三关、洞明妙义，近代祖师中之所罕遇。目今宗徒内无有
出其右者，朕心嘉悦，特封尔为无阂永觉祖师，以表真僧，
宣扬法器。尔其益懋进修，仔肩大道，或宏慈化，丕振宗风，
以副朕接引褒嘉之意。钦哉！故敕。

大清雍正十三年二月初六日封

大清乾隆四十六年柒月吉日

觉生寺法侄明寿、宝林寺徒侄广林同立

对皇帝赐超盛禅师专敕、银印之事，汤大奎以不无艳羡的口气写
道："赐敕、印，住贤良寺，真异数也。"①

雍正十三年二月，奉依敕命，超盛禅师回南省视其父。雍正皇帝让
李卫在超盛经过保定或超盛十月回京时二人相见。

接到皇上的命令，李卫非常重视，刚从通州回到衙署，便令手下准
备迎接超盛。他给皇帝的奏折是这样写的：

直隶总督驻扎保定府臣李卫谨奏：

为覆奏事。

窃臣于本月十八日自通州回保，因途中泥水，至二十一
日午后始到，于二十二日酉刻接得内大臣海望寄字，钦奉上
谕，无阂永觉禅师超盛本月二十四日在京起程，前赴江浙。

皇上因其深通禅理，令臣或于目前，或于伊十月内回京
时，约定相见接谈，甚为有益，特命海望寄信到来。仰见圣
主爱惜臣工，无微不至。

惟恐愚鲁之资，未知心性本原，使人所不易轻见之高僧，
得与亲近，藉其牖启，以扩知识，承命之下，感深肺腑。臣

---

① 汤大奎：《炙砚琐谈》卷上。

随欲即刻前往，但细思禅师已于二十四日出京，则次日可至
涿州，自必分路由东南而行。臣甫经回署一日，若复星夜驰
往，恐官民不知情由，致有猜疑，又未便明言其故。随即密
委保定府理事同知苏尔弼赶赴前途，迎接禅师超盛，与之相
商请示……

雍正十三年二月二十四日

李卫虽是皇帝的心腹亲信，但对皇帝尊崇的高僧也不敢怠慢，又
怕引起皇帝或者官民的误会，所以，在奏折中写道："臣甫经回署一日，
若复星夜驰往，恐官民不知情由，致有猜疑，又未便明言其故。"

皇帝对政治、学问的分寸掌握得极好，在李卫奏折此处朱批道：
"大笑话。岂有此理。亦无此礼体。"

在保定逗留期间，超盛依照皇命以佛理点化李卫，并将情况通过奏
折报与皇帝。细读文字，想象情景，令人忍俊不禁。超盛写道：

李卫虽一心诚笃，向上有志，但领会全无半点，恐一时
未必能得。雍正朱批道："实可谓一窍也不通，尚在甚远。虽
然，亦不可择省力处下手也。回程再至保，尽力开示。"[①]

超盛临行，李卫赠送礼物。超盛谨慎，向皇帝汇报道："临行，李
卫送臣僧斋赆银一百两、通海缎二匹、程乡茧二匹、扇器二件并茶叶等
物，又送臣僧侍司斋赆银十二两。因其意甚谆挚，臣僧俱已收受。"雍
正帝的朱批道："应接者，亦代伊作福田之举耳。"

在南行途中，皇帝还命超盛及时奏报江南各大寺庙的情况。超盛体

---

① 杨启樵：《雍正帝及其密折制度研究》，上海古籍出版社 2003 年版。

弱，雍正皇帝还命心腹苏州织造海保奏报超盛的病情，倍加关心。①

据杨启樵统计，台湾"故宫博物院"藏《雍正朝朱批奏折题奏人一览表》所列，雍正朱批僧人未刊奏折：明玉一份，明德两份，明慧、明章、明幢、实怡均三份，而超盛独多，有十三份。

八月二十三日，雍正皇帝逝世于圆明园。四子宝亲王弘历即位，二十七日，放发大行皇帝遗诏，同时，谕令苏州织造海保：

> 从前法会中僧衲，今分住外省者数人。恭闻皇考升遐，伊等不必来京，仍在本处虔诚讽诵。至超盛、元日，见地明通，修持精进，深蒙皇考嘉奖。著海保等即送二人来京，瞻仰梓宫。②

其他僧众皆不准来京，只许超盛、元日因"见地明通"来京，且令海保相送，二人与雍正皇帝的关系及为人，可以想见；而青崖元日来京后次年即代超盛为卧佛寺住持，则青崖与乾隆的关系亦可想见。

乾隆二十一年，永忠《赠永觉禅师　名超盛，敕封无碍永觉禅师》云：

> 自爱花宫静，频来谒道潜。
> 鲸鸣分午供，鸽驯噪晴檐。
> 广说一叶法，能消三伏炎。
> 菩提如可证，香瓣为师拈。③

超盛卒于乾隆二十二年（1755），享年 61 岁。

----

① 《宫中档雍正朝奏折》第 24 辑，雍正十三年六月二十一日条、二十六日条，以及《宫中档雍正朝奏折》第 25 辑，雍正十三年七月三日条。
② 《大清高宗纯皇帝实录》卷一。
③ 永忠：《延芬室集》"乾隆二十一年丙子稿"。

第四节　青崖禅师

青崖，俗姓丁，名元日，字青崖，淮安盐城人。生于康熙十九年（1680），卒于乾隆十一年（1746）。

青崖自幼聪颖机敏，年仅 7 岁，即有出家的想法。他的父亲丁偶梅处士和母亲易氏倍感惊诧，便送他到永宁寺出家。其后，游历各寺，拜访名师，寻求佛理。

雍正十二年（甲寅，1734）秋，奉雍正皇帝诏命来京。雍正皇帝见青崖"仪观修伟，戒行精严，其为教，有提唱之妙，无锤拂之炫，直指向上，力挽大法，而潇洒出尘，不堕色相，不尚机锋，尤得不二法门妙谛"，给予重赏，赐紫衣四袭及宝盂、玉如意等物，留在宫中。次年（1735），命青崖"出主天童寺法席"。

雍正十三年八月，雍正皇帝薨逝，四皇子宝亲王弘历即位，令苏州织造海保将南游的卧佛寺住持超盛禅师及青崖一起送到京城，后令青崖继任卧佛寺住持。

青崖因其佛学造诣，备受皇帝的宠信，与当朝官员、文人骚客也多有往来。

乾隆元年（1736），著名书画家郑板桥来京应试，得中进士。闲暇之际，与佛门中人多有来往。从郑板桥诗可知，他曾到瓮山（清漪园建成后，称"万寿山"）圆静寺造访无方上人，又到北法海寺拜谒仁公上人，也曾到卧佛寺游赏，与青崖禅师相识。

当看到寺庙墙壁上的题诗后，郑板桥和其原韵，作《访青崖和尚，和壁间晴岚学士、虚亭侍读原韵》，云：

> 西山肯结万山缘，吹破浓云作冷烟。
> 匹马寻径黄叶寺，雨晴稻熟早秋天。
> 渴疾由来亦易消，山前酒旆望非遥。
> 夜深更饮秋潭水，带月连星舀一瓢。
> 屋边流水势潺湲，峭壁千条瀑布繁。
> 自是老僧饶佛力，杖头拨处起灵源。
> 烟霞文字总关情，袍笏山林味总清。
> 两两凤凰天外叫，人间小鸟更无声。

诗题中的"晴岚"居士即清雍正年间大学士张廷玉之长子张若霭。

张若霭（1713—1746），字晴岚，号景采，又号炼雪道人、晴岚居士、蕴真阁、梅花纳等，安徽桐城人。其父张廷玉为雍正、乾隆朝大学士。雍正十一年（1733），张若霭中癸丑科二甲一名进士，特授编修，后皇帝亲授内阁学士、礼部侍郎，入直南书房，官至礼部尚书。乾隆十一年（1746），张若霭随皇帝西巡，因病回京，不久，卒，享年34岁，谥"文僖"。

张若霭善画山水、花鸟，得王谷祥、周之冕遗意，以书、画供奉内廷，著《晴岚诗存》，有《岁寒三友图》《仿王元章疏影寒香图》等诸多画作传世。

郑板桥诗题中的虚亭侍读系满人鄂容安。

鄂容安（1714—1755），字休如，号虚亭，西林觉罗氏，满洲镶蓝旗人，雍正朝大学士鄂尔泰长子。与张若霭一样，同为雍正十一年

（1733）进士，改庶吉士。雍正皇帝命充军机处章京。乾隆元年，授编修，南书房行走。乾隆三年（1738），为侍读。后累官至两江总督。

由于鄂容安为皇帝侍读始于乾隆三年，则郑板桥此诗应作于乾隆三年之后。

郑板桥称自己访青崖和尚，而"和壁间晴岚学士、虚亭侍读原韵"，可知，张若霭、鄂容安二人与青崖和尚颇为熟悉。

郑板桥称："屋边流水势潺湲，峭壁千条瀑布繁。"可以帮助后人感受乾隆时代卧佛寺的胜景。

诗最后一首云："烟霞文字总关情，袍笏山林味总清。两两凤凰天外叫，人间小鸟更无声。"颇可见下层不达文人心态。

郑板桥复有《寄青崖和尚》诗，云：

> 山中卧佛何时起，寺里樱桃此日红。
> 骤雨忽听崖下水，泉声都作晚来风。
> 紫衣郑重君恩在，御墨淋漓象教崇。
> 透脱儒书千万轴，遂令禅事得真空。

乾隆六年（1741）秋，郑板桥再次入都。他到西山与青崖和尚、勖宗上人等旧友欢聚。此时，青崖和尚已经62岁，郑板桥作《山中卧雪，呈青崖老人》：

> 一夜西风雪满山，老僧留客不开关。
> 银沙万里无来迹，犬吠一声村落闲。

乾隆皇帝非常敬重青崖禅师，与他来往甚多。《日下旧闻考》称，青崖"屡受"皇帝赐示诗章。郑板桥《寄青崖和尚》云："紫衣郑重君恩在，御墨淋漓象教崇"，正好印证了这一点。

乾隆皇帝第一次到香山地区，是在乾隆七年（1742）的秋天，然而，皇帝先到的并不是香山，而是与香山北面相距一箭之遥的寿安山十方普觉寺，因为他的好友青崖禅师正是这十方普觉寺的方丈。乾隆还给青崖留下一首《御制秋日普觉寺》诗，御书悬于青崖和尚方丈内。

次年（乾隆八年，1743），乾隆皇帝首次游览香山，谕青崖和尚前往，坐而论道，并《御制香山示青崖和尚》诗，诗写道：

> 峰舍宿润黛螺新，一派曹溪试问津。
> 憩彼来青之梵室，对兹衣紫者山人。
> 却欣触目皆无滓，不必谈元始远尘。
> 坐久兰烟消篆字，禽声树色总天真。

曹溪位于广东曲江县东南的双峰山下，因禅宗六祖慧能于曹溪宝林寺讲经说法，因而声名远播。乾隆皇帝称青崖和尚为曹溪一派，可知，青崖为禅门众人。

诗中称："却欣触目皆无滓，不必谈元始远尘。坐久兰烟消篆字，禽声树色总天真。"说的正是禅宗的本质，修禅者不为外部环境所束缚、影响，明了自己的心性，直达佛教的本真。

随驾而来的怡亲王弘晓，既是寺庙的施主，也非常尊崇青崖和尚，"雅重师法，常备衣钵若干具，请师开坛说戒"。

乾隆皇帝对弘晓与青崖之间的关系也很清楚，他不仅自己作诗，还命弘晓按照自己的诗韵和诗。弘晓遂作《恭和〈御制香山示青崖和尚〉韵》诗，云：

> 翠华遥临古刹新，四围山色映芳津。
> 祇林寂静通方丈，莲社因缘契上人。

　　　法界潮音飘碧落，诸天香气奉清尘。
　　　追陪笑指拈花处，应悟观空色相真。

　　如皇帝诗一般，先由寺庙的环境写起，进而写及青崖禅师的信仰与宗派。

　　莲社，即白莲社。东晋时期，慧远和尚同慧永、慧持、刘遗民、雷次宗等于庐山东林寺结社，精修念佛三昧，誓愿往生西方净土。因佛经称能往生西方净土者，于西方世界莲中化生，又因掘池植白莲，称白莲社。

　　"追陪笑指拈花处，应悟观空色相真。"佛祖拈花，迦叶微笑，传达佛法，为佛教徒内人人皆知的典故。弘晓称青崖和尚前生曾为佛之弟子，悟得佛法本旨。

青崖禅师墓塔与塔后的墓志铭

　　弘晓的叔父允禧曾数到离卧佛寺不远的樱桃沟内五华寺，他与郑板桥交好，其《紫琼岩诗钞》中收录有《赠青崖上人》诗，排在《送郑板桥令范县》之后，似应是赠给青崖禅师的，云：

　　　黄叶西峰寺，碧云鸟道边。
　　　尤思一夕话，深爱上方眠。
　　　谷韵交松响，厨香破竹烟。
　　　老僧无出处，禁足到何年？

　　乾隆十一年（1746）春，青崖禅师圆寂，享年67岁。乾隆皇帝发内帑银一百两，和硕怡亲王弘晓赠银五十两，交给青崖禅师的嗣法弟子成煜,使其会同内务府官员一起办理青崖禅师丧葬事宜。

青崖禅师葬于卧佛寺"西园"内——今卧佛寺行宫万松亭南。

青崖禅师墓塔以砖砌就,前为石制供桌,左前为墓碑。

青崖和尚碑及局部(现存曹雪芹纪念馆碑林内)

碑额由文渊阁大学士史贻直篆,碑文由大学士张廷玉撰写、由张廷玉之子张若霭书,云:

大清京都普觉青崖元日禅师塔铭并序

赐进士出身经筵日讲官太子太保文渊阁大学士兼吏部尚书教习庶吉士二级军功加二级史贻直篆额

赐进士出身光禄大夫经筵日讲官起居注太保保和殿大学士兼吏部尚书翰林院掌院学士三等伯加十五级张廷玉撰文

西山普觉寺青崖禅师圆寂之岁,其嗣法弟子将奉法体藏于寿安山本寺之西园。我皇上发内帑银百两,并和硕怡亲王银伍十两,付法嗣成煜等,同内务府官经纪其事,且又诸山僧俗官员往送之,甚盛典也。

往者,世宗宪皇帝维持象教,闻师名,于雍正十二年秋召师来京。师应对称旨,深加奖予,赐紫衣四袭及宝盂、玉如意等物,留止大内。其明年,乃命出主天童寺法席。师方在道,会世宗皇帝升遐。

今上皇帝继统,复召师来京谒梓宫,随命监启报恩道场。事竣，奉旨开法京之西山十方普觉禅寺，盖于今十有一年。

师名元日，青崖其字也，淮之盐城人，俗姓丁。父偶梅处士，母易氏，世有隐德。处士尤好善，闻乡里。师幼颖敏，举止异常，儿甫七龄，即超然有出世想。父母奇之，命礼永宁寺严深忍尊宿剃度。十九，圆具于金陵宝华山定庵基律师座下。自以宗旨未撤，乃携一钵一笠，云游参询。己卯，参虎邺节岩秀和尚；庚辰，参天童山某昼和尚；癸未，慕天台之胜，养道于卧云庵。庵外飞泉立石，荡胸悦目。忽于折脚铛边悟心境，一如三旨，然终不自信也。乙酉，复参灵隐谛晖辂和尚；洎壬辰冬，乃游松江，参云峰薪传澜老和尚。答问间，言下有省。由是，师资深契，洞撤法源，盖至是而始得所宗之道。既悟，乃辞师返淮扬展亲墓，复扫剃度师塔，不忘本也。已而，应山阳绅士之请，主东林法席者四年；又应天长绅士请，扬道于毗尼十有二年。师以主法席既久，爰退居于回施庵者，总宪年公所建也。居二年，岁在甲寅，乃蒙世宗宪皇帝之召。师仪观修伟，戒行精严，其为教，有提唱之妙，无锤拂之炫，直指向上，力挽大法，而潇洒出尘，不堕色相，不尚机锋，尤得不二法门妙谛。

怡亲王雅重师法，常备衣钵若干具，请师开坛说戒。一时，僧侣云集，其能领师指，授以法者，凡若而人。

夫当代不乏缁流，其登坛演教者所在多有，而师独名动帝王，荣膺宠眷，设非于菩提心印实有朗悟而能如是哉？！然师业以出世，时法住世，知其心地空明，尘缘净扫，当不以时俗之荣为动也。

师生于康熙十九年庚申正月七日，示寂于乾隆十一年丙寅闰三月二十七日，享世寿六十有七，僧腊四十有九，坐道场者三，嗣法弟子二十有六人，剃发弟子十有三人，度名者万计。惟最宗煜持师行状，乞余为文，以余备位日久，亲见两朝礼遇之隆，而又悉师之梗概。吾又何辞焉，于其塔藏，宜为之铭，铭曰：

一苇西来，中原衍派。

普振宗风，源远流大。

不有真师，谁传钵戒。

震旦觉场，佛为朝旭。

遍照恒河，光明圆是。

师以为名，用为身最。

巍巍圣主，心契仁王。

两朝隆礼，飞锡流光。

维师寂若，法界清凉。

道继云峰，克绵令绪。

了去来今，嗒焉而逝。

我铭师藏，钦于世世。

赐进士出身、光禄大夫、经筵讲官、起居注、翰林院内阁学士兼礼部侍郎、三等子张若霭书

大清乾隆十一年岁次丙寅七月

青崖禅师事迹在民国时期严修署修纂的《新续高僧传四集》中亦有收录，其书卷第二十五《习禅篇第三十五清燕京西山普觉寺沙门释元日传》云：

释元日，字青岩，姓丁氏，盐城人，幼从永宁寺严深忍得度；年十九，受具于金陵宝华定安基；已卯，参虎丘节严

秀。秀曰：“并却咽喉道一句”，日曰：“学人没气力。”

己卯，为康熙三十八年（1699）。时，青崖虚岁 20 岁。按其机锋相答，截然断却执着，真知禅之人，无怪乎后来得皇室并众生之相知、相信。

第五节　明上人、莲筏上人、洞谦上人

一　明上人

青崖禅师卒于乾隆十一年，其后卧佛寺的方丈为谁，不甚清楚，唯怡亲王弘晓有《至普觉寺，同明上人话禅》诗，云：

> 偶访招提境，西飚叶落稀。
> 溪声穿石溜，山蠹任云飞。
> 暇日寻初地，宗风阐道机。
> 暂时幽赏处，暮色映禅扉。

该诗收录于《明善堂诗集》卷十一"戊辰"（乾隆十三年，1748）下，可知在青崖去世后卧佛寺曾由一唤作"明上人"的住持，或者即张若霭《大清京都普觉青崖元日禅师塔铭并序》中"持师行状，乞余为文"的宗煜和尚。

弘晓《普觉寺同戒录后序》云：

> 维时青公奉旨主席寿安山普觉禅院，洎乾隆七年，升座启戒，四方开士一时云集，可谓盛矣。自青公顺化，刹那廿周寒暑，宗风未替，慧矩长明。

有际融禅师者,得法于出经和尚,实大觉迦陵之法嗣也。早岁出家,遍参古德,衣珠既获,杖锡于兹,将传灯于选佛之场,遂津梁于寿安之麓,于乾隆三十年涓吉二月初六日大启梵筵,精严戒行,芯×居士、善来仁者远近趋向。

则际融禅师曾为卧佛寺住持,唯不知宗煜和尚、"明上人"、际融禅师三者关系耳。

二 莲筏上人

莲筏上人,江苏长洲人,乾隆中叶卧佛寺住持,后主万寿寺。昭梿《啸亭杂录》卷九《莲筏》载:

> 万寿寺僧莲筏,长洲人。为寺中住持十数年,貌清臞,萧然白发,为出世状,颇解禅理,与章嘉国师谈论经典,每至竟日,国师深服其博。莲公背谓人曰:"章嘉经典虽谙熟,然未解阿罗汉道,下乘学也。"诗饶有别趣,与韩旭亭、法祭酒唱和,有虎溪三笑之风。丁巳春,余至寺,师为款茶,年已七十余,尚清健如故。未久谢世,闻其圆寂数日前,至郑邸盘桓竟日,曰:"七宝池边已促吾行,此后不复参谒王矣。"此石琴主人亲告余者,亦彼教中善知识也。

石琴主人,即爱新觉罗·乌尔恭阿(1778—1846),郑恭亲王爱新觉罗·积哈纳第一子,济尔哈朗七世孙,初名佛尔果崇额,乾隆五十九年(1794)袭郑亲王,诏改名。道光二十六年(1846)薨,有《石琴室稿》《易水往还稿》。

韩旭亭,即韩是升,字东生,号旭亭,晚号乐余,贡生,康熙状元、吏部尚书韩菼曾孙,嘉道间著名诗人,曾为昭梿之师,有《听钟楼诗稿》《小林屋诗文稿》《补瓢存稿》。

法式善（1753—1813），字开文，号时帆，又号梧门。乌尔济氏，蒙古正黄旗人。清朝著名诗人、学者，官至国子监祭酒，工诗，"主盟坛坫三十年"，作品甚多，有《存素堂诗初集》二十四卷及《续集》《诗稿》；另有笔记《槐厅载笔》《陶庐杂录》《清秘述闻》等。

虎溪三笑，为东晋时期庐山东林寺住持慧远大师典故。传说，慧远大师深居简出，送客、散步从不逾越寺门前的虎溪。如果过虎溪，寺后山林中的老虎就会吼叫。一次，诗人陶渊明、道士陆修静来访，相谈甚欢，送行时，大师不觉过虎溪桥，直到后山的老虎发出吼叫，三人才恍然大悟，相视大笑而别。

该故事儒、释、道三教名家法意无殊、三教归一，为历代名士所欣赏。李白在《别东林寺僧》一诗中就写道："东林送客处，月出白猿啼。笑别庐山远，何烦过虎溪。"

由昭梿文，知莲筏之学养与交往。《清稗类钞·方外类四·莲筏解禅理》全录该文，唯文字稍有变化。

清宗室永忠（字良辅，一字渠仙，又字瘤仙，多罗恭勤贝勒弘明子。封辅国将军，有《延芬室集》）与之关系甚好，其《延芬室集》有关于莲筏上人诗数首，其一作于乾隆四十一年（1776）五月十五日，诗题作《五月望日，有怀普觉寺莲伐上人》，云：

> 十笏曾将宾主分，六恃行道见精勤。
> 一林花雨僧皆定，半岭云泉客负闻。
> 冷澹家风能免俗，逍遥心地自超群。
> 北窗亦有虚心竹，每望青标辄忆君。

又一诗《六月七日，脱凉，有怀莲云》，应亦与卧佛寺僧众有关，云：

卧佛今名刹，安居九夏便。

泉声添雨后，竹色翠峰前。

僧众无多务，斋堂一味禅。

主人说法竟，危坐看香烟。

乾隆四十二年，永忠曾亲到卧佛寺拜访莲筏上人，并作《过卧佛寺》诗，云：

无意寻莲社，随车踏□尘。

望山行去近，抚树再来新。

香饭须充腹，清泉乞湿唇。

主人成一笑，竹杖话前因。

由诗知作于三月桃红柳绿之时。

最后一句"竹杖话前因"，诗人自注："上人原诗'斫竹做杖'"，可知是访问莲筏上人所作。永忠又一首《过莲伐上人》云：

十里柔风桃片飞，两行新柳绿成围。

山堆螺黛春深重，水叠靴纹雨后肥。

开士有书招入社，道人无恙正忘机。

小车历鹿行来近，重把犀牛扇子挥。

由诗知作于三月桃红柳绿之时。

《熙朝雅颂集》收录永忠《有怀卧佛寺莲筏上人，即次其见寄韵》，知上人能诗，永忠诗云：

偶忆西山寺，黄昏正掩关。

竹喧归鸟入，佛卧老僧闲。

如幻论三昧，楞严示八还。

娑椤千载树，何日去重攀。

消日惟书卷，茅柴酒一中。

百年才及半，四十那称翁。

因指方标月，无幡不动风。

瘤禅曾会得，谁识两心回。

《熙朝雅颂集》还收录宗室敦诚（字敬亭，理事官瑚玎子。有《四松堂诗文集》）之《瘤仙以雪中往寿安寺访莲上人，用东坡"腊日游孤山"韵见寄，即次原韵奉答》：

千峰雪，三山湖，冻鸟不鸣行人无。

吾家居士真痴绝，吟肩耸雪发狂呼。

脂车秣马不携孥，远涉空山随所娱。

退翁亭上风竹合，卧佛庵前石蹬纡。

到山先叩何人庐，莲公罢讲山窗孤。

急开尊酒慰老瞿，便围佛火餐伊蒲。

颓唐我已栖山夫，欲往从之日已晡。

但听探幽说奇胜，为君重写北风图。

何须急归兴无余，人生到处庐皆遽。

且了诗逋与酒逋，留与诸山相传摹。

敦诚（1734—1791），字敬亭，号松堂，努尔哈赤第十二子阿济格之五世孙，与其兄敦敏都是清朝著名的宗室诗人，与《红楼梦》作者曹雪芹交好，曾多次至寿安山一带访曹雪芹。其《寄怀曹雪芹霑》云："君又无乃将军后，于今环堵蓬蒿屯……残杯冷炙有德色，不如著书黄叶村。"《赠曹雪芹》云："满径蓬蒿老不华，举家食粥酒常赊……何人可与猪肝食，日望西山餐暮霞。"写曹雪芹生活环境与境遇；其兄敦敏之《赠芹圃》更云："寻诗人去留僧舍，卖画钱来付酒家。"其"寻诗人去留僧舍"很值得研究。

诗题《癫仙以雪中往寿安寺访莲上人，用东坡"腊日游孤山"韵见寄，即次原韵奉答》，可知，永忠到卧佛寺，用苏轼"腊日游孤山"韵为诗寄敦诚，故诚有此作。

诗云："吾家居士真痴绝，吟肩耸雪发狂呼。脂车秣马不携孥，远涉空山随所娱。"赞永忠为痴人，如东晋之洒脱人王献之雪夜访友，读来，诗人形貌跃然纸上。

莲筏上人后调任万寿寺住持。《彻悟禅师文集》有《寿万寿莲筏和尚序》，对莲筏禅师有比较详细的记载，云：

> 和尚，余同门也，家世姑苏，姓王氏，童年剃染，依宝华山文海律师具戒，云水三十年，参南、北知识四十余人，末上入先师万寿粹老人室，乃印心焉。
>
> 甲午冬，出世西山普觉寺，未几，复迁万寿。
>
> 所至虽以宗门住持，而时或兼传戒法。数年以来，期经四建，而坛下禀受者辄千余指。
>
> 今秋重九，大戒将圆，适值和尚六旬初度之辰，其嗣法得戒诸弟子欲顺世缘，用酬法乳，炷香作礼请余为文以祝。因而晓之曰：
>
> "寿者之相乃我执之异名，如来于圆觉、般若等经揭而斥之，其无可取也明矣。然经有云具寿，或云无量寿者，何耶？
>
> 盖具寿以戒言，重腊非重齿也；无量寿以心言，依性不依形也。以戒为寿，持之即具；以心为寿，悟则无量。若是，则孰不可以具寿，而孰不可以无量寿乎？况因戒名僧，僧而

无戒果僧乎？约心论悟，悟不了心，非悟也。

且夫戒也者，所以续慧命也，戒不持则戒命无以存。心也者，所以体法身也，心不悟，则法身无以显，法身显，我身、诸佛身，同一身也；慧命存，我命、众生命，无二命也。保是身，延是命，是谓寿得其正，以之自寿寿世，则亦无不寿矣。

是故应知和尚之开坛授戒，嘱累传心，是先以是寿寿诸子，诸子当妙悟自心，精持佛戒，亦还以是寿寿和尚，庶几和尚授得其授，而诸子受不徒受也。抑又须知和尚推此寿而寿诸子，即所以寿众生，亦所以自寿也。诸子能以此寿而自寿，正所以寿和尚，亦所以寿诸佛也。其为寿也，不亦大乎？其为祝也，不亦至乎？若夫一介之躯，六十之年，特空尘海沤，电光石火耳，焉用祝？"

诸子闻而欢喜踊跃，遂焚香散花，持是以为寿。

剃染，即剃去头发、染成缁衣（僧尼的服装），指出家为僧。李斗《扬州画舫录·草河录下》："僧道存，字石庄，上元人。薙染江宁承恩寺。"云水，指漫游，形容漫游如行云流水般漂泊无定。明高启《太湖》："我性好游观，夙负云水债。"

由上诸文知，莲筏上人为苏州人，俗姓王，生于雍正六年（1728）前后，博学善谈，貌清瘦。其于乾隆三十九年（甲午，1774）冬始主卧佛寺，四十二年以后即调万寿寺住持。

乾隆四十六年进士、满洲人玉保有《题万寿寺莲筏上人七松树下照》，可以一窥上人的风采，云：

七松何郁郁，展卷来天风。
自非遗世者，胡与苍髯同。
莲师江汉客，杖锡游崆峒。

闲情寄翰墨，挥洒谁能穷。

殷勤致闵子，貌我七松中。

七松生得地，铁立空王宫。

上枝摩碧汉，下枝垂青铜。

一株擘殿角，天外悬长虹。

一株横砌上，倒卧如浮龙。

其余难尽状，密阴交横纵。

图成墨犹湿，尘尾森穹窿。

堂前与壁上，变化惊神工。

涛声互断续，烟霭虚廊通。

师貌最奇绝，徒倚开和容。

神清九皋鹤，骨瘦龙门桐。

爽气披修髯，银河凝双瞳。

峨峨栖霞岭，九老徒茏蒉。

渺渺罗浮山，七树传仙踪。

画师不可遇，人树嗟相逢。

伊余萦俗网，对此神冲融。

色空两俱泯，睿尔窥神宗。

三 洞谦上人

乾隆四十八年（1783），卧佛寺住持为洞谦上人。乾隆二年进士、满洲人德保（字润亭，一字仲容，号定圃，别号庞村）曾游卧佛寺，有《癸卯春日雪后，由香山游卧佛寺，赠住持洞谦上人》，云：

新霁犹余雪满龛，辋川画意写精蓝。

峰盘曲径环香界，水咽残冰响石潭。

面壁老僧缘已觉，据床古佛睡偏酣。

　　蒲团趺坐娑罗影，一笑拈花试细参（寺有娑罗树，他处不多见）。

　　"癸卯"即四十八年，"春日雪后"，指明诗作于初春时节。
　　由"新霁犹余雪满龛，辋川画意写精蓝。峰盘曲径环香界，水咽残冰响石潭"，可知德保似曾游览行宫花园部分，有感而作。

　　卧佛寺在历史上一度兴盛繁荣，各殿中均置有数量不等的供器陈设。卧佛寺在清代是皇家寺庙——虽然其始为皇家寺庙的时间没有明确的文献记载，皇家供奉、陈设自然非寻常寺庙可比。

　　清代对卧佛寺各殿的陈设供器均设有清册，登记陈设数量、名称、质地等。现将乾隆五十四年（1789）、嘉庆十五年（1810）、光绪十六年（1890）卧佛寺内各殿宇陈设、供器清册列于以下。

第一节　乾隆五十四年普觉寺各殿陈设供器清册

　　一　普觉寺天王殿三间

　　明间向南供木（一号）红漆供案一张，（上供）：木供器（一号至五号），①木胎五供一份，②随木蜡灵芝；③锡供器（一号至五号），锡供托五件。

　　韦驮前供木（二号）红漆供案一张，（上供）：木供器（六号至十号），木胎五供一份（随木蜡灵芝）；锡供器（六号至十号），锡供托五件。

　　柁上挂（一号）欢门幡一堂。④

---

① 供器，此处指供奉于佛前的各种器具，有五供、七供、八供之说，又称五供、七珍、八宝，有木、瓷、锡、铜、银等材料。

② 五供，也称五献，指拜表、炼度、施食等仪式中使用的五种献祭品，即香、花、灯、水、果。后因供器一套五件，计有香炉一、花觚二、烛台二而合称"五供"。

③ 蜡，即木蜡油，对植物油蜡涂料的统称，主要以精炼亚麻油、棕榈蜡等天然植物油与植物蜡并配合其他一些天然成分融合而成。木蜡灵芝，指的是用木蜡油漆涂过的灵芝。

④ 欢门，指佛前悬挂的锦幛绣幔，起垂帘作用，上面满绣各种飞天、莲花、瑞兽和花卉。幡，梵语"波多迦"，是旌旗类的总称。又作旛，与"幢"同为供养佛、菩萨的庄严具，用以象征佛菩萨之威德。经典中多用为降魔的象征。《观心论灌顶法师疏》云："缯幡，即翻法界上迷生动出之解。幡坛不相离，即动出不动出不相离也。"幡为长条形的绸布类片状物，由四部分组成：上有三角形的幡头，以下连接长方形的幡身。幡身大多绘有图像；幡头之下，在幡身两侧，有两条长约幡身三分之二的细条，称为幡手；幡身之下则垂饰细条或绦子若干，称为幡足。

山门上旗杆上挂幡（二号至三号），扬幡二首（随大、小黄绒绳四条，棕替绳二条）。

乾隆五十四年天王殿旧管供器二十五号，内供案二号、锡供器十号、木供器十号、幡三号。

二　乾隆五十四年清查，普觉寺东、西配殿各三间

内供木（一号至二号）红漆供案二张，上供：木供器（一号至十号），木胎五供二份，随木灵芝二份；锡供器（一号至十号），锡供托十件；上挂（一号至二号）欢门幡二堂；

乾隆五十四年普觉寺配殿旧管供器二十四号，内木桌二号、木供器十号、锡供器十号、幡二号。

三　乾隆五十四年双林邃境殿一座，五间

明间向南供木（一号至三号）红漆供案三张，上供：铜供器（一号）；铜海灯一件，随铜檬罩；木供器（一号至五号）；木胎五供一份，随木蜡台灵芝；铜炉屉、香蜡胆、木供器（六号至十号），木胎七珍一份、[①]木供器（十三号至二十号），木胎八宝一份。[②]

供案前设木四号，方桌一张，套一号，锦套一件，锡供器（一号至五号），锡供托五件，铜供器（二号），铜坛香炉一件，铜座、铜供器（三号），铜香盘一件；经（一号至四号），《法华经》一部二套，《楞严经》一部二套。

供桌东边设铜供器四号，铜磬一口。

---

① 七珍，亦名七宝，指佛教认为的七种宝物。不过，在不同的佛教经书中，七宝不尽相同，鸠摩罗什译《阿弥陀经》指金、银、琉璃、玻璃、砗磲、赤珠、玛瑙；玄奘译《称赞净土经》指金、银、吠琉璃、颇胝迦、牟娑落揭拉婆、赤真珠、阿湿摩揭拉婆。
② 八宝指法轮、法螺、宝伞、白盖、莲花、宝瓶、金鱼、盘长。

东、西次间供木（五号至八号）条桌四张，套（二号至五号），锦套四件，木供器（二十一号），木鱼一件，随垫一件，横楣杆上挂幡（一号至三号），欢门幡三堂，供桌两边设灯（一号至二号），铜珐琅边座玻璃灯一对，套（六号至七号），黄片盆套二件、地铺拜褥（四号至六号），黄缎拜褥三件，俱随毡托；罗汉台上供锡供器（六号至二十三号），锡香炉十八件。

倒座观音前供木（九号）红漆供案一张，上供：木供器（二十二号至三十六号），木胎五供一份，随木蜡灵芝，横楣杆上挂（七号）红妆缎欢门幡一堂，边幡四首。

殿外向南挂御笔（一号）"双林邃境"匾一面，青地铜字，乾隆宝御笔匾一号，经四号，桌、套七号，幡、拜褥七号。

四　得大自在卧佛殿一座，三间

明间中供木（一号）红漆供案一张，（上供）：铜供器（一号），铜海灯一件，随铜檬罩，木供器（一号至八号），木胎七珍一份，木供器（八号至十五号），木胎八宝一份，木供器（十六号至二十号），木胎五供一份，随木蜡灵芝，铜炉屉，香靠胎接油一份，铜供器（二号），铜磬一口，随磬衣，垫、捶各一件，木供器（二十一号），木鱼一件，随捶、垫各一件。

佛身上盖佛被（一号），佛被一件；横楣上挂（二号）欢门幡一堂，供案两边设灯（一号至二号），铜珐琅边座玻璃灯一对，套（一号至四号），黄片金套二件。

供案前地设木（二号）楠木香几一件，地铺褥（三号），黄缎拜褥一件。

殿外向南挂御笔（一号），御笔"得大自在"匾一面，青地铜字，乾隆宝。

得大自在旧管供器三十八号，内香几案（二号）、木供器（二十一号）、铜供器（二号）、锡供器（五号）、御笔（一号）、玻璃灯（二号）、佛被幡褥（三号）、锦套（二号）。

五　普觉寺藏经楼上、下十间

楼下向南供木（一号）红漆供案一张，上供：木供器（一号至五号），木胎五供一份，随木蜡灵芝，锡供器（一号至五号），锡供托五件。

楼上向南供木（二号）红漆供案一张，上供：木供器（六号至十号），木胎五供一份，随木蜡灵芝，锡供器（六号至十号），锡供托五件。

藏经楼旧管供器（二十二号），内木桌（二号）、木供器（十号）、锡供器（十号）。

六　普觉寺大悲坛殿一座，楼上、下十间

楼上中间向南供木（一号）红油供桌一张，上供：铜供器（一号至八号），铜坛香炉八件，红木座；锡供器（一号至十号），锡五供二份，锡供器（十一号至二十号），锡供托二份。

地铺拜褥（一号），黄缎拜褥一件，随毡托一件。两边挂御笔（一号至二号），御笔字、对一副。

大悲坛旧管供器（三十二号），内木桌（一号）、铜供器（八号）、锡供器（二十号）、御笔对（二号）、拜褥（一号）。

七　普觉寺七堂达摩殿一座，五间

中间达摩前供木（一号）红油供桌一张，上供：木供器（一号至五号），木胎五供一份，随木蜡灵芝，锡供器（一号至五号），锡供托五件，柁上挂幡（一号），红妆缎欢门幡一堂，随边幡四首。

达摩殿旧管供器十二号，内木桌（一号）、木供器（五号）、锡供器（五号）、幡（一号）。

八　普觉寺斋堂接引殿一座，计五间

中间向南接引前供木（一号）红漆供桌一张，上供：木供器（一号至五号），木胎五供一份，随木蜡灵芝，锡供器（一号至五号），锡供托五件。

"大悲坛殿一座，楼上、下十间"的信息，"大悲坛殿"当指供奉观音菩萨的僧舍最后一重二层建筑祖堂院、"七堂达摩殿"当指其前供奉有达摩像的清凉馆，"斋堂接引殿"当指僧舍院大斋堂（以名论，其中似应供奉阿弥陀佛像）。

第二节　嘉庆十五年普觉寺陈设供器清册

一　普觉寺天王殿三间

明间向南供红油供桌一张，上供：木胎五供一份，随木蜡灵芝，锡供托五件。

前供红漆供桌一张，上供：木胎五供一份，随木蜡灵芝，锡供托五一件，栊上挂欢门幡一堂，紫檀彩漆穿建珠方灯二对，假珠，吊挂不全；上门外旗杆上挂扬幡二首，随大小黄绒绳四条、棕替绳二条。

二　双林邃境殿一座，五间

明间向南神台上供：紫檀五塔殿式龛二座，随玻璃门五扇，各供铜佛五尊；紫檀镶铜五塔龛一座，随玻璃门三扇，各供铜佛六尊；紫檀八角龛一座，随玻璃门三扇，各供铜佛一尊；紫檀四方龛八座，随玻璃门一扇，各供铜佛一尊；紫檀嵌黄杨六方龛四座，随玻璃门三扇，各供铜佛一尊；紫檀镶玉铜五塔龛二座，随玻璃门三扇，各供玉佛二尊；紫檀五屏峰二座，各供铜佛五尊；楠木五屏峰三座，各供铜佛五尊；雕红漆塔一对，假珠，石璎珞，随玻璃门一扇，各供漆泥子佛一尊；银塔六座，镶嵌不全，铜珐琅；七珍八宝二份，欠铜托二件；琉璃珠扇幡四对，黑漆杆座。

红漆供案三张，上供：高宗纯皇帝御书《千手千眼观世音菩萨大悲心陀罗尼经》一套，高宗纯皇帝御书《药师琉璃光如来本愿功德经》一套，铜海灯一件，随铜檬罩，木胎五供一份，随木蜡灵芝，铜炉屉，香靠蜡胆，木胎七珍一份，木胎八宝一份。

供案前设方桌一张，锦套一件，锡供托五件，铜檀香炉一件，铜座铜香盘一件，《法华经》一部二套，《楞严经》一部二套。

供桌东边设铜磬一口，随木座、磬捶、衣垫各一件；铁梨木香几一件；东西次间供条桌四张，锦套四件，木鱼一件，随垫一件；横楣杆上挂欢门幡三堂，紫檀字画绢方灯六对，假珠，吊挂不全；供案两边设铜珐琅边座玻璃灯一对，黄片金套二件；地铺黄缎拜褥三件，俱随毡托；罗汉台上供锡香炉十八件。

前供红漆供案一张，上供：木胎五供一份，随木灵芝，锡五供二份。

横楣杆上挂红桩缎欢门幡一堂，随边幡四首。
殿外向南挂"双林邃境"匾一面，青地蓝字，乾隆宝。
殿前安青绿长方炉一件，青绿座。

三 普觉寺东、西配殿各三间
内供红漆供桌二张，上供：木胎五供二份，随木灵芝二份，上挂欢门幡二堂。

四 得大自在卧佛殿一座，三间

明间中供红漆供案一张，上供：铜海灯一件，随铜罩；木胎七珍一份，木胎八宝一份，木胎五供一份，随木灵芝，铜炉屉，香靠蜡胆接油一份，锡供托三件，铜磬一口，随磬衣、垫、捶各一件，木鱼一件，随捶、垫各一件。

供桌两边设（下缺）。

五 普觉寺藏经楼上、下十间

楼上下向南供红漆供案二张，上供：木胎漆五供二份，随木蜡灵芝，锡供托十件。

六 普觉寺大悲坛殿一座，上、下十间

楼上中间向南供红漆供案一张，上供：铜坛香炉八件，红木座；锡五供二份，锡供托二份，地铺黄缎拜垫一件，随毡托一件，两边挂高宗纯皇帝御笔字对一副。

七 普觉寺斋堂接引殿一座，计五间

中间向南接引前供红漆供案二张，上供：木胎五供一份，随木蜡灵芝，锡供托五件。

八 普觉寺七堂达摩殿一座，五间

中间达摩前供红漆供案一张，上供：木胎五供一份，随木灵芝，锡供托五件，柁上挂红桩缎欢门幡一堂，随边幡四首。

第三节　光绪十六年普觉寺陈设供器清册

　　普觉寺现查佛像、供器、陈设等共伍百有拾叁件，内红油供案一张、木胎漆五供五件。

　　一　双林邃境殿一座，五间
　　明间向南神台上供：紫檀五塔殿式龛二座，铜佛十尊；紫檀五塔镶铜龛一座，铜佛六尊；紫檀玻璃八角龛二座，铜佛二尊；紫檀玻璃门四方龛八座，铜佛八尊；紫檀嵌黄杨木六方龛四座，铜佛四尊；紫檀玻璃门嵌玉铜五塔龛二座，玉佛二尊；紫檀五屏峰二座，铜佛十尊；楠木五屏峰三座，铜佛十五尊；雕红漆塔二座，漆木佛二尊。

　　南银塔六座，红漆供案三张，御书《千手千眼观世音菩萨大悲心陀罗尼经》一套，御书《药师琉璃光如来本愿功德经》一套，铜珐琅七珍七件，铜珐琅八宝八件，铜海灯一件，木胎金漆七珍七件，木胎金漆八宝八件，木胎漆五供五件，穿琉璃珠扁幡八件，木胎八宝十六件，木胎五供十件，搭色木方桌一张，铜檀香炉一件，《法华经》二套、《楞严经》二套，铜磬一口，条桌四张，木鱼一件，欢门幡三堂，铜珐琅边座玻璃灯二件，黄布拜褥一件，黄云缎拜垫十四件，锡香炉八件，红油供案一张，木胎漆五供五件，红油供桌二张，木胎漆五供十件，青绿长方炉一件。

二　得大自在卧佛殿

明间神台前设红油供桌一张，铜海灯一件，木胎金漆七珍七件，木胎金漆八宝八件，木胎漆五供五件，锡供托五件，铜磬一口，墨刻填金娑罗树挂轴一轴，红油供桌二张，木胎漆五供十件，青绿铁五供五件，"得大自在"匾一面。

三　大悲坛

楼上中间向南设红油供桌一张，铜檀香炉六件，御笔字对二件，红油供桌二张，木胎漆五供十件，锡供托五件。

四　含清斋殿一座，五间

明间向南设紫檀边腿镶大理石五屏宝椅一张，青缎坐褥一件，紫檀足踏一件，楠木包厢三面床一张，青缎坐褥、靠背、边手四件。楠、柏木别凳二件，青缎边刷红猩猩毡夹套二件，紫檀边腿卷书案一张，《唐会要》一部十套，楠木包厢床八张，黄纳纱坐褥、蓝草绿靠背、迎手四件。

五　穿堂殿

东间向南设楠木包厢床五张。

六　古意轩殿一座，五间

明间向南设紫檀边座厢大理石五屏照背一座，紫檀镶大理石宝椅一张，黄缎绣花卉坐褥一件，紫檀足踏一件，黑漆金花高香几二件,楠木架几案二张,《圣训》一部,书五十套,鸾翎宫扇二件,楠木包厢床三张,青缎坐褥、靠背、边手四件,黑漆金花梅花式绿垫四件,花梨边腿厢大理石琴桌一张,楠木包厢三面床一张,青缎坐褥、靠背二件,紫檀边腿藤心椅四张,绿黄缎垫四件。

七 彩云亭一座

向东设楠木包厢四面床一张。

八 含碧亭一座

向西设楠木包厢四面床一张,凉席一领,青缎坐褥、靠背四件,青边刷毡帘十二架,青细大小帘刷五件,黄布帘三件,黄色布帘四件,黄布帘刷一件,黄云缎帘刷二件。

九 观音阁

明间向南设红油供桌二张,木胎金漆七珍七件,木胎金漆八宝八件,木胎漆五供十件,铁磬一口。

十 广润庙

明间向北设红油供桌一张,青绿色铁五供五件。

普觉寺残旧破坏不全锦套九件,花毯一块,佛被一件,欢门幡一堂。

从上述三个年份卧佛寺各殿宇内陈设的变化,我们还可以得到很多历史信息:

(一)僧舍院最后一重两层建筑,即如今之祖堂院,当时被称作大悲坛殿;

（二）清凉馆当时称作七堂达摩殿，殿中供达摩像，像前供桌上有诸种供品、法器；

（三）大斋堂复称斋堂接引殿，也就是说雍正年间原接引殿（即今天王殿）内接引佛被挪至大斋堂供奉；其殿中有乾隆御笔字、对各一副；

（四）乾隆五十四年时双林邃境殿只有《法华经》一部二套、《楞严经》一部二套，而至嘉庆十五年，此殿内已经有了乾隆御笔书写的《千手千眼观世音菩萨大悲心陀罗尼经》《药师琉璃光如来本愿功德经》各一套，三世佛殿内还增加了大量紫檀类佛龛，说明乾隆五十四年乾隆皇帝到卧佛寺后，不仅为寺庙抄写了两部经书，还令各部门为卧佛寺三世佛殿添置了大量紫檀类佛龛，并大量佛像；

（五）三世佛殿前安置有青绿长方炉一件，青绿座；

（六）光绪年间的卧佛殿内增加了墨刻填金娑罗树挂轴一轴；

（七）光绪年间，卧佛寺行宫内增设了大量实用性家具，并放置了《唐会要》《圣训》及各类图书，应是慈禧、光绪到过卧佛寺后添置的；

（八）万松亭至清末有"彩云亭"之名。

第四节　1958年文物调查登记之
卧佛寺建筑与陈设

文物古迹调查登记

庙号：庙370

名称：十方普觉寺（俗称卧佛寺）

年代：卧佛寺建于唐代，名兜率寺。元代就原地扩建，并铸造了一尊巨大的铜卧佛。明代重修，改名永安寺。1735年（清雍正十三年）改称十方普觉寺（俗称卧佛寺）。1955年人民政府把卧佛寺全部整修一新。

地址：海淀区香山乡卧佛寺。

规模与形制：

该寺坐北朝南，傍山而建。中间为佛殿院，佛殿院之东有斋堂、大禅堂、霁月轩、清凉馆、祖堂院。佛殿院之西有第一行宫、第二行宫、第三行宫；在第三行宫之西北约50米处有万松亭、凌云阁。

佛殿院：

琉璃牌坊，该坊为四柱七楼，三个石卷门洞，楼顶均为琉璃仿木结构，带斗拱，为单翘单昂五踩，其形类如北海天王殿琉璃牌坊同，在它的后面与山门之间有一月河。

月河，全状成月形。河上南北横跨一拱形汉白玉栏杆石桥，过月河即为钟鼓楼。

钟鼓楼，四角正方形，面阔6.21米见方。大式做法，歇山重楼，明间平身科有斗拱四攒，次间一攒，为一斗二升交麻叶头，在钟鼓楼的后边就是山门。

山门，面阔三间12.1米，进深面阔6.85米，大式做法，歇山，筒瓦顶，五檩砌上明造，明间平身有斗拱六攒，次间四攒，均为一斗二升交麻叶头。额枋上和室内梁架上均绘有一正二破、狗丝咬旋子彩画，前两面为木隔墙，各有实榻大门两扇，与山门平行，东西两面各有南配房五间（代过门厅）。在山门后边即为天王殿，天王殿前又有东、西配厅。

配厅，各五间（前三间吞廊），大式做法，硬山箍头脊，筒瓦顶，门窗为普通样式。在配厅之南侧各有西配房三间，与南配房相衔；配厅之北又各有西配房五间，与东西配殿相连。

天王殿，面阔三间15.05米，进深阔9.52米，大式做法。次间五批攒，歇山，筒瓦顶，七檩砌上明造，室内直托脊，有中柱两根。明间平身科有斗拱六攒，为单昂五踩。前后两面为木隔墙，各有实榻大门两扇，额枋和室内梁架上均绘有一正二破旋子彩画。它的后边为三世佛殿，三世佛殿有东、西配殿。

配殿，各三间，面阔11.95米，进深面阔7.9米，大式做法，歇山，筒瓦顶，五檩砌上明造，减柱两根。明间平身科，有斗拱六攒，次间四攒，为单昂一跳三踩。门为三抹三交六碗，窗为三抹三交六碗。

三世佛殿，面阔四间24.32米，进深阔三间13.5米，大式做法，歇山绿琉璃瓦黄减边，室内为井口天，明间减柱造两根，明间平身科斗拱六攒，次末间五攒，为单翘重昂七踩。额枋室内柁架上均绘有一正二破狗丝咬旋子彩画。门为五抹三交六碗，窗为三交六碗。三世佛殿后为卧佛殿。

卧佛殿，面阔三间17.35米，大式做法，歇山绿琉璃瓦黄剪边，筒瓦顶。明间平身科斗拱八攒，次间六攒，为重昂五踩。室内屋顶为藏文井口天花，额枋和室内柁架上均绘上狗丝咬旋子彩画。门为六抹三交六踩，窗为四抹三交六碗。在它的后边为藏经楼。

藏经楼，上下两层共10间，面阔五间（前代廊）21.35米，进深面阔10.72米，大式做法，硬山箍头脊，筒瓦顶，门窗为普通式样。在该楼的东、西两侧各北配房三间。

斋堂院：该院内有北斋堂五间，面阔17.52米，进深面阔13.07米，大式做法，硬山箍头脊，筒瓦顶，玻璃六窗。在该院的后边为大禅堂院。

大禅堂院：该院内有北房五间，面阔20.20米，进深面阔14.92米，现在屋顶为新中国成立后拆修，小式做法，硬山箍头，筒瓦顶，普通式样门窗。有东西配房各三间（前代吞廊），面阔××米，进深××米。大式做法，硬山箍头，筒瓦顶，普通式样门窗。在该院的后面为霁月轩院。

霁月轩院：该院有北房五间（三间吞廊），面阔19.16米，进深面阔9.25米，大式做法，硬山箍头，筒瓦顶，普通式样门窗。有东、西配房各三间（一间吞廊），面阔××米，进深面阔××米，大式做法，硬山箍头，筒瓦顶，普通式样门窗。在该院的后面为清凉馆。

清凉馆：该院内有北房五间，东西配房各三间，均为大式做法，硬山箍头，筒瓦顶，普通式样门窗。另有北耳房四间。在该院的后面为祖堂院。

祖堂院：该院内有北楼二层 10 间，均为大式做法，硬山箍头，筒瓦顶，普通式样门窗。

第一行宫：面阔五间（前代廊）19.1 米，进深面阔 7.15 米，大式做法，硬山箍头，筒瓦顶，玻璃门窗。在宫前面有东西配房各三间（代廊），亦为大式做法，硬山箍头，筒瓦顶，普通式样门窗。在它的后面为第二行宫。

第二行宫：面阔五间（前代廊）19.6 米，进深面阔 9.8 米，大式做法，硬山箍头，筒瓦顶，玻璃门窗。在该宫西后边有一游泳池，游泳池后边为第三行宫。

第三行宫：面阔五间 22.2 米，进深面阔 9.3 米，大式做法，硬山箍头，筒瓦顶，玻璃门窗。在该行宫西北约 50 米处有一万松亭。

万松亭：四角重檐，大式做法，悬山卷棚，筒瓦顶，亭顶部天花位井口式天花。额枋绘苏式彩画。在该亭的东北约 30 米处有一小山，山头有凌云阁一座。

凌云阁：四角攒头，大式做法，筒瓦顶。

附属文物：

山门内有哼哈二将各一（泥胎），高 2.95 米。

天王殿门外方形铜香炉一个，长 0.74 米，高 0.74 米，宽 0.5 米，下为铜座，长为 0.73 米，宽为 0.52 米，高为 0.75 米（较细），清乾隆。

天王殿门外有石碑二块，一为民国重修碑，一为无字碑。

天王殿内有四大天王各一，泥胎彩绘，全高 3.4 米；弥勒佛一个，木质漆金，高 1.6 米；小弥勒佛一个，铜制，高 0.4 米。木制五供一份，中间炉高 0.35 米，口径 0.22 米。铁磬一个，口径 0.44 米，高 0.34 米，为雍正七年四月制。后有韦驮

卧佛殿"大清顺治十五年制"铜磬

一个，高 1.93 米（木制漆金）。前木五供一份，中间炉高 0.35 米，口径 0.22 米。

三世佛殿前石碑二块，螭颡蚨首，一乾隆重修碑，一为雍正御制碑。院内铁云板一个，高 0.79 米，上写"普觉寺咸丰十一年"。

三世佛殿西配殿内有达摩祖师（泥胎彩绘）高 1.07 米坐像；西另有一佛像高 1.07 米；关羽泥佛像一个，高 1 米；韦驮像一个，高 1 米；均为泥胎。千手千眼观音佛一个，泥胎，高 0.8 米。小石制的三世佛各一，高 0.42 米。达摩祖师像一个，高 1.2 米；观音像一个，高 1.1 米，为木制漆金，胁侍四个，高 1.66 米。

三世佛殿东配殿：期托太子、卜缩尼王各一，泥制彩绘，高 1.89 米站佛。关平、周仓各一，高 1.69 米，泥塑彩绘。木香炉一个，高 0.35 米，口径 0.22 米。二郎神佛一个，泥胎，高 1.62 米。

院内铜钟一个，高 1.31 米，口径 0.88 米，"乾隆元年""怡亲王诚造"，较精细。

三世佛殿内三世佛各一，木制漆金，高 2.4 米；小木佛一个，高 1.9 米；另一小木佛高 0.55 米。三世佛两旁胁侍各一，高 2.32 米（木制），下木座（须弥座）高 0.66 米。前木五供三份，中间炉高 0.49 米，口径 0.3 米；铜磬一个，高 0.63 米，口径 0.78 米，"顺治十五年"①。

---

① 该铜磬在乾隆、嘉庆、光绪年间卧佛寺"陈设供器清册"中均无载录，或者为后来从他处移来亦未可知。

　　两旁十八罗汉泥制彩绘，高 1.79 米，后有木制观音一个，高 1.12 米，站佛像，两旁善财、童女各一，高 0.9 米，站像。前木五供一份，中间炉高 0.35 米，口径 0.2 米，西角有四柱木亭一个，斗拱为五正重昂带交麻叶头，全高 2.5 米。

　　卧佛殿院外二碑，螭鼍跌首，无字；殿内卧佛（铜制）长 5.2 米，周围 12 个泥像是该佛弟子（木），高 1.55 米。铁磬一个，高 0.44 米，口径 0.52 米，清雍正七年。木制五供一份，高 0.49 米，口径 0.29 米（炉）。木制佛的鞋箱一个，高 1.6 米，长 1.9 米，宽 0.98 米。

　　周围环境：东为耕地，西至北沟村、广慧庵，北靠山，南至卧佛寺路。

　　现存状况：完整。

　　保管和使用情况：园林局保管，为人游览之地。

　　保留价值：该寺始创于唐，元、明、清重修，现留建筑具有古代建筑之代表性，应保留。

　　调查单位：北京市文物事业管理局

　　调查日期：1958 年 4 月 15 日

　　记录者：王汉彦、邱关鑫、李重华

　　从寺庙陈设的资料，我们不仅可以了解卧佛寺殿宇的名称，陈设的变化，也能从一个侧面了解寺庙在社会变革过程中随之产生的变化；同时，这些陈设清册也为今人加强对卧佛寺的保护，以及对卧佛寺历史文化资源的利用与开发提供了重要的资料。

卧佛寺始建于唐朝贞观年间，其檀香卧佛、娑罗树皆为玄奘法师从天竺携来。玄奘法师信仰弥勒，故寺庙以弥勒佛所居的兜率天内院为名，云"兜率寺"。明、清时代，卧佛寺则以禅宗闻名，高僧大德屡出。

第一节 《佛说弥勒菩萨上生兜率天经》

佛说弥勒菩萨上生兜率天经

刘宋 居士沮渠京声 译

如是我闻：

一时，佛在舍卫国只树给孤独园。

尔时，世尊于初夜分举身放光，其光金色，绕只陀园周遍七匝，照须达舍，亦作金色；有金色光犹如缎云，遍舍卫国，处处皆雨金色莲花，其光明中有无量百千诸大化佛，皆唱是言："今于此中有千菩萨，最初成佛名拘留孙，最后成佛名曰楼至。"

说是语已，尊者阿若憍陈如即从禅起，与其眷属二百五十人俱，尊者摩诃迦叶与其眷属二百五十人俱，尊者大目犍连与其眷属二百五十人俱，尊者舍利弗与其眷属二百五十人俱，摩诃波阇波提比丘尼与其眷属千比丘尼俱，须达长者与三千优婆塞俱，毗舍佉母与二千优婆夷俱；复有菩萨摩诃萨名跋陀婆罗，与其眷属十六菩萨俱，文殊师利法王子与其眷属五百菩萨俱，天龙、夜叉、乾闼婆等一切大众睹佛光明，皆悉云集。

尔时，世尊出广长舌相，放千光明，——光明各有千色，——色中有无量化佛，是诸化佛异口同音，皆说清净诸大菩萨甚深不可思议诸陀罗尼法，所谓阿难陀目佉陀罗尼、空慧陀罗尼、无碍性陀罗尼、大解脱无相陀罗尼。

尔时，世尊以一音声说百亿陀罗尼门，说此陀罗尼已。

尔时，会中有一菩萨名曰弥勒，闻佛所说，应时即得百万亿陀罗尼门，即从座起，整衣服，叉手合掌，住立佛前。

尔时，优波离亦从座起，头面作礼而白佛言："世尊，世尊往昔于毗尼中及诸经藏说阿逸多次当作佛。此阿逸多具凡夫身，未断诸漏。此人命终当生何处？其人今者虽复出家，不修禅定，不断烦恼，佛记此人成佛无疑，此人命终生何国土？"

佛告优波离："谛听，谛听，善思念之。如来应正遍知，今于此众说弥勒菩萨摩诃萨阿耨多罗三藐三菩提记。此人从今十二年后命终，必得往生兜率陀天上。

尔时，兜率陀天上有五百万亿天子，——天子皆修甚深檀波罗蜜，为供养一生补处菩萨，故以天福力造作宫殿，各各脱身旃檀摩尼宝冠，长跪合掌，发是愿言：'我今持此无价宝珠及以天冠为供养大心众生故，此人来世不久当成阿耨多罗三藐三菩提，我于彼佛庄严国界得受记者，令我宝冠化成供具。'如是诸天子等各各长跪，发弘誓愿，亦复如是。

时，诸天子作是愿已，是诸宝冠化作五百万亿宝宫，——宝宫有七重垣，——垣七宝所成，——宝出五百亿光明，——光明中有五百亿莲华，——莲华化作五百亿七宝行树，——树叶有五百亿宝色，——宝色有五百亿阎浮檀金光，——阎浮檀金光中出五百亿诸天宝女，——宝女住立树下，执百亿宝无数璎珞，出妙音乐。

时，乐音中演说不退转地法轮之行，其树生果，如颇黎色，一切众色入颇梨色中。是诸光明右旋婉转流，出众音，众音演说大慈大悲法，——垣墙高六十二由旬，厚十四由旬，五百亿龙王围绕此垣，——龙王雨五百亿七宝行树，庄严垣上自然有风，吹动此树，树相振触，演说苦空无常无我诸波罗蜜。

　　尔时，此宫有一大神，名牢度跋提，即从座起，遍礼十方佛，发弘誓愿：'若我福德应为弥勒菩萨造善法堂，令我额上自然出珠。'既发愿已，额上自然出五百亿宝珠，琉璃、颇梨一切众色无不具足，如紫绀摩尼，表里映彻。此摩尼光回旋空中，化为四十九重微妙宝宫，——栏楯万亿梵摩尼宝所共合成，诸栏楯间自然化生九亿天子、五百亿天女，——天子手中化生无量亿万七宝莲华，——莲华上有无量亿光，其光明中具诸乐器，如是天乐不鼓自鸣。此声出时，诸女自然执众乐器，竞起歌舞，所咏歌音演说十善、四弘誓愿，诸天闻者皆发无上道心。

　　时，诸园中有八色琉璃渠，——渠有五百亿宝珠而用合成，——渠中有八味水，八色具足，其水上涌，游梁栋间，于四门外化生四花，水出华中，如宝花流，——华上有二十四天女，身色微妙，如诸菩萨庄严身相，手中自然化五百亿宝器，——器中天诸甘露自然盈满，左肩荷佩无量璎珞，右肩复负无量乐器，如云住空，从水而出，赞叹菩萨六波罗蜜。若有往生兜率天上，自然得此天女侍御，亦有七宝大师子座，高四由旬，阎浮檀金无量众宝以为庄严，座四角头生四莲华，——莲华百宝所成，——宝出百亿光明，其光微妙，化为五百亿众宝杂花庄严宝帐。

　　时，十方面百千梵王各各持一梵天妙宝，以为宝铃，悬宝帐上。时，小梵王持天众宝，以为罗网，弥覆帐上。

　　尔时，百千无数天子天女眷属各持宝华以布座上，是诸莲花自然皆出五百亿宝女，手执白拂，侍立帐内，持宫四角有四宝柱，——宝柱有百千楼阁，梵摩尼珠以为绞络。时，诸阁间有百千天女，色妙无比，手执乐器，其乐音中演说苦空无常无我诸波罗蜜。如是天宫有百亿万无量宝色，——诸女亦同宝色。尔时，十方无量诸天命终，皆愿往生兜率天宫。

　　时，兜率天宫有五大神：第一大神名曰宝幢，身雨七宝，散宫墙内，——宝珠化成无量乐器，悬处空中不鼓自鸣，有无量音适众生意。第二大神名曰花德，身雨众花，弥覆宫墙，化成花盖，——花盖百千幢幡，以为导引。第三大神名曰香音，身毛孔中雨出微妙海此岸旃檀香，其香如云，作百宝色，绕官七匝。第四大神名曰喜乐，雨如意珠，——宝珠自然住在幢幡之上，显说无量归佛归法归比丘僧及说五戒、无量善法诸波罗蜜、饶益劝助菩提意者。第五大神名曰正音声，身诸毛孔流出众水，——水上有五百亿花，——华上有二十五玉女，——玉女身诸毛孔出一切音声，胜天魔后所有音乐。佛告优波离：'此名兜率陀天、十善报应胜妙福处。若我住世一小劫中广说一生补处菩萨报应及十善果者不能穷尽，今为汝等略而解说。'佛告优波离：'若有比丘及一切大众不厌生死、乐生天者、爱敬无上菩提心者、欲为弥勒作弟子者当作是观。作是观者应持五戒八斋具足戒、身心精进、不求断结、修十善法，——思惟兜率陀天上上妙快乐，作是观者名为正观，若他观者名为邪观。'"

尔时，优波离即从座起，整衣服、头面作礼，白佛言："世尊，兜率陀天上乃有如是极妙乐事，今此大士何时于阎浮提没、生于彼天？"

佛告优波离："弥勒先于波罗捺国劫波利村波婆利大婆罗门家生，却后十二年二月十五日还本生处、结加趺坐，如入灭定，身紫金色光明，艳赫如百千日，上至兜率陀天，其身舍利如铸金像，不动不摇，身圆光中有首楞严三昧般若波罗蜜字义炳然。

时，诸人天寻即为起众宝妙塔供养舍利。时，兜率陀天七宝台内摩尼殿上师子床座忽然化生，于莲华上结加趺坐，身如阎浮檀金色，长十六由旬，三十二相、八十种好皆悉具足，顶上肉髻发绀琉璃色，释迦毗楞伽摩尼百千万亿甄叔迦宝以严天冠，其天宝冠有百万亿色，——色中有无量百千化佛、诸化菩萨以为侍者，复有他方诸大菩萨作十八变随意自在，住天冠中。弥勒眉间有白毫相光，流出众光，作百宝色，三十二相，——相中有五百亿宝色，——好亦有五百亿宝色，——相好艳出八万四千光明云，与诸天子各坐花座，昼夜六时常说不退转地法轮之行，经一时中，成就五百亿天子，令不退转于阿耨多罗三藐三菩提。

如是处兜率陀天，昼夜恒说此法，度诸天子，阎浮提岁数五十六亿万岁，尔乃下生于阎浮提。如《弥勒下生经说》。"

佛告优波离："是名弥勒菩萨于阎浮提没、生兜率陀天因缘。佛灭度后，我诸弟子若有精勤修诸功德、威仪不缺、扫塔涂地，以众名香妙花供养、行众三昧、深入正受读诵经典，如是等人应当至心，虽不断结，如得六通，应当系念念佛形像、称弥勒名，如是等辈若一念顷受八戒斋、修诸净业、发弘誓愿，命终之后，譬如壮士屈申臂顷，即得往生兜率陀天，于莲华上结加趺坐，百千天子作天伎乐，持天曼陀罗花、摩诃曼陀罗华，以散其上，赞言：'善哉！善哉！善男子，汝于阎浮提广修福业，来生此处，此处名兜率陀天，今此天主名曰弥勒，汝当归依。'应声即礼，礼已，谛观眉间白毫相光，即得超越九十亿劫生死之罪。是时，菩萨随其宿缘为说妙法，令其坚固不退转于无上道心。如是等众生若净诸业、行六事法，必定无疑当得生于兜率天上，值遇弥勒，亦随弥勒下阎浮提，第一闻法，于未来世值遇贤劫一切诸佛，于星宿劫亦得值遇诸佛世尊，于诸佛前受菩提记。"

佛告优波离："佛灭度后，比丘、比丘尼、优婆塞、优婆夷、天龙、夜叉、乾闼婆、阿修罗、迦楼罗、紧那罗、摩睺罗伽等，是诸大众若有得闻弥勒菩萨摩诃萨名者，闻已欢喜，恭敬礼拜，此人命终，如弹指顷即得往生，如前无异；但得闻是弥勒名者，命终亦不堕黑暗，处边地邪见诸恶律仪恒生正见，眷属成就，不谤三宝。"

佛告优波离："若善男子、善女人犯诸禁戒、造众恶业，闻是菩萨大悲名字，五体投地，诚心忏悔，是诸恶业速得清净；未来世中诸众生等闻是菩萨大悲名称，造立形像，香花衣服、缯盖幢幡，礼拜系念，此人命欲终时，弥勒菩萨放眉间白毫大人相光，与诸天子雨曼陀罗花，来迎此人，此人须臾即得往生，值遇弥勒，头面礼敬，未举头顷，便得闻法，即于无上道得不退转，于未来世得值恒河沙等诸佛如来。"

佛告优波离："汝今谛听，是弥勒菩萨于未来世当为众生作大归依处，若有归依弥勒菩萨者，当知是人于无上道得不退转，弥勒菩萨成多陀阿伽度阿罗诃三藐三佛陀时，如此行人见佛光明即得授记。"

佛告优波离："佛灭度后，四部弟子、天龙鬼神若有欲生兜率陀天者，当作是观，系念思惟，念兜率陀天持佛禁戒一日至七日，思念十善行、十善道。以此功德回向愿生弥勒前者当作是观。作是观者若见一天人、见一莲花，若一念顷称弥勒名，此人除却千二百劫生死之罪，但闻弥勒名，合掌恭敬，此人除却五十劫生死之罪；若有敬礼弥勒者，除却百亿劫生死之罪；设不生天，未来世中龙花菩提树下亦得值遇，发无上心。"

说是语时，无量大众即从座起，顶礼佛足，礼弥勒足，绕佛及弥勒菩萨百千匝，未得道者各发誓愿："我等天人八部今于佛前发诚实誓愿，于未来世值遇弥勒，舍此身已皆得上生兜率陀天。"世尊记曰："汝等及未来世修福持戒，皆当往生弥勒菩萨前，为弥勒菩萨之所摄受。"佛告优波离："作是观者名为正观，若他观者名为邪观。"

尔时，尊者阿难即从座起，叉手长跪白佛言："世尊，善哉！世尊，快说弥勒所有功德，亦记未来世修福众生所得果报，我今随喜，唯然世尊此法之要云何受持，当何名此经？"

佛告阿难："汝持佛语，慎勿忘失，为未来世开生天路，示菩提相，莫断佛种。此经名《弥勒菩萨般涅槃》，亦名《观弥勒菩萨生兜率陀天》，劝发菩提心，如是受持。"

佛说是语时，他方来会十万菩萨得首楞严三昧，八万亿诸天发菩提心，皆愿随从弥勒下生。佛说是语时，四部弟子、天龙八部闻佛所说，皆大欢喜，礼佛而退。

第二节 《佛说弥勒下生经》

佛说弥勒下生经

西晋月氏三藏竺法护译

闻如是：

一时，佛在舍卫国只树给孤独园，与大比丘众五百人俱。尔时，阿难偏露右肩、右膝着地，白佛言："如来玄鉴，无事不察，当来、过去、现在三世皆悉明了，过去诸佛姓字名号，弟子、菩萨翼从多少，皆悉知之；一劫百劫若无数劫，皆悉观察，亦复如是；国王、大臣、人民姓字则能分别；如今、现在、国界若干亦复明了；将来久远弥勒出现，至真等正觉欲闻其变。弟子翼从，佛境丰乐为经几时？"

佛告阿难："汝还就坐，听我所说。弥勒出现，国土丰乐、弟子多少，善思念之，执在心怀。"

是时，阿难从佛受教，即还就座。

尔时，世尊告阿难曰："将来久远于此国界当有城郭，名曰'翅头'，东西十二由旬，南北七由旬，土地丰熟，人民炽盛，街巷成行。

尔时，城中有龙王，名曰'水光'，夜雨香泽，昼则清和。是时，翅头城中有罗刹鬼，名曰'叶华'，所行顺法，不违正教，每向人民寝寐之后，除去秽恶诸不净者，常以香汁而洒其地极为香净。

阿难当知，尔时，阎浮地东西南北千万由旬，诸山河石壁皆自消灭，四大海水各减一万。时，阎浮地极为平整，如镜清明，举阎浮地内谷食丰贱，人民炽盛，多诸珍宝，诸村落相近，鸡鸣相接。

是时，弊华果树枯竭，秽恶亦自消灭，其余甘美果树、香气殊好者皆生于地。尔时，时气和适，四时顺节，人身之中无有百八之患贪欲嗔恚、愚痴不大殷勤，人心均平，皆同一意，相见欢悦，善言相向，言辞一类，无有差别，如彼优单越人，而无有异。

是时，阎浮地内人民大小皆同一向，无若干之差别也。彼时，男女之类意欲大小便时，地自然开，事讫之后，地便还合。尔时，阎浮地内自然生粳米，亦无皮裹，极为香美，食无患苦。所谓金银珍宝、车磲马瑙、真珠虎珀各散在地，无人省录。

是时，人民手执此宝，自相谓言：'昔者之人由此宝故，更相伤害，系闭在狱，受无数苦恼，如今此宝与瓦石同流，无人守护。'尔时，法王出现，名曰'蠰佉'，正法治化七宝成就。

所谓七宝者，轮宝、象宝、马宝、珠宝、玉女、宝典、兵宝守藏之宝，是谓七宝。镇此阎浮地内，不以刀杖，自然靡伏。如今，阿难，四珍之藏，乾陀越国伊罗钵宝藏多诸珍琦异物，不可称计；第二弥梯罗国绸罗大藏亦多珍宝；第三须赖吒大国有大宝藏，亦多珍宝；第四波罗奈蠰佉有大宝藏，多诸珍宝，不可称计。此四大藏自然应现，诸守藏人各来白王：'唯愿大王以此宝藏之物惠施贫穷。'尔时，蠰佉大王得此宝已，亦复不省录之，意无财宝之想。时，阎浮地内自然树上生衣，极细柔软，人取著之。如今，优单越人自然树上生衣，而无有异。

尔时，彼王有大臣名曰'修梵摩'，是王少小同好，王甚爱敬，又且颜貌端正，不长不短，不肥不瘦，不白不黑，不老不少。是时，修梵摩有妻名'梵摩越'，王女中最极为殊妙，如天帝妃，口作优钵莲华香，身作栴檀香，诸妇人八十四态永无复有，亦无疾病乱想之念。

尔时，弥勒菩萨于兜率天观察父母不老不少，便降神下，应从右胁生，如我今日右胁生无异，弥勒菩萨亦复如是。兜率诸天各各唱令：'弥勒菩萨已降神生'。是时，修梵摩即与子立字，名曰'弥勒'。

弥勒菩萨有三十二相、八十种好，庄严其身，身黄金色。尔时，人寿极长，无有诸患，皆寿八万四千岁，女人年五百岁然后出嫡。

尔时，弥勒在家未经几时，便当出家学道。尔时，去翅头城不远有道树名曰'龙花'，高一由旬、广五百步。时，弥勒菩萨坐彼树下成无上道果。当其夜半，弥勒出家，即于其夜成无上道。

时，三千大千刹土六返震动，地神各各相告曰：'今时弥勒已成佛。'转至闻四天王宫'弥勒已成佛道'，转转闻彻三十三天、艳天、兜率天、化自在天、他化自在天，声闻展转至梵天'弥勒已成佛道。'

尔时，魔王名大将，以法治化，闻如来名音响之声，欢喜踊跃，不能自胜，七日七夜不眠不寐。是时，魔王将欲界无数天人至弥勒佛所，恭敬礼拜。弥勒圣尊与诸天人渐渐说法微妙之论。

所谓论者，施论、戒论、生天之论，欲不净想出要为妙。尔时，弥勒见诸人民已发心欢喜，诸佛世尊常所说法，苦习尽道尽与诸天人广分别其义。尔时，座上八万四千天子诸尘垢尽得法眼净。尔时，大将魔王告彼界人民之类曰：'汝等速出家，所以然者，弥勒今日已度彼岸，亦当度汝等使至彼岸。'尔时，翅头城中有长者名曰'善财'，闻魔王教令，又闻佛音响，将八万四千众至弥勒佛所，头面礼足，在一面坐。

尔时，弥勒渐与说法微妙之论。所谓论者，施论、戒论、生天之论，欲不净想出要为妙。尔时，弥勒见诸人民心开意解，如诸佛世尊常所说法，苦习尽道，与诸人民广分别义。尔时，座上八万四千人诸尘垢尽得法眼净。"

是时，善财与八万四千人等即前白佛："求索出家，善修梵行，尽成阿罗汉道。"尔时，弥勒初会，八万四千人得阿罗汉。是时，蠰佉王闻弥勒已成佛道，便往至佛所，欲得闻法。时，弥勒佛与王说法，初善中善竟善，义理深邃。

尔时，大王复于异时立太子为王，赐剃头师珍宝，复以杂宝与诸梵志，将八万四千众往至佛所，求作沙门，尽成道果，得阿罗汉。是时，修梵摩大长者闻弥勒已成佛道，将八万四千梵志之众往至佛所，求作沙门，得阿罗汉。唯修梵摩一人断三结，使必尽苦际。是时，佛母梵摩越复将八万四千婇女之众往至佛所，求作沙门。

尔时，诸女人尽得阿罗汉，唯有梵摩越一人断三结，使成须陀洹。尔时，诸刹利妇闻弥勒如来出现世间，成等正觉，数千万众往至佛所，头面礼足，在一面坐，各各生心求作沙门，出家学道，或有越次取证，或有不取证者。尔时，阿难，其不越次取证者尽是奉法之人，患厌一切世间，修不可乐想。尔时，弥勒当说三乘之教，如我今日，弟子之中大迦叶者行十二头陀、过去诸佛所善修梵行，此人当佐弥勒劝化人民。尔时，迦叶去如来不远结加趺坐，正身正意，系念在前。尔时，世尊告迦叶曰："吾今年已衰耗向八十余，然今如来有四大声闻，堪任游化，智慧无尽，众德具足。云何为四？

所谓大迦叶比丘、屠钵叹比丘、宾头卢比丘、罗云比丘。汝等四大声闻，要不般涅槃，须吾法没尽，然后乃当般涅槃。大迦叶亦不应般涅槃，要须弥勒出现世间。

所以然者，弥勒所化弟子尽是释迦文弟子。由我遗化，得尽有漏。摩竭国界毗提村中，大迦叶于彼山中住。

又，弥勒如来将无数千人众前后围绕，往至此山中。遂蒙佛恩，诸鬼神当与开门，使得见迦叶禅窟。

是时，弥勒申右手指示迦叶，告诸人民：过去久远释迦文佛弟子，名曰迦叶，今日现在头陀苦行最为第一。是时，诸人见是事已，叹未曾有，无数百千众生诸尘垢尽、得法眼净；或复有众生见迦叶身已，此名为最初之会，九十六亿人皆得阿罗汉。斯等之人皆是我弟子。所以然者，悉由受我训之所致也，亦由四事因缘惠施仁爱利人等利。

尔时，阿难，弥勒如来当取迦叶僧伽梨著之，是时，迦叶身体奄然星散。是时，弥勒复取种种华香供养迦叶。所以然者，诸佛世尊有敬心于正法故。弥勒亦由我所受正法化，得成无上正真之道。阿难当知，弥勒佛第二会时，有九十四亿人皆是阿罗汉，亦复是我遗教弟子行四事供养之所致也。

又，弥勒第三之会，九十二亿人皆是阿罗汉，亦复是我遗教弟子。尔时，比丘姓号皆名慈氏弟子，如我今日诸声闻皆称释迦弟子。

尔时，弥勒与诸弟子说法，汝等比丘当思惟无常之想、乐有苦想、计我无我想、实有空想、色变之想、青瘀之想、膀胀之想、食不消想、脓血想、一切世间不可乐想。

所以然者，比丘当知此十想者皆是过去释迦文佛与汝等说，令得尽有漏、心得解脱。若此众中，释迦文佛弟子过去时修于梵行，来至我所；或复于释迦文佛所供养三宝，来至我所；或于释迦文佛所弹指之顷修于善本，来至此间；或于释迦文佛所行四等心，来至此者；或于释迦文佛所受持五戒三自归法，来至我所；或于释迦文佛所起神寺庙，来至我所；或于释迦文佛所补治故寺，来至我所；或于释迦文佛所受八关斋法，来至我所；或于释迦文佛所香华供养，来至此者；或复于彼闻法悲泣堕泪，来至我所；或复于释迦文佛所专意听受法，来至我所；或复尽形寿善修梵行，来至我所；或复有书写读诵，来至我所；或复承事供养，来至我所者。是时，弥勒便说此偈：

> 增益戒闻德，　禅及思惟业。
> 善修于梵行，　而来至我所。
> 劝施发欢心，　修行心原本。
> 意无若干想，　皆来至我所。
> 或发平等心，　承事于诸佛。
> 饭饴于圣众，　皆来至我所。
> 或诵戒契经，　善习与人说。

炽然于法本，　今来至我所。
释种善能化，　供养诸舍利。
承事法供养，　今来至我所。
若有书写经，　班宣于素上。
其有供养经，　皆来至我所。
缯彩及诸物，　供养于神寺。
自称南无佛，　皆来至我所。
供养于现在，　诸佛过去者。
禅定正平等，　亦无有增减。
是故于佛法，　承事于圣众。
专心事三宝，　必至无为处。

阿难当知，弥勒如来在彼众中当说此偈。尔时，彼众中诸天人民思惟此十想，十一垓人诸尘垢尽得法眼净。弥勒如来千岁之中，众僧无有瑕秽。尔时，恒以一偈以为禁戒：

口意不行恶，　身亦无所犯。
当除此三行，　速脱生死关。

过千岁后，当有犯戒之人遂复立戒，弥勒如来当寿八万四千岁般涅槃后，遗法当在八万四千岁。

所以然者，尔时，众生皆是利根，其有善男子、善女人欲得见弥勒佛及三会声闻众及翅头城，及见蠰佉王并四大藏珍宝者，欲食自然粳米者，并著自然衣裳、身坏命终生天上者，彼善男子、善女人当勤加精进、无生懈怠，亦当供养承事诸法师，名花、捣香种种供养，无令有失。如是，阿难当作是学。

尔时，阿难及诸大会闻佛所说欢喜奉行。"

第三节　禅门公案五则

所谓公案，本义为官府中判决是非的案例。禅宗兴盛后，后代僧侣将历代高僧的言行记录下来，作为修禅者的指导，对修禅者而言，这些记录一如政府的正式布告，尊严不可侵犯，故亦称公案。此一风气倡始于唐代，至宋代大为兴盛，《五灯会元》即是记录著名禅师公案的一部名著。

由于禅宗讲求断弃人心内的任何执着，回归本心，故法师往往以囫囵之语行教导后学，常人不解，观之如堕云雾之中，今附数则，借以观其主张、风格。

一　迦叶刹竿

阿难问师："传佛金襕外，别传个什么？"师唤阿难，阿难应喏。师曰："倒却门前刹竿著！"

——《祖堂集》卷一《第一祖大迦叶尊者》

襕是一种上下衣相连的服装。《五灯会元》云：

世尊在灵山会上拈花示众，是时众皆默然，唯迦叶尊者破颜微笑。世尊曰："吾有正法眼藏，涅槃妙心，实相无相，微妙法门，不立文字，教外别传，付嘱摩诃迦叶。"世尊至多子塔前，命摩诃迦叶分座令坐，以僧伽梨围之。遂告曰："吾以正法眼藏密付于汝，汝当护持，传付将来。"

僧伽梨即僧衣名，为比丘所服"三衣"之一。《长阿含经·游行经中》："尔时，世尊自四牒僧伽梨偃右胁，如师子王累足而卧。"北魏杨炫之《洛阳伽蓝记·宋云惠生使西域》："初，如来在乌场国行化，龙王嗔怒，兴大风雨，佛僧迦梨表里通湿。"近代中国著名文字、音韵、训诂家周祖谟校释云："僧迦梨者，沙门之法服，即复衣也。由肩至膝束于腰间。《西域记》《南海寄归内法传》作'僧迦胝'，同。"

宋代契嵩编《传法正宗记》卷一亦云："复谓大迦叶曰：'吾将金缕僧迦梨衣亦付于汝，汝其转授补处慈氏佛，俟其出世，宜谨守之。'"

在灵山会上，释迦牟尼佛以净眼法藏传授给大迦叶，并自己的僧伽梨围在大迦叶身上。作为释迦牟尼佛的从弟和佛十大弟子中多闻第一的智者，阿难很关心释迦牟尼除了送给大迦叶僧衣外，还传给他什么？

大迦叶并不正面回答，直呼阿难的名字，阿难答应。迦叶接着道："倒却门前刹竿著！"

印度寺院门前树立刹竿，寺中重要佛事结束后，将门前刹竿放倒。

阿难一生随侍释迦牟尼，听闻说法，一毫不漏，虽然多闻，却未能领会佛道即是放弃执着妄想，寻回真我的真谛。为了打破阿难的执着，大迦叶以"倒却门前刹竿著"一语将其执着的思维截住打破，同时暗示已将释迦牟尼佛不用语言传授给自己的教外别传传给阿难。

阿难顿时领悟，得佛旨意，后为禅宗二世祖。

二 达摩廓然

尔时，武帝问："如何是圣谛第一义？"师曰："廓然无

圣。"帝曰:"对朕者谁?"师曰:"不识。"又问:"朕自登
九五已来,度人造寺,写经造像,有何功德?"师曰:"无功
德。"帝曰:"何以无功德?"师曰:"此是人天小果,有漏
之因,如影随形。虽有善因,非是实相。"武帝问:"如何是
真功德?"师曰:"净智妙圆,体自空寂。如是功德,不以世
求。"武帝不了达摩所言,变容不言。达摩其年十月十九日,
自知机不契,则潜过江北,入于魏邦。

——《祖堂集》卷二《菩提达摩和尚》

梁武帝萧衍是中国历史上著名的崇佛皇帝,一生多次出家,由大臣
出钱将其赎回。达摩祖师东来,先到南京拜访梁武帝。武帝信佛,向远
来的大师询问佛教圣谛,并问如何才是真正的功德。达摩禅师告曰"廓
然无圣"才是圣谛,真正的功德是"净智妙圆,体自空寂。"也就是,
无所希求,直达自我,不受世俗外在的缠绕,找到人人具有的佛性。

达摩祖师见梁武帝为"功德心"所累,难以洞彻,遂渡江到河南
少室山,终日面壁不语。后收神光、道副、尼总持、道育、慧可等人为
徒,传禅法于中华。

三 皮肉骨髓

迄九年已,欲返天竺,乃命门人曰:"时将至矣,汝等
盍各言所得。"时门人道副对曰:"如我所见,不执文字,不
离文字,而为道用。"师曰:"汝得吾皮。"尼总持曰:"我今
所解,如庆喜见阿閦佛国,一见更不再见。"师曰:"汝得吾
肉。"道育曰:"四大本空,五阴非有,而我见处,无一法可
得。"师曰:"汝得吾骨。"

最后,慧可礼拜后依位而立。师曰:"汝得吾髓。"乃顾
慧可而告之曰:"昔如来以正法眼付迦叶大士,展转嘱累而至

于我，我今付汝，汝当护持，并授汝袈裟以为法信。各有所表，宜可知矣。"可曰："请师指陈。"

师曰："内传法印以契证心，外付袈裟以定宗旨。后代浇薄，疑虑竞生，云吾西天之人，言汝此方之子，凭何得法，以何证之？汝今受此衣法，却后难生，但出此衣并吾法偈，用以表明其化无碍。至吾灭后二百年，衣止不传，法周沙界，明道者多，行道者少，说理者多，通理者少，潜符密证千万有余。汝当阐扬，勿轻未悟。一念回机，便同本得。听吾偈曰：

吾本来兹土，传法救迷情。

一华开五叶，结果自然成。"

——《景德传灯录》卷三《菩提达摩》

达摩祖师到中国九年，欲返回天竺，为了验证徒弟们是否洞彻了佛教的本旨，使他们各言所得。

庆喜即阿难、阿难陀，在大般若经等处，多用"庆喜"之名。《佛说阿閦佛国经》中佛告舍利弗菩萨摩诃萨受无上正真道决，生阿閦佛刹。"菩萨摩诃萨为现如来，憋魔不复能动摇，过弟子缘一觉地，从一佛刹复游一佛刹，常皆随诸佛之教令，至成无上正真道最正觉。"

尔时，阿难心念言："我欲试须菩提，知报我何等言？"

阿难问贤者须菩提言："唯须菩提，为见阿閦佛及诸弟子等并其佛刹不？"

须菩提谓阿难言："汝上向视。"

阿难答言："仁者须菩提，我已上向视，上皆是虚空。"

须菩提谓阿难言："如仁者上向见空，观阿閦佛及诸弟子等，并其佛刹当如是。"

因阿难向视尽是虚空，所以"庆喜见阿閦佛国，一见更不再见。"

禅法以心印心，不着于法相，众弟子所言，都因言语实物而存在，故不免于外物，而慧可只是"礼拜后依位而立"而已，表明自己已经习得师父禅法要义，以心相印。

为了让慧可传法方便，破除信中的怀疑，达摩祖师把自己的袈裟传给慧可，这就是"传衣钵"的由来。达摩祖师还预言，"吾灭后二百年，衣止不传。"果然，到唐代六祖慧能再传法时，便不再传授衣钵了，此时距达摩坐化，时间正好近两百年。

不仅如此，达摩传法慧可后，禅宗在中国逐渐传播开来，最终形成"沩仰宗"（沩山灵枯、仰山慧寂开创）、"临济宗"（黄檗希运和临济义玄开创）、"云门宗"（云门文偃开创）、"曹洞宗"（洞山良价和曹山本寂开创）、"法眼宗"（清凉文益开创），正合了达摩祖师"一花开五叶"的预言。

四　明镜尘埃

（弘忍）大师临迁化时，告众云："正法难闻，盛会希逢，是你诸人如许多时在我身边，若有见处，各呈所见，莫记吾语，我与你证明。"时众中有神秀，闻师频训告，遂挥毫于壁，书偈曰：

> 身是菩提树，心如明镜台。
> 时时勤拂拭，莫使有尘埃。

师见此偈，乃告众曰："是，你诸人若依此偈修行而得解脱。"众僧总念此偈。

有一童子碓坊里念此偈，行者（卢行者慧能）曰："念什么？"童子曰："行者未知，第一座（神秀）造偈呈师，大师曰：'若依此偈修行而得解脱。'"行者曰："某甲不识文字，请兄与吾念看，我闻愿生佛会。"有一江州别驾张日用为行者高声诵偈。行者却请张日用："与我书偈，某甲有一个拙见。"
其张日用与他书偈，曰：

> 身非菩提树，心镜亦非台。
>
> 本来无一物，何处有尘埃？

时大师复往亲观之，挥却了，举头微笑，亦不赞赏，心
自诠胜。

师又去碓坊，便问行者："不易行者，米还熟也未？"对
曰："米熟久矣，只是未有人籤。"师云："三更则至。"行者
便唱喏。

至三更，行者来大师处。大师与他改名，号为"慧能"。
当时，便传袈裟以为法信，如释迦牟尼授弥勒记矣。

> ——《祖堂》卷二《第三十二祖弘忍和尚》

此公案为禅门最著名的公案之一。禅门传衣钵至慧能，其后传法只
有师父印可，而不再传授衣钵。之所以这样做，五祖弘忍解释说：

> 后代之人，得道者恒河沙。今此信衣，至汝则住。何以
> 故？达摩大师付嘱此衣，恐人不信而表闻。法岂在衣乎？若
> 传此衣，恐损于物，受此衣者，命若悬丝。况达摩云："一花
> 开五叶，结果自然成。"是印此土与汝五人。般若多罗云：
> "果满善提圆，花开世界起。"此两句亦印今时法衣至汝，不
> 合付与人。

慧能得到五祖衣钵后南归，众僧欲知慧能在五祖处所得真谛，纷纷
南追。慧明和尚最先在大庾岭追上慧能，问："不知行者辞五祖时，有
何密语密意，愿为我说。"慧能道："静思静虑，不思善，不思恶，正与
摩思不生时，还我本来明上座面目来。"

后来，神秀、慧能分别在中国北方、南方传教。后人称神秀的"北宗"为渐悟，称慧能的"南宗"为顿悟。《六祖坛经·顿渐品第八》载其事并慧能解释，云：

时，祖师居曹溪宝林；神秀大师在荆南玉泉寺。于时两宗盛化，人皆称南能北秀；故有南北二宗顿渐之分，而学者莫知宗趣。

师谓众曰："法本一宗，人有南北，法即一种，见有迟疾；何名顿渐？法无顿渐，人有利钝，故名顿渐。"

然秀之徒众，往往讥南宗祖师不识一字，有何所长？秀曰："他得无师之智，深悟上乘，吾不如也。且吾师五祖，亲传衣法，岂徒然哉！吾恨不能远去亲近，虚受国恩。汝等诸人，毋滞于此，可往曹溪参决。"

一日，命门人志诚曰："汝聪明多智，可为吾到曹溪听法；若有所闻，尽心记取，还为吾说。"

志诚禀命至曹溪，随众参请，不言来处。

时，祖师告众曰："今有盗法之人，潜在此会。"

志诚即出礼拜，具陈其事。

师曰："汝从玉泉来，应是细作。"

对曰："不是！"

师曰："何得不是？"

对曰："未说即走，说了不是。"

师曰："汝师若为示众？"

对曰："常指诲大众，住心观净，长坐不卧。"

师曰："住心观净，是病非禅；长坐拘身，于理何益？听吾偈曰：'生来坐不卧，死去卧不坐。元是臭骨头，何为立功过。'"

志诚再拜曰："弟子在秀大师处学道九年，不得契悟；今闻和尚一说，便契本心。弟子生死事大，和尚大慈，更为教示！"

师曰："吾闻汝师教示学人戒定慧法，未审汝师说戒定慧行相如何？与吾看。"

诚曰："秀大师说，诸恶莫作名为戒，诸善奉行名为慧，自净其意名为定，彼说如此，未审和尚以何法诲人？"

师曰："吾若言有法与人，即为诳汝，但且随才解缚，假名三昧。如汝师所说戒定慧，实不可思议，吾所见戒定慧又别。"

志诚曰："戒定慧只合一种，如何更别？"

师曰："汝师戒定慧，接大乘人；吾戒定慧，接最上乘人。悟解不同，见有迟疾。汝听吾说，与彼同否？吾所说法，不离自性；离体说法，名为相说；自性常迷，须知一切万法，皆从自性起用，是真戒定慧法，听吾偈曰：'心地无非自性戒，心地无疑自性慧，心地无乱自性定，不增不减自金刚，身去身来本三昧。'"

诚闻偈悔谢，乃呈一偈："五蕴幻身，幻何究竟？回趣真如，法还不净。"

师然之。复语诚曰："汝师戒定慧，劝小谤智人；吾戒定慧，劝大智根人；若悟自性，亦不立菩提涅槃，亦不立解脱知见。无一法可得，才能建立万法；若解此意，亦名菩提涅盘，亦名解脱知见。见性之人，立亦得，不立亦得，去来自由，无滞无碍；应用随作，应语随答；普见化身，不离自性，即得自在神通，游戏三昧；是名见性。"

志诚再启师曰："如何是不立义？"

师曰："自性无非、无疑、无乱；念念般若观照，常离法相，自由自在，纵横尽得，有何可立？自性自悟，顿悟顿修，亦无渐次，所以不立一切法。诸法寂灭，有何次第？"

志诚礼拜，愿为执侍，朝夕不懈。

可见，神秀、慧能所说并无不同，唯是世人根器不同，接受佛法真谛实意的能力和时间不同，而有南北两说，正是慧能所说："汝师戒定慧，接大乘人；吾戒定慧，接最上乘人。悟解不同，见有迟疾。"

但是，正如达摩祖师所言："至吾灭后二百年，衣止不传，法周沙界，明道者多，行道者少，说理者多，通理者少。"《祖堂集》卷三鸟窠和尚对白居易所说之言，正可作为证明，云：

白舍人问："一日十二时中如何修行，便得与道相应？"
师云："诸恶莫作，诸善奉行。"舍人曰："三岁孩儿也解道
得。"师曰："三岁孩儿也解道得，百岁老人略行不得。"舍人
因此礼拜为师。

这就是说知易行难，不行非真知。其后鸟窠和尚复问："汝是白家儿不？"舍人称名："白家易。"师曰："汝阿爷姓什么？"舍人无对。

可见，白居易毕竟文人，解得却行不得，又拘于名相，不能破除外界羁绊，印得真心，自然也就难以明心见性了。而宋代的苏东坡却颇有慧根，他的《书焦山纶长老壁》云：

法师住焦山，而实未尝住。
我来辄问法，法师了无语。
法师非无语，不知所答故。
君看头与足，本自安冠屦。
譬如长鬣人，不以长为苦。
一旦或人问，每睡安所措。

归来被上下，一夜着无处。

展转遂达晨，意欲尽镊去。

此言虽鄙浅，故自有深趣。

持此问法师，法师一笑许。

禅宗是最上等人的心传心印，可意会不可言传，门外之人难得其中之味。

五　野狐听法

师每上堂，有一老人随众听法。一日，众退，唯老人不去。师问："汝是何人？"

老人曰："某非人也。于过去迦叶佛时，曾住此山，因学人问：'大修行人还落因果也无？'某对云：'不落因果。'遂五百生堕野狐身，今请和尚代一转语，贵脱野狐身。"

师曰："汝问。"老人曰："大修行人还落因果也无？"师曰："不昧因果。"

老人于言下大悟，作礼曰："某已脱野狐身，住在山后。敢乞依亡僧律送。"

师令维那白椎告众，食后送亡僧。大众聚议："一众皆安，涅槃堂又无病人，何故如是？"

食后，师领众至山后岩下，以杖挑出一死野狐，乃以法火葬。

师至晚上堂，举前因缘。黄檗便问："古人错祇对一转语，堕五百生野狐身。转转不错，合作个甚么？"

师曰："近前来！向汝道。"檗近前，打师一掌。

师拍手笑曰："将谓胡须赤，更有赤须胡。"

　　　　　　　　——《五灯会元》卷三《百丈怀海禅师》

213

"转语"乃公案中常用词语，意思是说用一语转变心行，以求开悟。"维那"为寺院八大执事之一，履行仪式时监督法纪，白天维那敲击白椎用以召集僧众。

佛教大旨为"因果不昧"，野狐认为大修行人已经不落因果，这就违背了佛教的根本，而堕落为野狐身五百年。大修行人若得正果则不堕轮回，但他们的结果还要受到所造因缘的束缚。

百丈禅师向野狐讲明了"因果不昧"的法语后，野狐得以超生。晚上上法堂，又讲到此事因缘。弟子黄檗问："古人错祗对一转语，堕五百生野狐身。转转不错，合作个甚么？"百丈并不直接回答，却要黄檗近前。

实际上，要用"棒喝法"使其破除这一想法。其实，黄檗已经证得禅法的真谛，知道师父的反应，因此，到师父面前打了怀海一掌。

百丈禅师见徒弟证得禅法，挨打之后，不怒反笑，道："正要说达摩传来的禅法，不意你已经证得此法了。"

百丈禅师是慧能高祖马祖道一的弟子，在禅宗史上有着重要的地位，他不仅制定了禅宗修行的《百丈清规》，影响巨大，而且他善于机锋，留下了很多有影响的禅语。其中收录于《景德传灯录》中的一件公案有助于我们了解禅法和理解佛教宗旨，抄录于下：

　　普请锄地次，忽有一僧闻饭鼓鸣，举起锄头，大笑便归。（百丈）师云："峻哉！此是观音入理之门。"师归院，乃唤其僧问："适来见什么道理便怎么？"对云："适来只闻鼓声动，归吃饭去来。"师乃笑。

第四节 弘晓《普觉寺同戒录》序

乾隆四十二年（1777）刻《明善堂集》之《明善堂文集》卷之三有《普觉寺同戒录前序》《普觉寺同戒录后序》①，是了解清代佛教政策、皇帝修养、皇族生活并卧佛寺历史、信仰的重要资料，附录于下。

一 《普觉寺同戒录》前序

盖思释教津梁先专戒律，禅门阶级首重行持。

世尊出世，初演于千花台上，既示于鹿野苑中；自是而下，阐扬于西竺者，则波离为首；广敷于东土者，则宣律为先，故五篇三聚为万世不易之规、诸佛慧命之本也。

我世祖章皇帝大阐宗风，圣祖仁皇帝广兴象教，迫于世宗尤称古佛现身、圣神首出，曼殊未足尽其智、如来方足比其德，大放戒律，得一千八百余人，何其盛也！

今上登极以来，敬天尊祖、崇儒重释，贯通于五经、廿

---

① 弘晓卒于乾隆四十三年（时，曹雪芹逝世已经 15 年，距离弘晓家族乾隆二十四年抄录《红楼梦》已经 19 年），故《明善堂集》文字可以视作其最后的信仰表述。

一史之学，诞登阙里高堂，研精于三藏十二部之文，究澈圆明的旨，海内升平，尽洗心而向化，四方风动，咸去妄而归真，俾予小子亲承列圣之嘉庥，克绍王考之余绪，至优至渥，恩莫大焉；但念幼稚无闻，重瞽未学，若不省躬克己、究心严戒，何以仰答皇仁、敬承天眷，遂于赐紫沙门青崖和尚锤拂之下亲闻妙谛，得受净戒，虽不足以窥厥精微，亦复粗通性地。

夫乐善不倦，非为一身，凡诸缁流皆堪提策，斯请青公于乾隆七年春特启戒筵，诱兹来学。实在寿安山之麓十方普觉禅寺娑罗树下即是祇园香海，楼头何殊鹿苑？饮冷泉之水，滴滴归源；游五华之峰，人人证果，用以广皇仁而阐秘密，由持律而悟宗乘，得使得毗尼久住、正法昌隆，诸禅德其勉之！

时在乾隆壬戌佛诞日序。

优婆离，又作优婆利、邬波离、优波离、忧波利，佛陀十大弟子之一，有"持律第一"之称。

五篇，佛教中谓五罪。《丁福保佛学大词典》释云：

【五篇】（名数）一波罗夷罪……译曰断头。其罪最重，如断头而不能再生，不复得为比丘也……二僧残罪，梵名僧伽婆尸沙……比丘犯此罪，殆濒于死，仅有残余之命……三波逸提罪……译曰堕，堕狱之人也。此有舍堕与舍二种……四提舍尼罪，具云波罗提提……译曰向彼悔，向他比丘而忏悔，便得除灭之罪也……五突吉罗罪……译曰恶作，其所作之恶也，其罪尤轻……《行事钞资持记中一之一》曰："五篇名者：一波罗夷，二僧残，三波逸提，四提舍尼，五突吉罗。"

三聚，全称指三净聚戒，是总括大乘菩萨一切戒律的三个分类，即摄律仪戒、摄善法戒、摄众生戒。昙无谶译《菩萨地持经》卷第四《菩萨地持方便处施品第九》云：

云何菩萨一切戒？略说二种：一者在家分，二者出家分，是名一切戒。

一切戒复有三种：一者律仪戒，二者摄善法戒，三者摄众生戒。

律仪戒者，谓七众所受戒，比丘、比丘尼、式叉摩尼、沙弥、沙弥尼、优婆塞、优婆夷，在家、出家随其所应，是名律仪戒。

摄善法戒者，谓菩萨所受律仪戒，上修大菩提身口意业，是名略说一切摄善法戒。何者是？谓菩萨依戒住戒，修闻慧思慧奢摩陀毗婆舍那修慧。空闲静默恭敬师长，礼事供养。有疾患者起悲愍心、瞻视供给，闻说法者叹言善哉，实功德者称扬赞善。一切众生所作功德心念口言、随喜欢悦。有侵犯者悉能安忍，身口意业已作当作，一切回向无上菩提，随时修习种种胜愿。常勤精进，供养三宝，于诸善法心不放逸，念慧护持身口净戒，守摄根门饭食知量，初夜后夜未曾睡眠。亲近善人，依善知识。自省己过，知已不犯。随其所犯于佛菩萨及同行所如法悔除，如是等护持修习，长养善法戒。是名摄善法戒。

摄众生戒者，略说有十一种：一者，众生作饶益事，悉与为伴；二者，众生已起、未起病等诸苦及看病者，悉与为伴；三者，为诸众生说世间出世间法，或以方便令得智慧；四者，知恩报恩；五者，众生种种恐怖狮子、虎狼、王贼、水火，悉能救护，若有众生丧失亲属、财物诸难，能为开解，令离忧恼；六者，见有众生贫穷困乏，悉能给施随其所须；七者，德行具足，正受依止，如法畜众；八者，先语安慰，随时往返，给施饮食，说世善语，进止非已去来随物，如是等事，安众生者，皆悉随顺；若非安者，皆悉远离；九者，有实德者，称杨欢悦；十者，有过恶者，慈心呵责，折伏罚黜，令其改悔；十一者，以神通力示现恶道，令彼众生畏厌众恶，奉修佛法，欢喜信乐，生希有心。

……如是菩萨成就一切行利众生戒，是名菩萨三种戒聚，无量功德聚。[①]

壬戌，即乾隆七年（1742）。

"佛诞日"，即释迦牟尼佛诞生日，即农历四月初八。北朝时，汉文化区佛教以四月初八为佛诞日，后不断变更、发展，北方以十二月初八（腊八节）为佛诞日，南方依旧。

二 《普觉寺同戒录》后序

夫大乘持教阶级虽殊，而决定性明心源无别，六宗不离于定慧八识，自具其根尘，苟能一意坚持，乃可证诸实相。

昔多罗尊者有云，震旦法器获菩提者不可胜数，自初祖迄今，曹溪之水异派同源，楞伽之旨条分缕析，传衣付法，皈心于南北二宗者代不乏人矣！

[①] 智者大师《菩萨戒义疏》卷上云："若摄律仪、摄善法、摄众生，此三聚戒名。"竺佛念译《菩萨璎珞本业经·大众受学品第七》云："佛子，今为诸菩萨结一切戒根本。所谓三受门：摄善法戒，所谓八万四千法门；摄众生戒，所谓慈悲喜舍化及一切众生皆得安乐；摄律仪戒，所谓十波罗夷。"

我国家圣圣相承，仁挚义尽，以尧舜之心卫大雄之教，宏敷至道，广诱群迷，既无党而无偏，亦尽人而尽性。凡此缁流，悉臻大化。

追惟王考，尝侍内廷，佐理之余，研精密义。余小子数聆过庭之训，窃闻正觉之音；继而，往谒青崖，勤修白业，纵未究彻根源，尚冀发明心地。

维时青公奉旨主席寿安山普觉禅院，洎乾隆七年，升座启戒，四方开士一时云集，可谓盛矣。自青公顺化，刹那廿周寒暑，宗风未替，慧炬长明。

有际融禅师者，得法于出经和尚，实大觉迦陵之法嗣也。早岁出家，遍参古德，衣珠既获，杖锡于兹，将传灯于选佛之场，遂津梁于寿安之麓，于乾隆三十年涓吉二月初六日大启梵筵，精严戒行，苾×居士、善来仁者远近趋向。

余忝获持乐崇信善，窃谓五蕴本空，戒无所戒，诚以有心奉持无心，执外祛尘扰、内绝攀援，如是，则先天地不为精，后天地不为尽，起居运动非所安，止息寂寞非所觉，是得正法眼藏，入甘露门，庶非他道，而灵山斯会为不虚矣！

时乾隆乙酉二月序。

涓吉，选择吉祥的日子。晋左思《魏都赋》："量寸旬，涓吉日，陟中坛，即帝位。"

乙酉，乾隆三十年（1765）。

第六章

诗文华章——古人记咏卧佛寺诗文

　　袅袅的香火、恭谨的叩首而外，诗文作为空间之外的一种记载也被广泛使用，尤其是清代、民国时期，游客日众，诗文日多，留下大量的文字材料，是我们今天了解卧佛寺历史，了解卧佛寺文化，了解古人思想与审美的重要材料，今谨就所知者罗列于此，以见一斑，或者前后偶有重合，并不刻意回避，以见经典。

第一节 《帝京景物略》中卧佛寺文献

《帝京景物略》,明末北京历史地理书(书序落款署"崇祯八年乙亥冬至后二日"),刘侗、于奕正撰。

刘侗,字同人,麻城人,崇祯甲戌进士,官吴县知县。于奕正,字司直,宛平人,崇祯中诸生。于奕正撅求事迹,刘侗排纂成文。是书按照方向分作城北内外、城东内外、城南内外、西城内、西城外、西山上、西山下、畿辅名迹等九卷,每篇之末,各系以诗。

一 《帝京景物略》卷六《西山上·卧佛寺》

香山之山,碧云之泉,灌灌于游人。北五里,日游卧佛寺,看娑罗树也。

山转凹,寺当山之矩,泉声不传,石影不逮。行老柏中数百步,有门瓮然,白石塔其上,寺门也。

寺内即娑罗树,大三围,皮鳞鳞,枝槎槎,瘿累累,根挂挂,花九房峨峨,叶七开蓬蓬,实三棱陀陀,叩之丁丁然。周遭殿墀,数百年不见日月,西域种也。初入中国,参山、天台与此而三。游者匝树则返矣,不知泉也。

右转而西，泉呦呦来石渠，出地已五六里，寺僧分泉入
花畦，泉不更出。寺长住，花供之，不知泉也，又不知石。

泉注于池，池前四五古杨，散阴云云。池后一片石，凝
然沉碧，木石动定，影交池中。石上观音阁，如屋复台。层
阁后复壁，斧刃侧削，高十仞，广百堵。循壁西去，三、四
里皆泉皆石也。

寺，唐名兜率，后名昭孝，名洪庆，今日永安。以后殿
香木佛，又后铜佛，俱卧，遂目卧佛云。

寺西广慧庵，东五花阁，更西南弘法寺，寺内外槐皆龙
爪。更南张公墓，张公一女二子，女，文皇帝妃，子封彭城、
惠安二伯，其封也，以军功。

"右转而西，泉呦呦来石渠，出地已五六里，寺僧分泉入花畦，泉
不更出。"盖指卧佛寺西面用以浇灌为皇宫所种牡丹的引水石渠。

"泉注于池，池前四五古杨，散阴云云。池后一片石……石上观音
阁，如屋复台。层阁后复壁，斧刃侧削，高十仞，广百堵。"知明朝时
大磐石上即建有观音阁，其东即山体石壁，而时天池周围多古杨。

张公，指明朝初年张麒。《明史》卷三百《列传第一百八十八·外
戚》云：

张麒，永城人。洪武二十年，以女为燕世子妃，授兵马
副指挥……仁宗即位，追封彭城伯，谥恭靖，后进侯。二子
昶、升，并昭皇后兄也。

张麒之女为明仁宗昭皇后张氏，《明史》卷一百一十三《列传第
一·后妃》载其事云：

　　仁宗诚孝皇后张氏，永城人。父麒以女贵，追封彭城伯，具《外戚传》。洪武二十八年封燕世子妃。永乐二年封皇太子妃。仁宗立，册为皇后。宣宗即位，尊为皇太后。英宗即位，尊为太皇太后。

　　后始为太子妃，操妇道至谨，雅得成祖及仁孝皇后欢。太子……濒易者屡矣，卒以后故得不废。及立为后，中外政事莫不周知。

　　宣德初，军国大议多禀听裁决……两宫慈孝闻天下……太后遇外家严，弟升至淳谨，然不许预议国事。

　　宣宗崩，英宗方九岁……大臣请太后垂帘听政，太后曰："毋坏祖宗法。第悉罢一切不急务。"时时勖帝向学，委任股肱，以故王振虽宠于帝，终太后世不敢专大政。

　　正统七年十月崩。当大渐，召士奇、溥入，命中官问国家尚有何大事未办者。士奇举三事：一谓建庶人虽亡，当修实录；一谓太宗诏有收方孝孺诸臣遗书者死，宜弛其禁；其三未及奏上，而太后已崩。……合葬献陵，祔太庙。

张麒二子分别封"彭城、惠安二伯"：

　　昶，从成祖起兵，取大宁，战郑村坝，俱有功，授义勇中卫指挥同知。已，援苏州，败辽东军，还佐世子守北平。永乐初，累官锦衣卫指挥使……仁宗立，擢中军都督府左都督，俄封彭城伯，子孙世袭……昶兄弟素恭谨，因训饬益自敛。正统三年卒。

　　升，字叔晖。成祖起兵，以舍人守北平有功，授千户，历官府军卫指挥佥事。永乐十二年从北征。仁宗即位，拜后府都督同知。宣德初，进左都督掌左府事……正统五年，兄昶已前卒，太后念外氏惟升一人，封惠安伯，予世袭。明年卒。

张升城内园林以牡丹著称。刘侗、于奕正《帝京景物略》载："都城牡丹时，无不往观惠安伯园者。园在嘉兴观西二里，真堂堂一大宅，其后牡丹，数百亩一圃也。"

弘法寺，位置当在今北京市植物园牡丹园位置，乾隆时期，为乾隆长子、追封定亲王永璜墓，明时以龙爪槐著称，而清时则以白皮松名。

二 《帝京景物略》卷六《西山上·卧佛寺》录咏卧佛寺诗

金坛王樵《卧佛寺》
别院对回廊，修门锁花木。
开谢山无人，虚堂自芬馥。
清风无已时，疾徐在深竹。
我就绳床眠，为待烹茶熟。
前山未须往，但留佳处宿。

王樵（1521—1601），字明逸，别号方麓。江苏金坛人，嘉靖二十六年（1547）进士，授行人，累官至升刑部员外郎。因屡忤严嵩，出任山东兖州府佥事（明提刑按察使司属官，无定员，分道巡察），后因病乞归里，居家十余年。万历元年（1573），起补浙江佥事，分巡浙西，积极抗倭，升为尚宝卿，累官至南京都察院右都御史等职。《明史》卷二百二十一《列传第一百九·王樵》称其"恬澹诚悫，温然长者，邃经学"。

王樵精通经学，著述颇丰，编纂《读律私笺》24卷，著述《周易

私录》《尚书日记》16 卷、《周官私录》《春秋辑传》15 卷,《方麓居士集》
14 卷。

诗中"别院对回廊,修门锁花木。"写卧佛寺三世佛殿前与山门殿
连通的游廊,并西侧之"别院",写别院花木自生落,语义颇佳。

> 江阴邓钦文《卧佛寺》
> 古佛何年卧,空山日月低。
> 寺钟寒不歇,溪路碎无迷。
> 虫彩飞椿象,禽音窜竹鸡。
> 殿墀瞻老宿,香树种来西。

邓钦文,明嘉靖、万历间人,江阴人士,与嘉靖二十三年(1544)
进士、南京兵部尚书刘光济友善。

> 盱眙李言恭《卧佛寺》
> 二佛卧何日,娑罗初种朝。
> 游人摩顶踵,近寺接根苗。
> 寂寂劫先觉,荒荒年后凋。
> 山泉相与古,不去入尘嚣。

> 卧佛寺《牡丹》
> 不道空无色,花光照酒杯。
> 只疑天女散,绝胜雒阳栽。
> 香与青莲合,阴随贝叶来。
> 佛今眠未起,说法为谁开。

李言恭(1541—1599),字惟寅,号青莲居士,明朝南直隶凤阳府

盱眙县（今属江苏）人。明开国功臣李文忠八世孙，万历三年，袭爵临淮侯，守备南京，累官至太保，总督京营戎政，万历二十七年卒。有《贝叶斋稿》《青莲阁集》，另有《日本考》。

> 浚县王在晋《游卧佛寺》
> 佛说卧非卧，是名卧佛因。
> 坐无功朽骨，像亦表天真。
> 欲豁前尘目，全舒自在身。
> 法轮垂手转，花甲枕肱新。
> 匪梦何言觉，忘情岂有罣。
> 乾坤呼吸老，世事展翻频。
> 万态双眸外，千秋一息臻。
> 浑沦窥妙悟，混沌足元神。
> 嗟尔浮沉辈，蘧然未寤人。

王在晋（1563—1643），字明初，号岵云，江苏太仓人，原籍河南浚县，万历二十年（1592）进士，授中书舍人，累官至兵部尚书兼右副都御史。著作颇丰，有《越镌》、《历代山陵考》、《武备志》、《海防纂要》、《总部疏稿》、《经略抚齐中枢疏》、《龙沙学录》6卷、《通漕类编》9卷、《岱史》、《辽记附述》、《辽评纪要》、《评辽续记》、《兰江集》、《宝善堂集》、《西坡漫稿》、《西湖小草》等。

本诗以"佛说卧非卧，是名卧佛因"入题，写佛教之辩证法，言表象与实在的关系，全诗贯穿此一主线，可视为咏"佛"诗，以"嗟尔浮沉辈，蘧然未寤人"结。

> 应天姚汝循《卧佛寺》
> 斜日叩山扉，茶烟袅袅微。

簇云将作雨，飞霭忽沾衣。
古树标前代，鸣泉喧息机。
涅盘瞻瑞像，愈觉世间非。

姚汝循（1535—1597），名理，字汝循，以字行，遂改字为叙卿，号凤麓，江宁（今南京，明时为应天府）人，嘉靖三十五年进士，除杞县知县，累官至大名府知府、嘉定州知州。有《屏居集》《浪游集》《耕余集》等。

顺天刘效祖《永安寺卧佛》
双树何人植，如来偃在床。
三年开觉路，万劫委慈航。
示寂形应苦，调心梦转长。
檀施烦问讯，岂是困津梁。

刘效祖，字仲修，号念庵，明代散曲家。原籍滨州（今山东惠民），寓居北京，故又称宛平（今属北京）人，嘉靖二十九年（1550）进士。历任卫辉府推官、户部主事，官至陕西按察副使。负才不偶，与时龃龉，因故罢官，退居林泉，寄情词曲，颇负时名。钱谦益《列朝诗集小传·丁集上》称："穆庙（明穆宗朱载垕）遣中官出索其诗，都人传其事，以为本朝所未有也。"今传《词脔》收其小令 112 首，套数 1 篇。

仁和黄汝亨《卧佛寺》
亦为青山好，无时不卧游。
高阴琪树午，清响梵林秋。
寂寞全栖石，虚空半枕流。

我来亲授记，长日卧高丘。

黄汝亨（1558—1626），字贞父，号寓庸居士，杭州人，万历二十六年进士。授进贤知县，迁南京工部主事，升礼部郎中，出为江西提学；迁参议，备兵湖西，以强项罢归。行草合苏米之长，尝书啸赋屏。

公安袁中道《卧佛寺》
山深双佛榻，铃塔影斜阳。
万畛花为国，千围树是王。
觅泉源更远，寻石径偏荒。
数里新筐路，将无似楚乡。

袁中道（1575—1630），中国明代文学家，字小修，一作少修，湖广公安（今属湖北）人。万历四十四年（1616）进士，授徽州府教授，止于吏部郎中。与其兄宗道、宏道并称"三袁"，为公安派中坚，早年强调性灵，晚年则主张以性灵为中心，兼重格调。著有《珂雪斋集》20卷、《袁小修日记》20卷。

"山深双佛榻，铃塔影斜阳"句，分别写卧佛寺今三世佛殿唐代旃檀香木卧佛与卧佛殿元代铜卧佛、卧佛寺山门外玲珑宝塔；"万畛花为国，千围树是王"句，则是写今卧佛寺行宫处的牡丹园与卧佛寺内的千年娑罗树；"觅泉源更远，寻石径偏荒。数里新筐路，将无似楚乡"，顺水源入樱桃沟，并竹林景象。熟悉卧佛寺明时景象者，读此诗如画。

丹阳贺世寿《逢闪仲畏太史，同游卧佛寺》
秋容一径中，含吐状无穷。
霞散初肥柿，霜轻未醉枫。

自然幽意惬，偶得素交同。

窈窕幽栖里，山泉处处通。

贺世寿，原名烺，字函伯，又字玉伯、中冷、山甫，丹阳人。万历三十四年（1606）举人，三十八年进士，授户部主事。累迁官通政使、兵部侍郎兼金都御史，巡抚天津。崇祯十七年（1644）晋户部尚书，致仕归里。著有《思闻录》《闲坪杂识》《清音集》《净香池稿》等。

吴县姚希孟《卧佛寺听泉》

谁将石齿齿，漱出玉潺潺。

乱泻松涛急，分敲竹韵闲。

云深溆静夜，月落响空山。

一枕犹堪梦，飞琼接佩环。

姚希孟（1579—1636），字孟长，号现闻，南直隶苏州府吴县（今属江苏）人，文震孟外甥，万历四十七年中进士，改庶吉士，累官詹事，迁少詹事，掌南京翰林院，卒于崇祯中。善文，类竟陵派、公安派，主张率性自然，抒写性灵，有《文远集》《公槐集》《响玉集》《棘门集》《沆瀣集》《循沦集》《丹黄松瘿集》《伽陵集》《风吟集》等。黄道周给他的《漳浦集》写道：

万历初年，阁臣鹜起，文章之道，复归词林，李大泌，姚吴门为之归墟……予不及事大泌，雅交于吴门。下所为，霞蒸岳举，文行宗表，无有先于吴门者矣。先生安步指辞，宏声亮实，韩蒲州见之，而有王佐之称，刘南昌因之而有人龙之叹。

"吴门"即希孟。诗以"谁将石齿齿，漱出玉潺潺"分别写水之形、色、声，又以"乱泻松涛急，分敲竹韵闲"写旁景，复以"急""闲"二字比较泉声；"云深澌静夜，月落响空山"，动静结合，静极，境界高远。

> 景陵胡恒《卧佛》
>
> 不是津梁倦，荒山眼界空。
>
> 一龛红湿外，三昧黑甜中。
>
> 有愿香华满，无声器钵同。
>
> 先皇施大被，曾为覆春风。

景陵，古县名，今湖北省天门市。清代，属湖北省安陆府（府治设今钟祥市）。雍正四年（1726），为避康熙陵寝名（景陵）讳，因县境西北有天门山，改景陵县为天门县。

胡恒，明末景陵人，崇祯年间曾为川南道。陈梦雷《古今图书集成·明伦汇编·氏族典卷·诸姓部》载：

> 胡 恒
>
> 按《景陵县志》，恒，字公占，号补庵，庆阳郡丞顺化次子，任会稽教谕，升国子监助教，擢户部主事，转郎中，监督钱局，升四川上南兵备道。张献忠破成都，发兵攻郡县，恒与贵州御史朱奉、雅州指挥使阮士奇合力死战，兵北阵陷，遂被擒，献忠胁之，不屈，与朱、阮同时遇害，子生员之骅赴河死，仆、京儿同就戮。

"先皇施大被，曾为覆春风"句不知作于何时，故"先皇"二字难解。唯万历十四年（1586）神宗皇帝（朱翊钧）曾赐卧佛寺"大藏经"及锦被等物，故知该诗当作于万历四十八年——是年，神宗薨逝，光宗继位。

> 吴县释修懿《卧佛寺》
> 卧佛兹山久，应知亦爱山。
> 鸟窥幢影乱，铃语塔风闲。
> 客恋娑罗好，僧愁兰若艰。
> 静喧同此意，谁见月先弯。

修懿，吴县僧，曾游卧佛寺。"鸟窥幢影乱……僧愁兰若艰"，似作于明末，写卧佛寺朝廷、施主供奉顿渐时景象。

> 凉州吴惟英《卧佛寺》
> 山门云破塔高悬，碎路行来久不前。
> 佛卧似经千劫老，客游曾记十年前。
> 柿光点点分红日，竹韵芒芒合翠烟。
> 西麓试探泉尽处，坐听石隙泻涓涓。

吴惟英（1605—1643），明初恭顺侯吴瑾（蒙古人，吴为赐姓）五世孙，吴汝胤子、吴惟业弟，陕西行都指挥使司凉州卫（今甘肃省武威市）人，继兄之后袭恭顺侯爵，掌管后军都督府管府事、京营总督。崇祯末，李自成入北京，吴惟英全家自尽殉国。

"客游曾记十年前"，说明吴曾在此前至卧佛寺，"柿光点点分红日"写卧佛寺柿树秋色。

> 公安袁祈年《娑罗树》
> 异种来震旦，千纪战风霜。
> 惊电莫能照，山鬼安敢藏。

孙枝分他岭，亦可称树王。

干肤如彝鼎，凡木无足方。

惟优昙钵罗，殊胜为相当。

呼老衲扣之，语焉而不详。

惟言童至今，庵蔼不异常。

僧腊逾八十，头白如树苍。

语罢各叹息，晨风破烟翔。

袁祈年，字未央，更字田祖；袁中道之子，与谭元春等人有交。清钱谦益《袁祈年字田祖说》云："田祖胚胎前光，蝉蜕俗学，卓然有志于文者也。"

嘉兴谭贞默《娑罗树歌》

穹山庆谷能奇树，树性无过五土赋。

此种流传印土国，七叶九华人莫识，梵名却唤娑罗勒。

岂亦其材无可用，致教日月失晨昃。

报国古寺两怪松，侏儒其质婆娑容。

娑罗作宾松作主，吾将揖让成会同。

佛为皇灵护西东，卧治娑罗坐理松。

不尔神物飞作龙，安得老死游其中。

谭贞默（1590—1665），字梁生，又字福征，号埽，又号埽庵，嘉兴人，崇祯元年（1628）进士，累官至国子监司业兼祭酒。贞默"好博览于书，无所不读，家居十五年，杜门益著书。"曾拜名僧憨山大师为师，并为作《憨山老人年谱自叙实录》。有《谭子雕虫》《埽庵集》《三经见圣编》等传世。

宛平于奕正《娑罗树歌》

不知老树年何庚，西山一簇娑罗名。

大叶小叶青如剪，千螺万螺绕根生。

阶前数亩数百载，日影不向其中行。

耳中惟闻雨大作，出树乃见天空晴。

人间谁欲为知旧，汉柏是弟秦松兄。

谭子昂首为余说，蓼山曾见蔽日月。

三　其他明人记载：袁中道《卧佛寺记》,《再游香山，至平坡寺庐师山记》

袁中道《卧佛寺记》载：

香山，跨山踞岩以山胜者也，碧云以泉胜者也。

折而北为卧佛寺，峰转凹，不闻泉声，然门有老柏百许森立，寒威逼人。

至殿前，有老树二株，大可百围，铁干镠枝，碧叶纠结；纤羲回月，屯风宿雾；霜皮突兀，千瘿万螺；怒根出土，磊块诘曲。

叩之，丁丁作石声。殿墀周遭数百丈，数百年以来不见日月。石墀整洁，不容唾。

寺较古，游者不至，长日静寂。若盛夏宴坐其下，凛然想衣裘矣。询树名，或云娑罗树。其叶若薇，予乃折一枝袖之，俟入城以问黄平倩，必可识也。卧佛盖以树胜者也。

夫山，当以老树古怪为胜，得其一者皆可居，不在整丽。三刹之中，野人宁居卧佛焉。

陈梦雷《古今图书集成》收录前人《再游香山，至平坡寺庐师山记》：

> 自亭右沿山膝行，又遡一小村，香山碧云始见。见山上写皆漫漫遥白，余曰："云也。"子瞻营视不应，徐而曰："其云耶？将无是英英者也？"已而，问之山农，乃真杏花也，始大叫，以为奇绝。
>
> 相与至卧佛寺，面面皆花，而一绯杏据西原上者，大可盈抱，且殊丽，三人缘而上，则枝轮樛覆，若倒挂茱萸，网网外，复施百步锦帐。余怡荡不自持，而日且哺矣。

以上二文，可知时人的审美与对卧佛寺的印象。

第二节 《钦定日下旧闻考》中的卧佛寺文献

一 关于《日下旧闻考》

清代乾隆年间，由官府修纂的《钦定日下旧闻考》收录了许多卧佛寺的历史资料。

《日下旧闻考》是清乾隆年间奉皇帝之命，由于敏中、英廉、窦光鼐、朱筠等人在康熙年间朱彝尊《日下旧闻》一书的基础上考证、补充而成的一部关于北京历史、地理、城坊、宫殿、名胜等方面的地方史志。

该书沿用《日下旧闻》一书的体例和目录，补充了大量资料，篇幅从四十二卷增加到一百六十卷，是《日下旧闻》原书的三倍。

《日下旧闻考》从乾隆三十八年（1773）开始修订，到乾隆四十七年（1782）成书，乾隆五十年至五十二年（1785—1787）刊刻出书。《四库全书总目》对此书给予很高评价："古来志都京者……当以此本为准绳矣。"

卧佛寺相关材料见于《日下旧闻考》卷一百一《郊坰·西十一》[①]，

[①] 《日下旧闻考》体例，"原"字代表朱彝尊《日下旧闻》中的原文，"增"字代表修《日下旧闻考》新增的内容，"补"字代表朱彝尊之子朱昆田新补充的内容，"臣等谨按"意思是修《日下旧闻考》诸臣工对《日下旧闻》记载文字进行的考察和考证。每段文字最后之书名，是该文字的出处。

所载卧佛寺文字是目前所见最为详尽的卧佛寺文献集成，是研究卧佛寺必不可缺的文献资料。

二 《日下旧闻考》中的卧佛寺资料

原：聚宝山在玉泉山西南，行数里，度两石桥，循溪转至卧佛寺。寺在唐为兜率寺，今名永安，殿前娑罗树来自西域，相传建寺时所植，今大三围矣。《春明梦馀录》

臣等谨按：玉泉山西南平壤中有冈阜隐起，俗称"荷叶山"，疑即孙承泽《春明梦馀录》所称"聚宝山"也。卧佛寺，雍正十二年世宗宪皇帝赐名"十方普觉寺"，殿前恭立世宗御制文碑，方丈恭悬世宗御书联曰："花气合炉香馥郁，天光共湖影空明。"其殿檐额曰"双林邃境"，卧佛殿额曰"得大自在"，禅堂联曰："苔益山文古，池添竹气清。"方丈额曰"是地清凉"，联曰："雨花点地成金粟，水月莹秋贮玉瓶。"檐前联曰："云开春阁图书静，雨霁秋窗竹桂闲。"皆皇上御书。明碑六，一寿安禅寺记，明礼部尚书毗陵胡濙撰；一檀越题名记，皆景泰三年立。一明宪宗寿安寺如来宝塔铭，一敕谕碑，皆成化十八年立。一重修记，嘉靖三十五年立；一明神宗寿安寺碑，万历十四年立。寺内娑罗树今尚存。

原：卧佛寺于深山绝涧中乃得，寺以窣波为门，殿前娑罗树二株，西有泉注于池，池上有石如碧玉。《珂雪斋集》

臣等谨按：十方普觉寺山门旧塔今已无存。池与石在寺西观音堂之下，今尚存。详见后条。

原：寿安寺白塔卓山门上，入门，古桧百章，殿前二娑罗树，大数十围，左一海松，后殿卧佛一，又后小殿更置卧佛一，俗遂称卧佛寺。《游业》

臣等谨按：卧佛今仅存铜佛一尊，其香檀像已无存。

原：卧佛寺名寿安，因山得名，“卧佛”俗称也。寺门有胡濙碑，卧佛凡二，一香檀像，唐贞观年造，一铜像，宪宗皇帝时造，寺僧云。《长安可游记》

原：卧佛寺唐名兜率，后名昭孝、名洪庆，今曰永安，以后殿香木佛、又后铜佛俱卧，遂目卧佛云。寺西广慧庵，东五华阁，西南宏法寺。《帝京景物略》

臣等谨按：广慧庵已圮，仅存明万历间庶吉士胡尚英碑，详见后卷。五华阁遗址在十方普觉寺东北山坡上，宏法寺今无考。

原：卧佛寺亦以泉胜，层岩夹道，木石散置，可游可坐。两殿各卧一佛，长可丈余，其一渗金甚精，寺内娑罗树二株，子如橡栗，可疗心疾。门西有石盘，方广数丈，高亦称是，上剏观音堂，周以栏楯，石盘下有小窦出泉，淙淙琤琤，下击石底，听之泠然，寺多牡丹，盖中官所植取以上供者。《长安客话》

原：卧佛寺今上曾驻跸，有重修御制碑。《燕都游览志》

原：五台山僧侈言娑罗树灵异，至画图镂版，然如巴陵、淮阴、安西、伊洛、临安、白下、峨嵋山在处有之，闻广州南海神庙四本特高，今京师卧佛寺二株亦有干霄之势，顾或著或不著，草木亦有幸不幸也。《渌水亭杂识》

原：英宗即位，是年九月，建寿安山寺，给钞千万贯。十月，命拜珠督造寿安山寺。《元史·英宗纪》

原：至治元年春，诏建大刹于京西寿安山，索约勒哈达默色与御史观音保、成珪、李谦亨上章极谏，以为东作方始，而兴大役以耗财病民，非所以祈福也；且岁在辛酉，不宜兴筑。帝杀索约勒哈达默色与观音保，杖珪，谦亨窜诸遐裔。

《元史本传》

　　原：三月，益寿安山造寺役军。十二月，冶铜五十万斤作寿安山寺佛像。二年八月，增寿安山寺役卒七千人。九月，给寿安山造寺役军匠死者钞人百五十贯，幸寿安山寺，赐监役官钞人五千贯。《元史·英宗纪》

　　原：泰定元年二月，修西番佛事于寿安山寺，三年乃罢。《元史·泰定帝纪》

　　原：天历元年，立寿安山规运提点所。三年，改昭孝营缮司。《元史·百官志》

　　原：至顺二年正月，以寿安山英宗所建、寺未成，诏中书省给钞十万锭，供其费，仍命雅克特穆尔萨勒廸等总督其工役，以晋邸部民刘元良等二万四千余户隶寿安山大昭孝寺，为永业户。《元史·文宗纪》。

　　朱彝尊原按：寿安山即五华山。果啰洛纳延《题张文忠谏罢灯山稿诗》自注："至治间，御史观音保谏五华山事弃市。"公时为中书参议，翊日上谏，灯山疏可证也。今之卧佛寺疑即元昭孝寺，当时凿山开寺，最称巨刹。五华、广慧其地甚隘，必合卧佛而为一尔。卧佛铜像虽传成化时造，而碑记未详，安知非冶铜五十万斤所铸耶？

　　增：世宗《御制十方普觉寺碑文》：西山寿安有唐时古刹，以窣堵波为门，泉石清幽，层岩夹峙，乃入山第一胜境。寺在唐名兜率，后曰昭孝、曰洪庆、曰永安，实一寺也。中有栴檀香佛像二，其一相传唐贞观中造，其一则后人笵铜为之，皆作偃卧相，横安宝床，俗称卧佛，见于记载诗歌者屡矣。岁久颓圮，朕弟和硕怡贤亲王以无相悉檀庀工修建，嗣王弘晈、弘晓继之，舍赀葺治，于是，琳宫梵宇丹艧焕然，遂为西山兰若之冠。工既竣，命无阂永觉禅师超盛往主法席。夫

239

象教之设，所以显示真宗佛身充满于法界、普现一切群生前，随缘赴感，靡不周，而恒处此菩提座，是以造像多为五色莲台结跏趺坐，而兹独示卧相者，其义何居？《善见毗婆沙律》释佛游王舍卫城，谓游有四：一者行、二者住、三者坐、四者卧，以是四法名之曰游，然则竖穷三际、横亘十方，惟一真心泯绝对待，应缘现迹，任物成名。凡此四威仪，边在在三摩钵地，如玉镜之交照，似宝珠之五色，非同非异，非即非离，居斯常寂光中，便是毗卢顶上。今者，石泉流于舍下，木叶飘于岩间，非王舍卫城行法游乎？塔铃少选而声销，幡角无风而动息，非王舍卫城住法游乎？行者、住者如是，坐者、卧者同然矣。夫虚空无相，不拒诸相，发挥法性，无身匪碍，诸身显见，果能不起有情无情之妄想、不生心内心外之邪？思将一法才通，万象悉归，心地千途，并会光明，遍满恒沙，此七宝床上古佛现前丈六金身，盖覆大地，占断三际，不往不来，岂非一佛卧游，十方普觉钦？因名之曰十方普觉寺，而勒是语于碑并记朕弟和硕怡贤亲王修寺缘起，以示来者。内阁学士兼礼部侍郎加一级臣励宗万奉敕敬书。

增：乾隆七年《御制秋日普觉寺》诗：金飔飐华盖，露气逗晓寒。西山景色佳，驾言兹游盘。羽骑度林樾，和鸾驻禅关。两峰辟仙路，其背众岭环。兰若百年余，胜境非尘寰。是时新秋霁，黛色溽远峦。一川禾黍风，西成诚可观。金吾莫喧呼，恐妨僧坐禅。屏营礼大士，而无心可虞。卧佛伸其足，万劫常安眠。菩萨群拥立，垂垂宝发鬐。旋憩方丈幽，敲火烹山泉。泠泠来牖下，流为清镜澜。杂英纷砌旁，凤仙与鸡冠。尘心一以洒，回眸传林间。比丘漫凝睇，争如上方闲。

增：乾隆八年《御制香山示青崖和尚》诗：峰含宿润黛螺新，一脉曹溪试问津。憩彼来青之梵室，对兹衣紫者山人。却欣触目皆无滓，不必谈元始远尘。坐久兰烟消篆字，禽声树色总天真。

臣等谨按：是诗御书宝翰恭悬普觉寺方丈，今恭载卷内。青崖，本寺住持僧名也，其屡蒙赐示诗章，例不具录。

增：明宪宗《寿安寺如来宝塔铭碑》：去都城西北半舍许，即香山乡。其地与植沃衍葱蔚，民居僧舍联处而不断，盖近圻之胜概也。直乡西北有山曰寿安山，不甚高，而蜿蜒磅礴之势来自太行，至此与居庸诸山相接，山之阳有寺，曰寿安禅寺。寺创于唐，其始名兜率，后改名昭孝、洪庆，历年既远，其规制悉毁于兵，漫不可考矣。正统中，我皇考英宗睿皇帝临御日久，天下承平，民物蕃庶，因念世道之泰、治化之隆，必有默相阴佑之者；而金仙氏之教实本于慈悲，宏于济利，归于正觉，所以劝善化恶，咸趋于正者，不无补于世也，乃眷是寺，鼎新修建，构殿宇以及门庑，杰制伟观，穹然焕然，非复昔之莽苍比矣。已，乃敕赐今名，放大藏经一部，置诸殿，植佳时，择日亲御六龙以临幸焉，并赐白金褚币为香火之费。于时，缁流拜稽，俯伏兴念，莫不庆幸千载之一遇。盖环都城号为名刹者，曾不及是寺之光显也。迩来又三十有余年矣。朕惟皇考之志是崇是继，乃暇日因披图静阅，知寺犹有未备者，命即其前高爽之地营建如来宝塔一座，辇土输石，重选甃砌，既周既密，式坚且好，阑槛云拥，龛室内秘，宝铎悬其檐，相轮覆其危，丹垩之饰周匝于内外，诸佛菩萨神天之像层见于霄汉间。盖其高以丈计者七，而缩其为尺者一，其阔以丈计者五，而赢四尺，其深比阔杀丈一尺，蟠固峻峙，巍峨山立，而神光华灯昕夕露现，屹望于数

百里外，真福地之奇迹也。既又于其下构左、右二殿，各高
二丈而赢四尺，经始于成化壬寅春三月，落成于冬十一月。
既成，藏舍利塔中，若昔阿育真相为之者。嗟夫！朕建斯塔
非徒以崇观美也，所以表是寺得其地、得其山，又得我皇考
恩先之沾被，足以传千载而不朽也，所以揭大法于有象，示
万目之指归，使夫乐善者知所趋，稔恶者知所悟而不迷其途
也，所以示百千世界俾皆兴其精进之心、皆破其邪惑之见，
而成其善果，则足以上答天地祖宗之恩，下为生民造福也，
愿力所及欲丕显丕承，肆捉笔纪成绪，以告夫来者。成化
十八年十一月立。

原：朱国祚《卧佛寺》诗：传闻兰若春三月，花比青弥
陀院多。惆怅芳时来独后，但闻风叶响娑罗。《介石斋集》

原：陈万言《卧佛寺》诗：览眺吾将倦，津梁子亦疲。
远岚灯焰细，侧桧两声欹。僧榻禅栖定，蕃斋夜供迟。松寮
思幱被，不记出山时。《钤园集》

原：宣和手敕一通，卷首题识四字，英宗皇帝御书也。
帝以至治三年正月幸五华山，有以此书献者，丞相拜珠侍侧，
就题以赐之。《道园学古录》

原：丞相、顺宁忠烈王阿实克布哈侍上于五华殿，进寡
嗜欲薄滋味之戒。上嘉其忠忱，命进酒。王曰："陛下既纳臣
言，不足取信也。"上为罢酒。《黄文献集》

第三节　清代咏卧佛寺诗文

　　清代所遗留卧佛寺诗文颇多，尤其散见于文人诗文集中，唯不易搜集，今将平日所见资料辑录于此，一见时代，一存文献。

一　清代帝王咏卧佛寺诗

　　在清代，帝王与卧佛寺关系最为密切的当属乾隆皇帝和怡亲王弘晓。

　　乾隆、弘晓与卧佛寺乾隆初年住持青崖禅师关系甚密，且不时往来于卧佛寺，留下数十首相关诗文，乾隆相关诗见《清高宗御制诗全集》，弘晓相关诗见《明善堂集》。

（一）乾隆皇帝题卧佛寺并行宫诸诗

　　《御制诗四集》卷九十七存卧佛寺相关诗文五题：《重修十方普觉寺落成瞻礼二首》《题含清斋》《古意轩》《含碧亭》《石壁》，署年"癸卯"（乾隆四十八年，1783）。

　　　　重修十方普觉寺落成，瞻礼二首
　　　　梵宇曾修雍正年，十方普觉圣题宣。
　　　　春秋又复五旬阅，修葺应教六度全（六度出梵典，即六波罗蜜多，首以檀波罗蜜多。檀者，施舍也。）

是日落成为庆谒，一时欲忘夙因缘。

穹碑已揭卧之义（是寺又名卧佛寺），拱读如闻膝下禅（皇考精于禅礼，谓之十方普觉者，盖取横亘十方之意）。

借无废者有何修，修废有无谁话头。

徒记像双语已舛（据《日下旧闻考》称，寺在西山，为唐时曰永安，实一寺也。中有佛像二。一相传唐贞观中造，一后人范铜为之。于前后各作偃卧像，故又称为卧佛也。然今只一卧佛，其一亦不知何时移向何处），果看佛一卧而游（恭读雍正十二年御制碑文，佛游有四，一者行，二者住，三者坐，四者卧，以是四法名之曰游。然则监穷三际横亘，十方为一，真心泯绝对待。又云一佛卧游，十方普觉，因赐名"十方普觉寺"）。

树笼宝殿千年阅（殿前桫椤树阅今将千年，盖唐贞观中所植也），水绕禅房各处流。

不必摛文纪日月，两章七字当（去声）碑留。

题含清斋

山深自至清，梵宇清尤极。

其傍筑精舍，适可小憩息。

翠峰峙檐后，古松郁庭侧。

籁以静为声，景以空为色。

皆曰斯舍清，而含岂可得？

古意轩

古寺开因贞观传，永安兜率总云烟（此寺相传唐贞观中

建，本名兜率，后改曰昭孝、曰洪庆、曰永安，中有卧佛像
二，今存一，俗称为卧佛寺）。

虚轩试问西来意，如是然如是不然。

含碧亭

两峰今日闭严扉，背后嵌岑画障围。

恰俯一池清澈镜，倒涵影像示禅机。

石 壁

石壁插入天池，观音阁上临之。

大慈大悲无二，曰水曰月成伊（三点成伊出梵典）。

恰偶于斯默会，忘言乃复题辞。

修废举残余事，岩风一切与吹。

乾隆《御制诗五集》卷十五存乾隆咏卧佛寺诗四题：《十方普觉寺瞻礼》《古意轩》《含碧亭》《石壁临天池》，署年"乙巳"（乾隆五十年，1785）

十方普觉寺瞻礼

癸卯曾经此落成，重临净域畅闲情。

十方普觉瞻奎匾（是寺本唐兜率寺，俗称"卧佛寺"，以寺有卧佛像也。雍正十二年，皇考赐额为"十方普觉寺"，又御制碑文云，一佛卧游，十方普觉，奎额盖取意于此），一榻卧游示化城。

横遍竖穷宁有象，泉声树色契无生。

却缘结习祈年切，望雨方当意正怦。

古意轩

意实蕴乎内，古乃见乎外。

此轩曰古意，盖寓内外会。

儒云无将迎（程子《定性书》云，无将迎、无内外），
佛理绝言语。

一二二而一，平正非奇怪。

是地宜是名，是我清游界。

含碧亭

首夏诸峰绿叶斋，纷如高蔚复低萋。

坐来四柱香一合，孰与为之端及倪。

石壁临天池

石壁临天池，一泓清且沘。

坦然玉镜呈，嵌岑影其裹。

凭揽生静悟，谁彼更谁此。

匪禅院言禅，万物共斯理。

引至玉泉山（卧佛寺后西北樱桃沟有泉，至观音阁石壁，
下蓄为天池，流经寺前东南，引渠至玉泉山，垂为瀑布），飞
瀑层岩酾。

乾隆《御制诗五集》卷三十一存乾隆咏卧佛寺诗三题《十方普觉
寺瞻礼》《含清斋》《古意轩》，署年"丁未"（乾隆五十二年，1787）。

十方普觉寺瞻礼

偶因月望礼金仙，咫尺精蓝五里便。

请雨况当临未雨，述年何用举唐年（是寺唐时名兜率，

后名昭孝，又名洪庆，明时曰永安，见《帝京景物略》。至雍
正十二年，始赐名"十方普觉寺"）。

恤民本合殿勤苦，让佛于焉自在眠（是地又名卧佛寺，
殿中供卧佛。旧云二，今只一，亦无从考矣）。

一二二而一莫辨，不如无语且随缘。

含清斋
寺侧有书斋，廓如亦自佳。

山客标画展，泉韵与琴谐。

适尔归澄照，悠然引静怀。

于斯得五字，初不费安排。

古意轩
意自蕴于心，而轩额已古。

然岂易言哉，古宁容易睹。

法古已致艰，泥古或邻卤。

祗兹对古山，无毁亦无誉。

如是百千秋，吾意与之与。

乾隆《御制诗五集》卷四十七存乾隆题卧佛寺诗四题：《普觉寺瞻
礼》《含清斋》《含碧亭口号》《古意轩》，署年"己酉"（乾隆五十四年，
1789）。

普觉寺瞻礼
望日乘闲礼梵宫，碧天朗霁晓曦红。

若时晒麦诚为幸，未至登秋敢到丰。

现相横竖真莫定，传讹一二辩难穷（竖穷三际谓立与坐

相，横遍十方谓卧相，见梵典。又，旧志谓卧佛本有二相，传一唐贞观中造，一后人范铜为之，于前后殿各作偃卧相，然今只存一，其一不知移何处，年代久远，亦不能置辩也）。

吾惟普觉参宸额（雍正十二年赐名十方普觉寺），空色都归指示中。

含清斋

右厢精舍在，朴筑早年成。

是地富于水，含清因此名。

清风披淡荡，古月印光明。

千载娑罗树（斋在普觉寺侧殿前。娑罗树盖千年以上物，相传贞观年所植云），默然识此情。

含碧亭口号

林碧四围水碧下，荟于一俯仰之中。

奚妙即景参合相，相匪空空相自空。

古意轩

寺古轩亦古，修葺那可少（寺为古刹，自癸卯年始修葺之）。

因葺古寺便，新轩其侧造。

轩之古籍寺，寺之古水肇。

太古山容佳，唐宋其后貌。

而志寺之人，每自唐宋考（寺建于唐，名兜率，其后曰昭孝，曰洪庆，曰永安。自宋及明盖一寺而屡易其名也）。

我意则不然，目前古了了。

乾隆《御制诗五集》卷八十一存皇帝题卧佛寺诗三题：《普觉寺瞻礼》《题含清斋》《古意轩》，署年"癸丑"（乾隆五十八年，1793）。

普觉寺瞻礼

旧名虽屡易，普觉传定称（寺为唐时古刹，原名兜率，后名昭孝，又名洪庆，明曰永安。至雍正十二年重修，乃赐今名。旧传，中有卧佛像二，今祇存其一，故俗又称"卧佛寺"。恭读御制碑文，云卧佛游有四，一者行，二者住，三者坐，四者卧，以是四法名之曰"游"。然则竖穷三际，桓亘十方，惟一真心，泯绝对待；又云一佛卧游、十方普觉，此赐名之义也）。

其义见御碑，衍绎识圣情。

行住与坐卧，四者人之恒。

卧似无所觉，惟佛觉无停。

何以知其然，试看卧者仍。

按指海印光，动念尘劳增（我若按指，海印先光汝绕，动念尘劳顿起，见《楞严经》）。

是为普觉义，静示最上层。

而犹五字宣，全提诚未登。

题含清斋

含清因何名，盖以山水美。

而吾意所属，宁在目与耳。

大清亿万年，亿万云孙子。

慎守奉天恩，无穷愿含此。

古意轩

此寺富于水，方池隔斋轩。

四围廊可通，镜光含照间。

含清既有泳，古意得无言。

适意已引之，推行在远孙（丁未题此轩，与云"如是
百千秋，吾意与之与"，盖引而未发。兹二什特显揭之）。

《御制诗五集》卷九十七存乾隆皇帝卧佛寺诗三首：《乙卯四月望
日，卧佛寺瞻礼得句》《含清斋有会》《古意轩》，署年"乙卯"（乾隆
六十年，1795）云：

乙卯四月望日，卧佛寺瞻礼得句

旋跸前遭斯未来（日前，自潭柘回跸，至香山，仅驻三
日，是以未来此瞻礼），斯因补咏重徘徊。

装新茸旧数朝阅（寺建自唐时，名兜率，历代相传，或
名昭孝，或名洪庆，或名永安，雍正十二年重茸之，赐名十
方普觉寺，至乾隆癸卯复加修理装饰），横遍竖穷一寺该（谓
卧佛也，竖穷三际谓立与坐，相横遍十方谓卧相，见梵典）。

七叶娑罗明示偈（寺内有娑罗树，叶皆七出，相传为毗
舍浮佛倚以成道并有偈），两行松柏永为陪（寺门前两行松柏
排立，皆数百年物）。

蕊荛望日伊蒲献（今日来此，值望日，寺僧以素馔来献，
因优赐银为檀施），识见谓当如是哉？

含清斋有会

萧寺边旁朴斫斋，今来骋望实开怀。

高看林岭翠围密，低看麦禾绿润皆。

双目画图祛俗远，一心名号与清偕。

皇朝亿万年斯守，泽披含生静莫怪。

古意轩

意者发从心，古为过者今。

今成难复古，意合慎于心。

试看山如是，或于理可寻。

随缘吟五字，聊以识来临。

（二） 怡亲王弘晓咏卧佛寺诗

弘晓（1722—1778），爱新觉罗氏，字秀亭，号冰玉主人。怡贤亲王胤祥第七子（嫡出第四子），康熙六十一年（1722）四月初九生，雍正八年（1730），胤祥薨，雍正谕令：“吾弟之子弘晓著袭封怡亲王，世世相承，永远弗替。凡朕加于吾弟之恩典，后代子孙不得任意稍减。”弘晓遂承袭怡亲王，其兄弘晈别封宁郡王。

弘晓是清代著名藏书家、诗人，有《明善堂诗集》（又题《冰玉山庄诗集》）传世，中有题卧佛寺者六首。[①]

至普觉寺

钟声何处动，寻径到前山。

初地幽而静，老僧清且闲。

水流随涧注，云起绕岩间。

顿忉皈依念，宗风莫可攀。

---

① 本书所引弘晓咏卧佛寺、五华寺、樱桃沟诗文，俱准乾隆四十二年刻本。

娑罗树

疑是祇林树，如何此地栽。

婆娑当客座，苍翠荷橹培。

初地垂虬干，禅房映碧台。

更看幽静意，仙梵出林来。

诗见于《明善堂诗集》卷之六"己未"。己未，乾隆四年（1739）[1]。

"宗风莫可攀"，系弘晓赞青崖句，"禅房映碧台"复知诗应作于卧佛寺僧舍方丈院。

橹培，指高大建筑的支撑。橹，指古时军中用以侦察、防御或攻城的高台；培，凭借、依靠。《庄子·逍遥游》云："而后乃今培风。"

至普觉寺

秋日凉风动，寻幽到寺中。

石泉流细响，古柏发青葱。

心静耽禅理，身闲悟法空。

偶来吟赏遍，意绪自融融。

诗见于《明善堂诗集》卷之八"辛酉"。辛酉，乾隆六年（1741）。诗作于秋日。

随驾幸卧佛寺恭记

扈从山行好，清晨辇路幽。

花宫瞻此日，卧佛已千秋。

月映朱旗动，风飘香篆浮。

---

[1] 卧佛寺三世佛殿东侧钟架上悬"乾隆元年""怡亲王诚造"之铜钟，唯诗集未明显及之。

吾皇偶临幸，不是喜宸游。

诗见于《明善堂诗集》卷之九"壬戌"。壬戌，乾隆七年（1742）。是年，弘晓随皇帝游览卧佛寺。

> 恭和《御制香山示青崖和尚》韵
> 翠华遥临古刹新，四围山色映芳津。
> 祇林寂静通方丈，莲社因缘契上人。
> 法界潮音飘碧落，诸天香气奉清尘。
> 追陪笑指拈花处，应悟观空色相真。

诗见于《明善堂诗集》卷之十"癸亥"。癸亥，即乾隆八年（1743）。

本年，弘晓陪同乾隆皇帝游香山，皇帝在香山来青轩召见青崖禅师，有《御制香山示青崖和尚》，故弘晓有此和诗。

"古刹新"是说来青轩侧的千年古刹香山大永安寺刚刚经过修缮。"追陪笑指拈花处，应悟观空色相真"句用大迦叶灵山法会上睹佛拈花而笑的典故，示意佛法不以色相见道、不以色相迷道。

> 至普觉寺，同明上人话禅
> 偶访提招境，西风落叶稀。
> 溪声穿石溜，山势逐云飞。
> 暇日寻初地，宗风阐道机。
> 暂时幽赏处，暮色映禅扉。

诗见于《明善堂诗集》卷之十五"戊辰"。戊辰，即乾隆十一年（1746）。

"西风落叶稀"，可知弘晓访卧佛寺是秋末时节。初地，此处指佛教寺院。清康基田《登焦山》诗："人从初地入，峰到上方尊。"

《明善堂诗集》卷之三十一"甲申"《普觉寺》（即卧佛寺）云：

> 路入招提境，重瞻古道场。
>
> 宗风恭老衲，觉海悟空王。
>
> 石径缘苔滑，松阿入席凉。
>
> 已公遗柱杖，助我步趑趄。（时方丈僧以杖赠余）

"甲申"即乾隆二十九年（1764），其后之《娑罗树》云：

> 灵干不同蓍蕑，参天荫满禅龛。
>
> 懒伴苍髯古叟，曾依黄面瞿昙。

（三）永瑆《诒晋斋集》之《十方普觉寺》

爱新觉罗·永瑆（1752—1823），号少厂，一号镜泉，别号诒晋斋主人，清高宗第十一子，乾隆五十四年封成亲王，书名重一时，与刘墉、翁方纲、铁保并称清中期四大书家。礼亲王昭梿《啸亭杂录》载："永瑆名重一时，士大夫得片纸只字，重若珍宝。论者谓国朝自王若霖（澍）下，一人而已。"著有《诒晋斋诗文集》及《续集》《随笔》《仓龙集》等。《清史稿》卷二百二十一有传。

> 十方普觉寺（即卧佛寺）
>
> 春风吹马入山行，古桧合沓相逢迎。
>
> 云光英英落磴道，有时亦作寒涛声。
>
> 心空节瘿皮理直，千年已具枯僧形。
>
> 石根铜柯劫灰死，兀臬两仪楼万灵。
>
> 尘容俯仰自惭愧，迥得拨翠排青冥。

上方练若遯世外，净阅弹指更浮名。
五华之阳古文佛，卧看代水龙门清。
句丽归来悯忠建，兜率想像同经营。
兵闻石□念休息，象设或有津梁情。
大都戎马横蹙踏，露盘几向秋风倾。
香檀刻像渺何许，沙虫彷佛荒榛荆。
渗金一掷五十万，役徒扰扰如军兴。
赐钱徙户费规运，更如汉室营诸陵。
牵裾折槛事亦有，颈盭呼遽吁可惊。
转怜傅奕不咒死，坐觉韩愈犹世轻。
山门白塔但传说，月树两株依旧青。
枝撑轮囷百尺外，两廊日影齐玲珑。
寒泉曲注销雪院，斋厨户户双丝瓶。
老衲待客甚疏宕，臞趺自对大净灯。
僧雏殷勤劝蔬荀，为言旧碣余前明。
始知太行走西麓，蜿蜒磅礴来神京。
流莺怪底不到耳，居庸积雪高峥嵘。

“春风吹马入山行”，知时在春季。诗追写寺建于唐代，元代大加扩建。“山门白塔但传说，月树两株依旧青”与“僧雏殷勤劝蔬荀，为言旧碣余前明”句，则知寺僧与言。“枝撑轮囷百尺外，两廊日影齐玲珑。”写娑罗树并寺东西两侧之游廊。唯“老衲待客甚疏宕”句堪思议，知方丈亦是禅宗妙人也。

二　清代士人咏卧佛寺诗文

（一）清初文人咏卧佛寺诗文

谈迁《北游录・纪文・游西山记》：

已，游寿安寺。

东距（碧云寺）五里，间道度绝壑，石细碎，为刃为镞，砰砰礚礚。经弘化寺、故惠安伯张襄靖伟墓，并毁，抵寿安寺。

门若天阙，峙以浮屠，势固雄而衰相现矣。饥僧二三人踏落叶、守败椽。娑罗二，在殿前，右围三人有奇；左杀，其一垂荫半亩。又，卧佛殿丈六金身，右臂支颐而卧，神祖以锦衾覆之。像自有唐与娑罗同植，明僧济舟重立。万历丙戌。

谈迁（1594—1658），原名以训，字仲木，号射父；明亡后，改名为迁，字孺木，号观若。谈迁自幼刻苦好学，博览群书，立志编撰明史。自天启元年（1621）起，历时20余年，"六易其稿，汇至百卷"，完成编年体明史《国榷》。顺治四年（1647）手稿被窃，时53岁，发愤重写，经四年，完成新稿。之后，谈迁又到北京走访降臣、皇室、宦官和公侯门客，搜集明朝遗闻，实地考察历史遗迹，加以补充、修订。顺治十二年十一月，卒。除《国榷》外，谈迁还著有《枣林集》《枣林诗集》《枣林杂俎》《北游录》《西游录》《史论》《海昌外志》等。

王嗣槐《西山游记一》：

明日，过乾豁，至卧佛寺，娑罗二树铁干扶苏。折而北至退谷，坐亭上，流泉出涧，松风浏然，存人引卮而叹："人之知此而止者，盖亦众矣。"①

---

① 王嗣槐：《桂山堂诗文选》卷之六。

王嗣槐，清初钱塘（今浙江杭州）人，字仲昭，号桂山。诸生。康熙十八年（1679）举博学鸿儒，以老不与试，授内阁中书。性慷慨，善谈论，书无不窥；性简脱，与俗忤；尤善作赋，诗与陆繁弨并推，有《桂山堂偶存》《啸石斋词》《太极图说论》十四卷并行于世。

卧佛寺

王士祯

清晨越南磵，毕景来东林。

石径入幽涧，稍闻钟磬音。

禅房鸭脚古，别院桫椤阴。

春夕月复佳，微云灭遥岑。

山气自蓊郁，天宇亦森沉。

道人淡相对，松风洒衣襟。

夙怀清净退，因识妙明心。

寂寥无可说，请君张玉琴。①

王士祯（1634—1711），原名王士禛，字子真、贻上，号阮亭，又号渔洋山人，人称王渔洋，谥文简。新城（今山东桓台县）人，常自称济南人，博学好古，诗为一代宗匠，与朱彝尊并称。

鸭脚，银杏树的别名，因其树叶似鸭掌，故称。元人王祯《农书》卷九云："银杏之得名，以其实之白；一名鸭脚，取其叶之似。""禅房鸭脚古，别院桫椤阴"，可知彼时卧佛寺植物情况。

"道人淡相对，松风洒衣襟。夙怀清净退，因识妙明心。寂寥无可说，请君张玉琴"，复可知彼时卧佛寺住持的学养情况，虽非盛时，毕竟名刹禅僧不同凡响。

---

① 王士祯：《渔阳山人精华录训纂》卷二。

自玉泉至卧佛寺

宋荦

西山之麓湖之涯，玉泉亭榭开天家。

访古已入华严洞，徘徊敢驻巾柴车。

耶律孤坟竟何在？荒烟一抹官人斜。

樵夫导客游卧佛，苍岩抱处云林嘉。

其旁咫尺维退谷，其巅古寺有五华。

寻幽无事相迫促，入门且看山桃花。

娑罗夹殿作虬舞，油油新叶浓阴加。

披襟跋脚送落日，斗大树瘿舆徒夸。

故人命酒余戒饮，清泉一勺煎三桠。

墙隅小邱启绀宇，盘桓直欲凌丹霞。

微风不动万籁静，何来聒耳纷鸣蛙？

方塘潋滟凿山趾，一泓不异樽罍洼。

黄昏待月坐精舍，跏趺岂与维摩差？

夜阑耿耿增感触，缮性未熟同丞沙。

诗成题壁字欹侧，悬知他日无笺沙。

钱翊属和意良厚，我诗尚望攻其瑕。

参横月落重呼酒，倦仆相顾生咨嗟。

空阶倚杖望碧汉，迢遥不见纤云遮。

明朝结伴穷涧壑，山灵知我不我遐。

晨钟忽动调头去，松梢肃肃盘飞鸦。

宋荦（1634—1713），字牧仲，号漫堂、西陂、绵津山人，晚号西陂老人、西陂放鸭翁。河南商丘人。国史院大学士宋权之子，清代著名诗人，书画家、文物收藏家和鉴赏家。顺治四年（1647），以大臣子应

诏，列侍卫。康熙三年（1664），授黄州通判，累擢江苏巡抚、吏部尚
书。汪琬论宋荦之为人为官云：

> 廉而不刿，严而不苛，抚循吏民煦煦慈爱而不失之姑息。
> 当其莅吴，仅四阅月耳，裁决簿书，勾稽金谷，往往至丙夜，
> 虽精锐少年不敢望。一二老奸宿蠹俯首侧足，亦率不敢旁睨，
> 考其设施。

宋荦与曹寅、李煦交好，备受康熙皇帝重用。康熙四十二年
（1703）四月，皇帝在苏州织造李煦奏折上批道："……巡抚宋
荦，朕南巡二次，谨慎小心。特赐御笔书扇二柄，赐李煦扇一柄。尔即传于宋
荦，不用写本谢恩。以后有奏之事，密折交与尔奏。"

宋荦论文宗唐、宋诸大家，诗学杜，著有《西陂类稿》50卷、《漫
堂说诗》及《江左十五子诗选》等。

诗题《自玉泉至卧佛寺》，诗中之"西山之麓湖之涯"指瓮山
泊（即今颐和园昆明湖前身）。"玉泉亭榭开天家"，指清代玉泉山行宫
建筑。按，清康熙十九年（1680）在玉泉山建行宫"澄心园"。康熙
三十一年改名静明园。"华严洞"在玉泉山南麓华严寺东上坡，为此地
名胜。"耶律孤坟"位于瓮山泊东侧。

"樵夫导客游卧佛……其旁咫尺维退谷，其巅古寺有五华。"可见，
宋荦亦是将卧佛寺、樱桃沟视作一体看待的。"入门且看山桃花……油
油新叶浓阴加。"知时在春季。

"方塘潋滟凿山趾"当指大磐石下之石池；绀宇，佛寺之别称。宋
欧阳修《广爱寺》诗："都人布金地，绀宇岿然存。""墙隅小邱启绀
宇"、"故人命酒余戒饮"，似言康熙早间，今龙王堂处为宋荦友人（疑
为孙承泽）别墅。

卧佛寺

朱彝尊

路入晴云北，山敧卧佛前。

津梁疲已甚，土木意能传。

夜续林中磬，春流枕外泉。

长安车马客，输尔只高眠。

朱彝尊（1629—1709），清代著名诗人、词人、学者、藏书家。字锡鬯，号竹垞，又号驱芳，晚号小长芦钓鱼师，又号金风亭长，秀水（今浙江嘉兴市）人。康熙十八年（1679）举博学鸿词科，以布衣授翰林院检讨，入直南书房，曾参加纂修《明史》。三十一年归里，专事著述。

朱彝尊诗词皆为当世大家，诗歌工整雅健，与王士祯南北齐名；以他为代表的浙派词（一称浙西派）和以陈维崧为代表的阳羡词派，在词坛并峙，有《曝书亭集》80卷，《日下旧闻》42卷，《经义考》300卷；选《明诗综》100卷，《词综》36卷（汪森增补）。

该诗存《曝书亭集》第八卷"古今诗七"，系年（重光大渊献，即康熙十年辛亥）。又，曝书亭集卷第二十五《词二》有《点绛唇·九日，同顾宁人、陆翼王登孙氏石台，赋呈退翁少宰》，云：

> 花径登台，旧时此地重阳谶。天涯相见，最喜翁独健。
> 望极疏林，瑟瑟金风翦。凭栏偏，夕阳一片，送尽南飞雁。

诗写"夜续林中磬，春流枕外泉"，知是春时，词则云"花径登台，旧时此地重阳……望极疏林，瑟瑟金风翦"，则词与诗当作同时，而往时重阳，朱亦曾来樱桃沟。

卧佛寺

查慎行

古寺无僧佛倚墙，卧听蝙蝠掠空廊。

晚来光景尤萧瑟，叶叶西风戏白杨。[①]

查慎行（1650—1727），初名嗣琏，字夏重；后改名慎行，字悔余，号他山，晚年居于初白奄，所以又称查初白。海宁袁花（今属浙江）人。康熙四十二年（1703）进士，特授翰林院编修，入直内廷。

查慎行诗兼学唐宋，是清初学宋诗最有成就的诗人，对诗坛影响极大。赵翼《瓯北诗话》认为："梅村（吴伟业）后，欲举一家列唐宋诸公之后者，实难其人，惟查初白才气开展，工力纯熟"，"要其功力之深，则香山、放翁后一人而已"。有《补注东坡编年诗》50 卷、《敬业堂诗集》48 卷、《续集》6 卷、《词集》2 卷、《敬业堂文集》3 卷、《别集》1 卷传世。

该诗收入《敬业堂集》卷八《人海集》（《人海集》收诗"起丙寅十一月，尽戊辰正月"），可知诗作于康熙二十五年至二十七年。由"古寺无僧佛倚墙"，知彼时卧佛寺仍颇荒凉。

（二）永忠《延芬室集》中的卧佛寺诗文

永忠（1735—1793），字良辅，号渠仙，又署臞仙、栟榈道人、延芬居士，满洲人，清宗室，为康熙十四子恂勤郡王允禵孙、多罗恭勒贝弘明子，袭封辅国将军。好藏书读书，精于诗、画、琴、书。有《延芬室集》传世，诗集按编年排列。

---

① 查慎行：《敬业堂集》卷八《人海集》"起丙寅十一月，尽戊辰正月"。

过卧佛寺 三月

无意寻莲社，随车踏麹尘。

望山行去近，抚树再来新。

香饭须充腹，清泉乞湿唇。

主人成一笑，竹杖话前因（上人原诗"斫竹做杖"）。

过莲伐上人

十里柔风桃片飞，两行新柳绿成围。

山堆螺黛春深重，水叠靴纹雨后肥。

开士有书招入社，道人无恙正忘机。

小车历鹿行来近，重把犀牛扇子挥。①

二诗列于《延芬室集》之"乾隆四十二年丁酉，四十三岁"部分，知作于乾隆四十二年。

诗云："主人成一笑，竹杖话前因（上人原诗'斫竹做杖'）"，复知莲伐上人能诗，与永忠有诗歌唱酬。

前诗诗题云"三月"，后诗"十里柔风桃片飞，两行新柳绿成围"，知二诗作于同时。

（三）《熙朝雅颂集》中卧佛寺诗文

铁保（1752—1864），满洲正黄旗人，清代书法家，字冶亭，号梅庵，清代书法家，与成亲王永瑆、刘墉、翁方纲，并称为清四大书法家。

该书收入自清初直至嘉庆初年满洲八旗、汉军八旗、蒙古八旗534位诗人诗作6000余首，集内每位诗人均有小传，是了解和研究清代满族、蒙古族乃至整个旗人文学的重要资料。

---

① 《延芬室集》之"乾隆四十一丙申，四十二岁"条有《五月望日，有怀普觉寺莲伐上人》、《六月七日，脱凉，有怀莲云》，诗题"有怀"，知人不至。

寿安寺读王北山给谏诗，怆然有感，因步原韵

　　李基和

人去山无恙，秋深气更清。

新诗余败壁，古屋倚衰楹。

日暮云归岫，峰环树作城。

苍凉今昔梦，挥涕欲沾缨。

李基和，字协万，一字梅崖，汉军人。康熙癸丑进士，改庶吉士，散馆改主事，累官江西巡抚。有《梅崖诗集》。

李基和以清节著称。王士禛《分甘余话》《中州集》载："近李梅崖中丞基和《代州》诗云：'谁识雁门今夜月，山川别样在水壶。'亦是佳句，而彼士之高凉可以想见矣。"

康熙癸丑，即康熙十二年（1673）；王北山给谏，盖指顺治十五年（1658）进士、工科右给事中（明清称给事中为给谏）王日高。

王日高（?—1678），字鉴兹、登孺，号北山，山东茌平人。历任工、兵、户、礼科给事中。诗学唐人，与王士禛唱和，有《槐轩集》。

由李基和诗题《寿安寺读王北山给谏诗，怆然有感，因步原韵》，"新诗余败壁，古屋倚衰楹"，可知王日高在卧佛寺有诗歌题壁，其韵如本诗。"苍凉今昔梦，挥涕欲沾缨"，知王诗风格并表达情绪。"秋深气更清"，则知李诗作于秋季。

雨后入卧佛寺

　　英廉

三年三到山寺中，高枕瞿昙卧未兴。

自识浮沉皆昨梦，漫将冷暖问闲僧。

当门峰势随云断，穿院泉声过雨增。

好在阶前七叶树，花开依旧学层层。

英廉，冯氏，字计六，号梦堂，汉军人，雍正壬子举人，累官至保和殿大学士，谥文肃，有《梦堂诗稿》。

诗云："三年三到山寺中"，知英廉之到卧佛寺非初次，惜未见其前来诗作耳。"瞿昙"，即释迦牟尼的姓，一译"乔答摩"（Gautama），亦作佛的代称。《辽史·礼志六》："悉达太子者，西域净梵王子，姓瞿昙氏，名释迦牟尼。以其觉性，称之曰'佛'。"

　　　　西山卧佛寺观娑罗树花
　　　　　　双庆
古殿礼空王，支筇更缓步。
绕砌频嗟吁，爱此菩提树。
干霄不识年，婆娑霭烟雾。
夏仲一吐葩，阔叶分低布。
幻形现浮图，离离亿万数。
淡色袈裟染，寒香梵呗度。
珠雨洒昙云，仿佛西来趣。
半偈叩山僧，踟蹰日将暮。

双庆，字咸中，号有亭，又号西峰，满洲人。雍正癸丑进士，改庶吉士，散馆授编修。官至礼部侍郎。有《亲雅斋诗草》。

雍正癸丑，即雍正十一年（1733）。筇，古书上说的一种竹子，可以做手杖。夏仲，即仲夏，农历五月。

　　　　卧佛寺同敏上人作
　　　　　　保禄
结宇依山稳，来游放眼新。
入门同一笑，高枕尔何人。

好梦三千界，安眠丈六身。

楼头旧钟鼓，枉自报昏晨。

保禄，字在中，一字雨村，满洲人。有《野人居稿》。

徐世昌《晚晴簃诗汇》卷六十九载："保禄，字在中，号雨村，满洲旗人。官户部笔帖式。有《野人居稿》。"知保禄曾为户部笔帖式。

桫椤树歌
明泰

西山卧佛寺有桫椤树一株，苍鳞怒干，势若虬龙。传云种出西域，为张骞携来者，虽无足凭，盖亦千年外物也。

怒龙奋迅天无色，风雨万山飞霹雳。

侧臂擎云云母愁，尾摇坤轴昆仑仄。

空传银汉泛归槎，岂随天马来西极。

寒生月窟宝光迷，有过仙人眠不得。

斫残鳞甲坠人间，千年变化谁能测。

林深鬼哭疾归来，拔山飞去沧溟北。

明泰，字拙庵，一字拙斋，满洲人，有《拙庵诗钞》《日悔堂诗草》。

诗极力摹写卧佛寺娑罗树神态若龙。"岂随天马来西极"句是说，难道娑罗树与天马一样，是随着张骞一起从西域而来的吗？《汉书》卷二十二《礼乐志第二》云："天马徕，从西极，涉流沙，九夷服。""寒生月窟宝光迷，有过仙人眠不得"，以娑罗树比月亮广寒宫之桂树。最后以龙堕人间比喻娑罗树。

晚入卧佛寺

汪松

佛卧何年寺，人行入翠微。

草深虫独语，山晚鸟双归。

流水近茶灶，飞花点客衣。

尘缘虽未息，到此亦忘机。

汪松，字苍岩，汉军人。官佐领，有《早闲堂诗集》。

"尘缘虽未息，到此亦忘机。"写诗人对寺庙的感受，颇真，是天然语。

（四） 张问陶咏卧佛寺诗

四月十五日，由香山至卧佛寺奏火即事，寺中娑罗树相传为唐贞观时所植

为应官谛佛绿年，津梁疲卧和相怜。

神中白简藏真火，头上青山涌妙莲。

麦浪连天迎夏雨，娑罗留客话唐年。

斋鱼珂马谁千古，滑落回车一怅然。

自卧佛寺归，午睡，得大雷雨

露简归来墨尚新，也如卧佛离风尘。

虚堂高枕听雷雨，不是拖泥带水人。

赠香山卧佛寺娑罗树

一树阅唐宋，吾生却有崖。

甘逃名匠手，笑倚梵王家。

秋帘钞经叶，春开侲佛花。

山僧谁解脱，可笑好袈裟。

张问陶（1764—1814），字仲冶，号船山，另有老船、蜀山老猿等别号，四川遂宁人。乾隆五十五年（1790）进士，历任翰林院检讨、江南道御史、山东莱州知府。嘉庆十六年（1811）辞官，居吴县（今苏州）虎丘，漫游吴越，十九年去世，时年 51 岁。

张问陶主张诗歌应写性情，有个性，反对模拟，其《论诗十二绝句》云："文章体制本天生，祇让通才有性情。模宋规唐徒自苦，古人已死不须争。"著有《船山诗草》20 卷，《船山诗草补遗》1 卷。

以上三诗见于张问陶《船山诗词》"嘉庆十二年"序列下。

（五）麟庆《鸿雪因缘图记》之"卧佛遇雨"

卧佛遇雨

卧佛寺在荷叶山，唐名兜率，后曰昭孝、曰洪庆、曰永安，以后殿有铜佛卧像，故俗称卧佛。雍正间，赐名十方普觉寺，门前有五色琉璃坊，高宗额同参密藏，再前为驰道，长里许，夹以古桧百章，入道处又立绰楔，门径宏丽，为西山诸刹冠。

癸卯七月二十日，余自宝藏寺驱车出山，过四王府，遥望香山清脆撩人。正凝睇间，忽见玉乳峰时嘘云气，又一峰顶有物群聚，状若蜥蜴，映日做金色，云渐瀹起，土人指曰："此喷云虎也"，云大雨即至矣。

继而，云头愈浓，雨脚斜露，风送烟飞，苍翠忽失，渐来渐近，驱车疾驰，迎面风大，健骡不前，廻车避之，风过雨略住，疾驰入卧佛寺坊，雨甚，衣装尽湿，比入寺，平地水深数寸，乃循廊憩方丈中。少顷，雨霁，瞻卧佛，长丈六尺，范铜渗金，衮黻五彩，问创自何代，碑记未详，考元史，至治元年，诏建西山大寿安寺，冶铜五十万斤作佛像，或即此耶？

殿前娑罗树二株，相传唐贞观初寺时自西域移种，叶七开，每二十株相簪，捧子六棱，累垂叶底，问何时作花？僧答云："春夏之交，苞大如拳，每苞九朵，红白色，子愈心疾，树最洁，鸟不棲，虫不生，康熙、雍正间均荷御制咏之。"

随步出寺门，瞻琉璃坊，花雕藻绘，工丽绝伦，驰道砥石修平，经雨如沐，真巨观也。

恭读世宗圣制碑记云："佛游王舍卫城谓游有四，一行二住三坐四卧，居此常寂光中便是毗卢顶上，卧者不起妄想，岂非一佛卧游，十方普觉欤？因名之以示来者。"圣聪天宣，妙悟非凡，真所谓阿耨多罗三灭三菩提也。

完颜麟庆（1791—1846），字伯余，别字振祥，号见亭，满洲镶黄旗人。嘉庆十四年进士。道光间，官江南河道总督十年。麟庆生平涉历之事，各为记，有图合之，名《鸿雪因缘图记》，又有《黄运河口古今图说》《河工器具图说》《凝香室集》。

（六）宝鋆诗中的卧佛寺

宝鋆，索绰络氏，字佩蘅，满洲镶白旗人，道光进士。咸丰时，曾任内阁学士、礼部右侍郎、总管内务府大臣；同治时，任军机大臣上行走，并充总理各国事务大臣、体仁阁大学士；光绪时，晋为武英殿大学士。卒，谥"文靖"。后人集其诗文为《文靖公遗集》，中有咏及卧佛寺诗数首。

卧佛寺七律

古寺开山溯寿因，西来深意幻仍真。

慈光玉照三千界，妙蕴金坚丈六身。

兜率天遥青列岫，娑罗阴古翠无尘。

莲台瞻仰频依恋，我是阿罗第几人。

西山即事，用十方普觉寺壁间斌笠耕司寇韵

山口霞烘绛点唇，乱峰合沓状奇新。

苍松夹道阴成幄，白塔干霄彩烁银（东望玉泉，塔势岿

然，南北峰头各一，皆白色）。

花好不教荒燕麦，蔬香何用羡鲈莼。

流泉潺潺兼清磬，远隔凡嚣洗六尘。

"斌笠耕司寇"，当指道光年间任盛京刑部侍郎的斌良。

斌良（1784—1847），字吉甫，又字笠耕、备卿，号梅舫、雪
渔，晚号随葊，瓜尔佳氏，满洲正红旗人，闽浙总督玉德之子，初
以荫生捐主事。嘉庆十年（1805）五月，补太仆寺主事。道光二年
（1822），补太仆寺少卿；二十三年，升任都察院左副都御使，后调
任盛京刑部。

由"西山即事，用十方普觉寺壁间斌笠耕司寇韵"，知道斌良亦曾
到卧佛寺，并有壁间题诗。

题十方普觉寺壁

窣堵波高不二门，青崖迹杳佛常存（青崖为卧佛寺住持，

乾隆八年有御制示青崖僧诗）。

塔铃吉语占佳谶，炉篆幽香净旅魂。

朱碧联翩看鸟毳（有鸟文采甚都，飞翔松石间，寺僧呼为花红燕），龙蛇郁律走松根。

桃花源外别天地，欲起渊明把酒论。

十方普觉寺

宪庙鸿文日月光，穹碑百尺燦琳琅。

神游坐卧融行住，劫历元明溯宋唐。

智慧海宏开觉路（原名兜率、永安等，今改普觉，碑文极为详核），娑罗树古发天香。

寒山拾得知何处，拟仿希夷问睡方。

"宪庙鸿文日月光，穹碑百尺燦琳琅"中之"宪庙"，指雍正皇帝，因其谥号为"宪皇帝"，碑刻指三世佛殿东侧之雍正御制碑。

再叠前韵

佛火光莹舍利光，石泉汩汩韵琅琅。

谁求骏马如支道，众爱繁花笑李唐（牡丹花事已阑，故云）。

二老风规留翰墨（僧房有梅谷二兄楹、帖，贵云溪夫子七律），五华云气护馨香。

独醒不是如来意，示我圆通泮澼方。

（七）清末民初题卧佛寺诗文七则

次日，复同过卧佛寺而归，又作长歌一首

孙衣言

夜深欲睡闻晨钟，起视天宇东方红。

日色已在西北峰，我游乐矣两马骢。

砂石确确车隆隆，门前华表标巍崇。

入门杂树青葱茏，娑罗可荫一亩宫。

一佛长身眠曲肱，与世岂复关昭聋。

旁视大骇悲添胸，尼父危坐犹章缝。

右列女子清以丰，嗟是安取欺愚蒙。

聊复舍去穷幽穷，有僧导客归房栊。

前列细竹清生风，其西堂宇尤穹窿。

嵽嵲御榻森当中，方池渟碧荇藻封。

石螭吐水如奔潈，有源曲折来高峰。

峰前石壁高百重，藤萝谡谡松柏桐。

十年奔走京尘红，坐觉台荡青无穷。

轩辕之游升崆峒，昆吾御宿皆神功。

先皇御极尤俭恭，诏斥上苑容耕 ×。

诸祠尽罢无官供，当时无事常岁丰。

盛德乃与汉文同，嗟二三子犹晚逢。

今皇继圣登夔龙，两阶干羽何雍容。

惜我远去将从戎，润色犹当须诸公。

何时薄游从上雍，题诗更和风入松。①

　　孙衣言（1814—1894），字劭闻，号琴西（一作寥西），浙江瑞安人。道光三十年（1850）进士。咸丰初，授编修，入直上书房，升侍讲。咸丰八年（1858），英、法联军进犯天津，京师戒严，孙衣言两次上疏，请速定战，调任安庆知府。后累官至太仆寺卿，光绪二十年（1894）逝世。端雅好学，喜谈经济，工古文，著有《逊学

---

① 孙衣言：《逊学斋诗钞》。

斋文钞》、《逊学斋文续钞》、《逊学斋诗钞》、《逊学斋诗续钞》，收文270 余篇，诗 900 余首。

"有僧导客归房栊。前列细竹清生风"，直是写《红楼梦》栊翠庵之"栊翠"二字境界。

"嶙峋御榻森当中，方池淳碧荇藻封。石螭吐水如奔潇，有源曲折来高峰。峰前石壁高百重，藤萝谡谡松柏桐。"写卧佛寺行宫景象，知其曾游。

之所以如此，是因为"先皇御极尤俭恭，诏斥上苑容耕×。诸祠尽罢无官供，当时无事常岁丰。"也即道光皇帝崇尚简朴，尽撤卧佛寺行宫诸陈设。

又云："惜我远去将从戎，润色犹当须诸公。"似指远赴安庆一事，诗盖作于此时。

明治十九年（光绪十二年）冈鹿门《燕京日记》载：

> 廿二日、四日，西行二三里至玉泉山……出门左折，雨潇之余，道路变为溪涧，砂渍没车辙。
>
> 至普觉寺，为唐代古刹，殿安卧佛，大二丈许，有乾隆帝御碑曰："寺本名兜率，后改昭孝，又洪庆，今称十方普觉寺。贞观年间，以檀木刻二卧佛，今亡其一。"庭前老松偃盖，清阴满地。门，碧瓦所筑，珑然犹陶成然。
>
> 蹊田垄，至碧云寺。

冈鹿门，即冈千初（1833—1914），字振衣、天爵，号鹿门，日本仙台藩士，明治时期日本汉学家。性飘逸，喜与中国文人学士交游。1884 年，航游中国，与达官名士相接。著有《尊攘记事》《法兰西志》《米利坚志》《藏名山房集》《观光纪游》《北游诗草》《涉史偶笔》等。

徐珂《清稗类钞·六府文藏·子部·杂家类·西山诸胜》：

　　自玉泉山骑驴西行……由玉泉山来者先至荷叶山，山在玉泉平壤间，约八、九里入卧佛寺，即唐之兜率寺，雍正间赐名"十方普觉寺"。

　　门前有琉璃坊一座，前镌"同参密藏"四字，后镌"具足精严"四字，皆高宗御笔。其内一池作半圆形，蓄小金鱼甚多，水石甚清。

　　门内为甬道，长约里许，古松奇桧夹道森列。

　　殿三进，最后有一卧佛，以手支颐而卧，长约一丈六尺，范铜渗金，精髹五彩。元至治辛巳，诏建西山大寿安寺，冶铜五十万斤作佛像，殆即此也。两隅有方桌，各陈佛鞋，为人民制以奉佛者，大小不一，凡二十余对，最大者长约二尺五寸，鞋头阔八九寸。

　　前院有娑罗树一株，又名七叶树，其叶七出，略如鸡爪，故名。树最洁，古人谓为鸟不棲、虫不生，干围两人抱，约一丈一尺以上，上半已枯，心空如刳，然巨枝下垂，犹拳曲如虬龙，相传为唐贞观建寺时自西域移植而来者。

　　"殿三进，最后有一卧佛……前院有娑罗树一株，又名七叶树"，可知，彼时最大之七叶树在三世佛殿院中。

　　刘光第《卧佛寺夜宿，听人谈关外兴胜》云：

　　　　西山青断北山连，山脚南飞古寺前。
　　　　但睹先皇行宫在，好寻卧佛共禽眠。
　　　　夜凉空院娑罗雨，秋老雄关雕鹗天。
　　　　闻道东边急形势，可能筹策学忘禅。

刘光第（1859—1898），字裴邨，四川省自贡市富顺县赵化人，光绪九年（1883）癸未科进士，授刑部候补主事。光绪二十四年（1898），光绪皇帝下诏赏刘光第、谭嗣同、杨锐、林旭四品卿衔，在军机章京上行走，参与新政。慈禧太后政变，四章京与康有为之弟康广仁、杨深秀被捕，被害于菜市口，史称"戊戌六君子"。

刘三（刘季平）《黄叶楼遗稿》有《雪夜，裁甫见过话，同宿卧佛寺》，云：

> 意行遂过碧云寺，十二年前事可思。
>
> 梦里不知狼顾我，众中先讶佛疲伊（山中多狼，往往夜叩寺门，游后始知之，庚公游佛图，见卧佛曰："此子疲于津矣"）。
>
> 兹游自爱名山胜，论旧还为逝者唏。
>
> 知是不赀今夕意，妻煎苦茗客谈诗。

刘季平，行三，取龚定庵诗"刘三今义士"，别署"江南刘三"。上海华泾人，清季秀才。1903 年初东渡日本，入东京成城学校习骑兵，入孙中山创立的"兴中会"。归国后，讲求新学，1938 年卒。家有黄叶楼，故其妻集其诗为《黄叶楼遗稿》。

溥儒《寒玉堂诗集》有《玉楼春·西山卧佛寺行宫》，云：

> 霓旌凤辇长河路，转眼浮云迷故处。离宫玉殿碧天秋，旧苑碑亭黄叶雨。
>
> 湖光树色多清苦，照尽垂杨千万缕。当年阿监已无人，只有春山朝复暮。

溥儒（1896—1963），爱新觉罗氏，字心畬，别号西山逸士，清恭亲王之孙，近代著名书画家、收藏家。早年毕业于北京法政大学，后于青岛威廉帝国研修院修西洋文学史。曾任中国画学研究会评议，1949 年，去台湾，曾任教于台北国立师范大学。兼擅山水、人物、花鸟、走兽及书法。与张大千并称"南张北溥"，又与吴湖帆并称为"南吴北溥"。

退谷人文——樱桃沟的历史与名胜

第七章

退谷人文——樱桃沟的历史与名胜

　　樱桃沟之得名，来源于满沟的樱桃，花开时节，鲜艳妩媚。清汤右曾《水源头》云："樱桃花万树，春来想灼灼。"其正名云"退谷"，始于明末清初，因孙承泽在此隐居，自号退翁，故名此谷为"退谷"。

樱桃沟中林立的水杉

櫻桃沟之得名，来源于满沟的樱桃，花开时节，鲜艳妩媚。清汤右曾《水源头》云："樱桃花万树，春来想灼灼。"①

其正名云"退谷"，始于明末清初，因孙承泽在此隐居，自号退翁，故名此谷为"退谷"。

樱桃沟与卧佛寺咫尺之遥，风景秀丽，尤以泉水知名。历史上，游者多自卧佛寺循水至樱桃沟。

故而，不管在地理环境上而言，还是从历史文化上来说，樱桃沟与卧佛寺都是不可分割的，今将樱桃沟的历史与名胜附录于"卧佛寺"后。

---

① 吴长元：《宸垣志略》卷十五《郊坰》。

第一节　退谷历史

一　唐代至金元时代的樱桃沟

（一）关于白鹿岩

唐以前，就目前资料而言，未见关于樱桃沟的记载。

至贞观中，唐政府作兜率寺于樱桃沟谷口，寺内主供弥勒佛，后殿供奉檀香木卧佛一尊，寺内植娑罗树，寺前香道两侧植侧柏。

至辽代，樱桃沟本身才具有了人文的色彩。相传，辽代有仙人骑白鹿往来于寿安山樱桃沟侧巨石上，后人故称此石为"白鹿岩"。虽然只是一个传说，但这是我们所知樱桃沟人文景象之始。

（二）金世宗与五华观的建立

金代，是樱桃沟人文的大发展期，使樱桃沟真正与人文活动产生联系的就是五华观的建立。

五华观建于水源头下流转弯处的山坡上，因寿安山亦名五华山而得名——五华寺后山有五峰，似莲花盛开，故名。永乐《顺天府志》引朱澜《五华观碑记》载：

> 燕城西北有山曰"五华"，挺秀于（香山）玉泉两峰之
> 间，山腹有平地，可起道院，大定二十七年落成，命高道守

先生与众住持为修炼之所。①

"大定"为金世宗完颜雍年号,大定二十七年即 1187 年。由朱澜文可知,在樱桃沟修建道院是出自谕旨。

据《十方大天长观玄都宝藏碑铭》称,金世宗"复与五花山置烧丹院,起玉华殿,俾隶于观,以为方士飞炼之所。"② 五花山即五华山。

(三)金章宗与樱桃沟

孙承泽称,樱桃沟上游为金章宗西山八大水院之一的清水院所在。其《退谷小志》载:

> (水源头处)有石洞三,旁凿龙头,水喷其口。又前数十武,土台突兀,石兽甚钜,蹲踞台下。相传,为金章宗清水院。章宗有八院,此其一也。③

与常说大觉寺为清水院不同。

不唯如此,金章宗还在樱桃沟、隆教寺的上侧山岭上建造了看花台。孙承泽《春明梦馀录》《天府广记》皆云:"隆教寺西越涧有长岭,岭半为金章宗看花台,台畔有古松一株。"

后来的《日下旧闻考》《畿辅通志》皆持此说。麟庆《鸿雪因缘图记》之《半天御风》记载稍详,云:

> 水塔寺去岭西二十里,有园一区,近年英中堂寓焉。岭畔有地名看花台,祇一古松,岭甚峻险,俗名"跌死猫",过岭非山舆不可。惟不识半天云所在……出谷上岭,过五华寺。

---

① 永乐《顺天府志》第 268 页。
② 《道家金石略》第 1049 页。
③ 孙承泽:《天府广记》卷之三十五《岩麓》。

再上，见涧西古松一株，横拖岭半，读断碑知为金章宗看花
台，并知半天云即岭名也。

麟庆既然看到有金章宗看花台字样石碑，想看花台当在五华寺上方
的半天云岭附近。

自金代至明清，香山、寿安山一带春来满山桃花、杏花、樱桃花似
霞如云，颇有盛名，可以想象章宗皇帝乘舆来此，观赏满山花色情景。

（四）五华观与全真教

1239 年，全真教道士尹志平游至五华山，"修五华烧丹院，爱其山
水明秀，为往来栖寂之所"，并曾作《重修五华观喜题》，见《葆光集》
卷上，云：

> 昔日烧丹院，今为养老庵。
> 爱山非谓景，慕静不名贪。
> 四海水云定，五华归计堪。
> 采薪墙脚北，汲水灶头南。
> 食粥浑身暖，啜茶满口甘。
> 一真离妄想，万法更何参。
> 有客不迎送，无宾罢接谈。
> 任教人见怪，自喜老来憨。

尹志平（1169—1251），字太和，莱州（今山东莱州市）人，邱处
机弟子，系金末元初著名全真教道士，曾随邱处机北上燕京，西觐成吉
思汗于大雪山，为邱处机十八随行弟子之冠。邱卒时，遗命尹志平嗣
教，后遂为全真道第六代掌教宗师。

全真教诸道士不仅以五华观为道院，还以之为葬身之所，不少全真
教道士死后葬身于此地，现在已知葬于此处者，有尹志平、冯志亨、于

圆通寺道士碑

志可、孟志源、李志常、张志敬、夏志诚（衣冠冢）、樊志应等人①。

宪宗元年（1251）春，尹志平逝世，葬于五华观茔地。同年，全真教还在五华观举行"四众大会"，以纪念丘处机冥诞。

今圆通寺遗址侧有石碑一通，上刻"超以象外"，左、右竖刻"开山直接长春脉""出世还练不老丹"。碑文有"开山法师山东沂州人，姓厉氏""厉大真人之塔"字样。知该碑系厉真人的塔铭。

（五）元代的樱桃沟

继金而起的元朝崇信喇嘛教，寺庙在北京的势力迅速扩大。《顺天府志》引《析津志》："五华观，英宗朝改为寺。"但关于此寺记载似乎颇少，知在元代并非名刹。

《析津志》，元熊梦祥撰。梦祥，字自得，江西丰城人，人称松云道人，以茂才异等荐为白鹿书院山长，授大都路儒学提举、崇文监丞，以老疾归，年九十余。

辽时，改南京（今北京）为析津府，治析津宛平（即今北京西南），故后世以析津代指北京。《析津志》系最早记述今北京地区的一部专门志书。

书中之"英宗朝改为寺"，指元英宗（1321—1323）时事。元英宗即冶铜五十万斤作卧佛寺铜卧佛者。

---

① 王宗昱：《金元时期北京地区全真教活动》。本文为2003年11月北京大学召开"北京：都市想象与文化记忆"国际学术研讨会发言，后收入陈平原、王德威主编《北京：都市想像与文化记忆》，北京大学出版社2005年版。

元代是卧佛寺的大发展期，数位皇帝都予以扩建或做佛事，但樱桃沟内除五华寺继续维持外，似未见其他活动。然而，看樱桃沟内地形及诸寺庙可知，全部集中于沟之左侧，而右侧与五华寺斜对地方（今鹿岩精舍）面积相对空旷，尤其是明朝弘治年间樱桃沟一系列小寺庙建立之前，此地似应有建筑方是。

樱桃沟水流云在之居下方有一七叶树，按照卧佛寺、大觉寺清代七叶树年龄估算，此树当为元明故物，似可证此处原有寺庙建筑，或者为五华寺附院亦未可知，唯无文献可证耳。

二　明朝的樱桃沟

明朝，由于文化的发展，樱桃沟迎来了大发展的时期，寺庙林立，文人雅士往来不断。

（一）明代樱桃沟的各寺庙

明代是樱桃沟宗教文化最为兴盛的时代，从樱桃沟口一路进来，广慧庵、隆教寺、五华寺、广泉寺、圆通寺、太和庵、普济寺，从平地一直延伸到半山，终日香烟袅袅、木鱼声声。《钦定日下旧闻考》卷一百二《郊坰·西十二》载：

> 观音石阁而西有隆教寺，又西上圆通寺，望太和庵前，山中人指曰："水尽头，泉所源也。"又西上广泉废寺，北半里为五华寺。《帝京景物略》
>
> 臣等谨按，此条所载诸寺宇皆在普觉寺之西。观音阁即观音堂，建于大盘石上，阁前为方池，阁左为山庙，庙旁有《重修水漕碑记》，无撰人姓名，嘉靖辛丑年立。隆教寺在观音阁西半里许……圆通寺、太和庵、广泉寺今并废，五华寺……明碑一，礼部正直郎倪让撰，嘉靖十一年立……水尽头，亦名水源头。

《山行杂记》记录各寺庙位置更为清晰详尽：

> 由卧佛寺殿右侧出小门，西数十步有巨石突立，高可三丈，凿石为磴以上，为观音堂，前临池，右有泉有桥，度桥为隆教寺，泉从寺前度，溯泉行三里，上岭为五华寺，下岭复循水行，再登一岭为广泉寺，循故道下，复上得圆通庵，其右为太和庵，泉水源于此，一方亭据其上，傍泉多乌桕文杏，度泉有鸟道，行三里许，为普济废寺，寺前一岭，上有小团，中一石如钵，水冬夏不涸，村民都取汲于此。

（二）关于广慧庵

广慧庵建于明正统七年（1442），因庵门涂成黑色，俗称黑门。《日下旧闻考》载："广慧庵遗址在普觉寺西南，明碑一，翰林院庶吉士清源胡尚英撰，万历辛卯年立。"

万历辛卯年，即万历十九年（1591），很可能是广慧庵建寺的时间。

胡尚英，字超凡，万历四十七年三甲进士，累官詹事，著有《南华旁训》《击钵吟》《解弦微中》《玉屑篇》《超凡集》《词林纪》等。

或曰，此庵中有正统七年碑。

此说为非。按《日下旧闻考》引《明一统志补》云：

> 广惠寺，在府西三十五里，旧名五华寺，正统七年改建。

知广惠寺即五华寺，而非广慧庵，正统七年曾经改建。以上意见盖误读《明一统志补》，以广惠寺为广慧庵。

（三）关于隆教寺

隆教寺建于成化六年（1470），寺内有明碑二：一为《敕谕碑》，成化六年立；一为《隆教寺重建碑》，由大学士眉山万安撰写，成化二十二年（1486）立。今存隆教寺。

敕谕碑云："今司设监左监丞邓鉴于京城西万安山以古刹年远倾圮、乃发心捐累次赏赍银币，市材佣工，修盖寺宇。"知该寺系成化六年司设监左监丞邓鉴于古刹遗址上修建，寺名为明宪宗朱见深钦赐。

（四）关于五华寺

明代关于五华寺记载颇少，似在明初五华寺已经荒废，至宣德、正统年间，始加以修葺。《日下旧闻考》载：

> 明碑一，礼部正直郎倪让撰，嘉靖十一年立，略云都城之西寿安山之北有古刹圆殿，历久骧圮，宣德初，有僧成公东洲禅师见其地径幽僻，山水环绕，遂卓庵于此，迄今五十余年，栋宇腐挠，遂傲工营之，经始于成化五年，落成于乙未年。

按照碑文，五华寺"古刹圆殿，历久骧圮"，至宣德初，已无复有僧人居住主持，"成公东洲禅师登游于此……遂卓庵于此，坚志苦行，经历年久……中贵官黄公竟净遂涓己资，并蒙众缘，庀工起盖廊庑"。

"经历年久"四字说明至少过了十数年，但能提供太监黄竟净修葺五华寺的确切时间。

《明一统志补》载："广惠寺，在府西三十五里，旧名五华寺，正统七年改建。"

可知，五华寺曾一名广慧寺，于正统七年（1440）改建，距离东洲禅师到五华寺的宣德初近十五年，确实可以称为"经历年久"了。

不过，此记载与碑文中"正统辛酉，蒙尚膳监官杨益传奉圣旨，敕赐'五华寺'"文字似颇有冲突。

"正统辛酉"即正统六年，皇帝赐名"五华寺"，难道次年就改建，更名为"广惠寺"了吗?

如果《明一统志补》记载不误,则正统七年,五华寺还有一次改建,且应为皇帝敕命,更名为"广惠寺"。

（五）广泉寺、圆通寺、太和庵

与五华寺紧靠的是广泉寺、圆通寺、太和庵。《山行杂记》记载其位置云:

> 泉从寺前度,溯泉行三里,上岭为五华寺,下岭复循水行,再登一岭为广泉寺;循故道下,复上得圆通庵;其右为太和庵。

五华寺侧院（僧舍、方丈）与广泉寺、圆通寺的路径在樱桃沟谷内交汇。

不过,广泉寺在明代就已基本废弃,可能与寺在半山,香客往来不便有关,但似乎仍有个体修行者。

相比较而言,广泉寺规模稍大,太和、圆通规模甚小,从圆通寺的遗址、太和庵的进深来看,该寺或可有三重,而太和庵不过一重而已。

（六）关于白鹿岩

白鹿岩为樱桃沟名胜,最早记载者为明人陈衍《大江集》,云:

> 登翁山绝顶,度黄沙坂,缒石涧而西。秋高,涧水仅没踝,清驶殊常,挹而饮焉,夹涧桑叶如绮,涧穷,小岭横之,有白石如幢,屹立岭上,微有字画,然薄蚀不可辨矣。越岭,诸峰争列,芽苗不断,一峰最异,即白鹿岩也。岩高数十丈,嵌空欲堕,中虚可旋两车,岩左一隙如窗棂,下视深窅不知所际,谷风倒射,隙内琤然,虽笙筑合奏不如也。相传,辽时有仙人骑白鹿往来斯岩,故以命名。登岩顶,瞰万寿山如

竖掌指，西望，太行高挂天际，夭矫挐飞，烟云绕之，断续无迹，适风烈，不可久立。而下岩角有茅舍，小而整，西僧居之，黄眉红颊，采草根和水以食，音语不通，见人嬉笑而已，不知何年代至中国栖迟此山也。

由文中记载位置（可看万寿山，今景山，故其应在山巅）与特点（岩高数十丈，嵌空欲堕，中虚可旋两车），知"白鹿岩"不在今水源头处。

"瓮山西北越横岭"，盖指过瓮山、青龙桥，由董四墓翻山到寿安山白鹿岩，其"横岭"即金山与寿安山的交界。

明时，有西僧（或者中亚僧侣）居此修行，为樱桃沟一带的宗教文化添一异土色彩。

（七）关于普济寺

《日下旧闻考》载：

> 普济寺遗址尚存，有断碑一，明僧道深撰，正统十一年立，略云香山乡五华之西层峦巨壑、叠嶂悬崖、双涧交流、千岩毓秀，可为梵刹，募众缘，鸠工建造，额曰"普济禅寺"；又建尊胜宝塔一座，兴工于正统八年，完于丙寅之秋，僧国观为住持。又，寺西山径之旁盘石侧立，高广各丈余，下有沸泉，深不盈尺，广尺余，当即宋彦《山行杂纪》所称一石如钵，水冬夏不涸者也。尊胜塔废址在寺东，高三尺余。

尊胜塔兴工于正统八年（1443），完工于丙寅（十一年，1446）秋，则普济寺碑虽立于正统十一年，但其寺庙建造时间当早于或同等于尊胜塔的修建时间，即正统八年。

（八）关于樱桃沟泉水与玉泉山泉水关系的探索及樱桃沟的竹林

西山一带多泉，然而泉水行流于山间，出山即隐。何以如此呢？这与西山一带地下特殊的漏斗地形有关，泉水出山进入地下漏斗，至玉泉山、麦转桥一带由地下的裂口涌出。

在明代，人们已经发现了这一特殊的地理现象。《青毡踏雪志》载无名子《题邻寺壁》，云：

> 双流决决鸣，石根失其一。
> 弃糠于此中，应从玉泉出。

竹子是樱桃沟的特产。由于北京地理过于靠北，竹子最难生长，唯有泉水处或可得一二，樱桃沟泉源密布，山环水抱，气候比较湿润，有独特的小环境，造就了这里成片的绿竹。

竹林向来为文人所喜，樱桃沟竹子面积巨大，为京师之最，引得文人雅士纷纷前来游赏。崇祯年间人刘侗《水尽头》一文写樱桃沟泉、竹、秋色最妙，载《帝京景物略》，附于下，云：

> 观音石阁而西，皆溪，溪皆泉之委；皆石，石皆壁之余。其南岸皆竹，竹皆溪周而石倚之。
> 燕故难竹，至此林林亩亩。竹丈始枝，笋丈犹箨，竹粉生于节，笋梢出于林，根鞭出于篱，孙大于母。
> 过隆教寺而又西，闻泉声，泉流长而声短焉，下流平也。花者，渠泉而役乎花；竹者，渠泉而役乎竹，不暇声也。花竹未役，泉犹石泉矣。
> 石罅乱流，众声渐渐，人踏石过，水珠溅衣，小鱼折折石缝间，闻跫音则伏，于苴于沙，杂花水藻山僧园叟不能名之，草至不可族，客乃斗以花，采采百步耳，互出，半不同者。

　　然春之花，尚不敌其秋之柿叶，叶紫紫，实丹丹，风日
流美，晓树满星，夕野皆火，香山曰杏，仰山曰梨，寿安山
曰柿也。

　　西上圆通寺，望太和庵前，山中人指指水尽头儿，泉所
源也。至，则磊磊中两石角如坎，泉盖从中出。鸟树声壮，
泉喈喈，不可骤闻。坐久，始别，曰："彼鸟声，彼树声，此
泉声也。"

　　又西上，广泉废寺，北半里，五华寺，然而游者瞻卧佛
辄返，曰卧佛无泉。

据民间传说，今水杉亭上方石壁上原有之"寿安山"系明嘉靖年间
首辅严嵩所题。

（九）樱桃沟至卧佛寺的引水石渠

卧佛寺后、樱桃沟口的大磐石下出小泉。《长安客话》载：

　　门西有石盘，方广数丈，高亦称是，上创观音堂，周以
栏楯。石盘下有小窦出泉，淙淙玲玲，下击石底，听之泠然。
寺多牡丹，盖中官所植取以上供者。

牡丹为明代卧佛寺四绝之一，引樱桃沟口大磐石泉水灌溉。《日下
旧闻考》载：

　　观音阁即观音堂，建于大盘石上，阁前为方池，阁左
为山庙，庙旁有《重修水槽碑记》，无撰人姓名，嘉靖辛丑
年立。

嘉靖辛丑即嘉靖二十年（1541），知时观音阁左有山神庙。重修水

槽在嘉靖二十年，则水槽之始建故早于此时。

又，《山行杂记》云：

> 由卧佛寺殿右侧出小门，西数十步有巨石突立，高可三
> 丈，凿石为磴以上，为观音堂，前临池，右有泉、有桥，度
> 桥为隆教寺，泉从寺前度。

可知，隆教寺前有泉水，而观音阁下小泉如窦，水量小，故其水槽
盖引隆教寺泉水至此。

三　清代之樱桃沟

（一）孙承泽与樱桃沟（退谷）

"退谷"是樱桃沟的正名，出于清初孙承泽。

孙承泽（1593—1676），字耳伯，号北海，顺天府大兴县人，籍山
东青州府益都县，明崇祯四年（1631）进士，历任河南陈留、祥符县知
县，累官至刑科给事中。

崇祯十七年（1644）三月，李自成大顺军攻克北京，明亡，孙承泽
任四川防御使。五月一日，清军入北京，九月顺治迁都北京。

入清，孙承泽出任刑科给事中，旋改吏科给事中，顺治九年
（1652）迁吏部左侍郎；十年，以孙承泽任职侍郎时推举阁臣陈名夏有
乖大体，部议致仕；十一年，孙承泽致仕（城内家住宣武门外），退隐
于樱桃沟，自号退翁，改樱桃沟为退谷。

孙承泽是著名的史学家、方志学家、古董鉴赏家。自顺治十一年
隐居退谷，至康熙十五年（1676）逝世，这23年是孙承泽学术的大爆
发期，撰有《春明梦馀录》《山居笔记》《山书》《思陵勤政记》《思陵
典礼记》《庚子消夏记》《天府广记》等，仅《四库全书》著录的就有
23种。

孙承泽不仅给了樱桃沟一个文雅的名字，还在退谷建造了"退翁亭"、住处与书屋。

孙承泽居樱桃沟时，不仅有红樱桃树，还有一株白樱桃树。孙承泽弟子周亮工《因树屋书影》第四卷载：

> 白樱桃生京师西山中，吾师北海先生退谷前有一棵，岁以数十粒相贻。予有"花间婉转风团玉，月底依微露洗珠。自浣绛唇歌白苎，任他红泪滴冰壶"句，先生谬加叹赏，但味微酸，亦不及朱樱之甘硕也。

白樱桃味道虽不及红樱桃，孙承泽之所以珍视其物，当是白樱桃少而难寻、物以稀为贵耳。

孙承泽考樱桃沟曾为金章宗清水院，并考水源头水与玉泉山泉水的关系。其《春明梦馀录》载：

> 水源头两山相夹，小径如线，乱水淙淙，深入数里，有石洞三，旁凿龙头，水从龙口喷出。又前数十武，土台突兀，有石兽甚巨，蹲踞台下。相传为金章宗清水院。章宗有八院，此其一也。水分二支，其一伏流地中，至玉泉山涌出。

孙承泽《天府广记》载：

> 谷口甚狭，乔木荫之，有碣曰"退谷"。谷中小亭翼然，曰"退翁亭"，亭前水可流觞，东上则石门巍然，曰"烟霞窟"，入则平台南望，万木森森，小房数楹，其西三楹则为退

石门（位于"鹿岩仙迹、退谷幽棲"石碑前右上高处，其处清末为山神庙）

翁书屋。[1]

樱桃沟的入口，各家所载不一，或者认为，自大磐石即算进入樱桃沟的沟口，或者以今水杉亭处（原来山体紧贴峡谷）为樱桃沟入口。

麟庆《鸿雪因缘图记》之《半天御风》载卧佛寺老头陀所言云："烟霞窟在水源头，儿时记有一亭，今圮。"则烟霞窟、水源头、樱桃沟俱在一处，然而，孙承泽《天府广记》明确记载："谷中小亭翼然……东上则石门巍然，曰'烟霞窟'，入则平台南望，万木森森，小房数楹，其西三楹则为退翁书屋"，则石门当在退翁书屋向山谷外方向上，复知麟庆所载老头陀所谓，烟霞窟在水源头是大概而言。

以孙承泽《天府广记》记载来看，退翁亭似应在今周肇祥"鹿岩仙迹、退谷幽棲"石刻处——彼处谷口甚狭，入内泉流山脚，再入则高坡上见石门巍然。

因孙承泽在清初文坛上的地位和交游，他在退谷的隐居，引来了他诸多的朋友，如钱谦益、吴伟业、胡世安、王士禛等一大批文人都曾来退谷，访孙承泽，赏画谈诗。

吴伟业有《退谷歌赠孙退翁》，云：

---

[1] 孙承泽：《天府广记》卷之三十五《岩麓·附退谷》。

我家乃在莫厘之下，具区之东，

洞庭烟鬟七十二，天际杳杳闻霜钟。

岂无林居子，长啸呼赤松。

后来高卧不可得，无乃此世非洪蒙？

元气茫茫鬼神凿，黄虞既没巢由穷。

逆旅逢孙登，自称北海翁，携手共上徐无峰。

仰天四顾指而笑，此下即是宜春宫。

丈夫踪迹贵狡猾，何必万里游崆峒？

君不见，抱石沉，焚山死，披发佯狂弃妻子。

臣庐峰，成都市，欲逃名姓竟谁是？

少微无光客星暗，四皓衣冠只如此。

使我山不得高，水不得深，鸟不得飞，鱼不得沉。

武陵洞口闻野笑，萧斧斫尽桃花林。

仙人得道古来宅，劫火到处相追寻。

不如三辅内，此地依青门，非朝非市非沉沦。

鄠杜岂关萧相请，茂林不厌相如贫。

饮君酒，就君宿，羡君逍遥之退谷。

好花须随禁苑开，泉清不让温汤浴。

我生亦胡为？白头苦碌碌。

送君还山识君屋，庭草仿佛江南绿。

客心历乱登高目，噫吁乎归哉！

我家乃在莫厘之下、具区之东，侧身长望将安从？

可以说，孙承泽的到来不仅改变了樱桃沟的自然环境，也极大地改变了樱桃沟的人文环境。

（二）康熙皇帝曾来樱桃沟

康熙十七年（1678）三四月间，康熙皇帝从昌平县沙河镇温榆河畔的巩华城出发，巡视郊甸。

先幸黑龙潭，作《夏日，同大学士明珠暨诸侍卫过黑龙潭途中作》；随后，翻山至寿安山退谷，顺香山、万安山、石景山、马鞍山、潭柘山，将沿途的寺庙、胜景全部巡幸一遍。《圣祖仁皇帝御制文集》卷三十一目录如下：

> 夏日，同大学士明珠暨诸侍卫过黑龙潭途中作
> 黑龙潭
> 由广泉寺至卧佛寺
> 山寺晚景
> 咏卧佛寺古树

从康熙御制诗的诗题来看，皇帝的队伍似乎是从黑龙潭翻山到的樱桃沟广泉寺。

皇帝《由广泉寺至卧佛寺》云：

> 岩边青竹低临水，云外岚峰半入天。
> 僧舍无人常寂寂，山门迥绕是寒泉。

清末三山五园图之卧佛寺、广慧庵、五华寺部分

诗写青竹临水、山门回绕泉水，似作于五华寺附近。

（三）关于隆教寺

隆教寺何时毁坏向无文献记载。康熙二十六年（1687）前后，著名诗人查慎行曾来隆教寺，并夜宿于

此，有《宿隆教寺僧房》：

> 最爱阶墀细雨中，瓦盆高下列芳丛。
>
> 白花红子皆秋意，斟酌西窗一夜风。

可知，时隆教寺尚有僧房，唯寺内除明代正统二碑，再无后来其他任何碑刻，盖其后因无大施主，无法维持，逐渐废弃。

（四）乾隆与樱桃沟引水石渠

其后改变樱桃沟风貌的是乾隆皇帝。

乾隆二十年（1755）前后，基于玉泉山静明园没有瀑布、西麓无水，难以造景的考量，乾隆皇帝令引樱桃沟水源头、碧云寺泉水至玉泉山西，各部遂造石槽引水沿地势而东。

地势低洼处，建造石墙，置槽垣上，以保持一定范围的水平，经四王府龙王庙、妙云庵，至玉泉山西门，为挂瀑檐、飞淙阁、练影堂、涵漪斋诸胜。工程于乾隆二十一年末成。《日下旧闻考》载：

> 臣等谨按，西山泉脉随地涌现，其因势顺导流注御园、以汇于昆明湖者，不惟疏派玉泉已也，其自西北来者尚有二源，一出于十方普觉寺旁之水源头，一出于碧云寺内石泉，皆凿石为槽以通水道，地势高则置槽于平地，覆以石瓦，地势下则于垣上置槽，兹二流逶迤曲赴至四王府之广润庙内，汇入石池，复由池内引而东行，于土峰上置槽，经普通、香露、妙喜诸寺夹垣之上，然后入静明园，为涵漪斋、练影堂诸胜。

时隔十年，乾隆皇帝的堂弟怡亲王弘晓修葺了樱桃沟口的退翁亭。

雍正八年（1730），皇帝将樱桃沟口的千年古刹卧佛寺赐予怡贤亲王胤祥为家庙，胤祥大力修缮，不久离世，其子弘晓继之，至雍正十二年基本修缮完毕，皇帝赐名"十方普觉寺"。

乾隆三十年（1765），弘晓来卧佛寺，发现退翁亭"为风雨倾圮，楹桷颜联悉供寺僧之爨"，捐资修缮退翁亭，并作有《重修退翁亭记》。

（五）清朝的五华寺

清代是五华寺继金元后又一个鼎盛期。

清初，五华寺残破不堪，但因访孙承泽、游览退翁别墅者颇多，亦游五华寺。王士祯有《五华寺》、佟世思有《由退谷至五华寺石楼望雨》诗。

《日下旧闻考》载："五华寺，本朝碑一，世袭一等子加一级云骑尉张朝午撰，康熙二十五年立。"今碑尚在，碑名《盂兰盆会碑记》，不过残破颇多。

碑立于康熙二十五年（1686）七月十五，碑文云"今当三年圆满"，则知其人在五华寺作盂兰盆会应始于康熙二十三年。

既然于康熙二十三年开始在五华寺建盂兰盆会，可知，当时，五华寺虽然残破，但僧众应尚有一定规模。"五华主人贵庵"一句，告诉我们时五华寺住持名"贵庵"。

乾隆五十七年（1792），寺庙曾经重修。

（六）樱桃沟设置"堆拨"的时间

樱桃沟何时为皇家所有或者派兵驻扎不可确知，但至晚应在同治年间既已有相关设立。

同治六年（1867），"样式雷"修葺退谷石槽档案载："在樱桃沟志在山水水源沟口扼要之地，添建堆拨一处，派兵栖止，昼夜巡查，用资守护。"

堆拨，满语"驻兵之所"之意，为清代警务机构，相当于现在的派出所、警务室、哨所等，内有器械及勤务人员，负责应付突发事件，一般在皇帝巡行路上设置。

由上可知，至少同治时期，樱桃沟已经设置堆拨，而此时"志在山水"四字也已经刻在水源头泉眼处了——颇疑四字系清初孙承泽刻。

另外，据同光年间"样式雷"图档，五华寺山门对面高坡上（其下即是樱桃沟的一处堆拨）建有龙王庙，至今尚存建筑遗构。

（七）关于樱桃沟引水石渠的修缮

自乾隆二十年（1755）修建樱桃沟引水石渠后，樱桃沟泉水源源不断地流往玉泉山，但是，随着清朝国力的下降和皇帝到西郊园囿活动的减少，引水石渠的维护逐渐受到影响。

同治五年（1866），为修缮三海、颐和园，同治皇帝令魁龄等"查探西山水源"，魁龄等人奏折云：

> 查得昆明湖来源出自玉泉。玉泉之水实借助于香山、樱桃沟两泉，拟请力加疏瀹，节节导引，停蓄于昆明湖中，待其积长增高，自仍循故道，入长河以达京城。请钦派大臣覆勘修理。①

同治六年（1867）二月，同治皇帝谕内阁：

> 所有香山、樱桃沟石渠及各处泉河故道，即着魁龄等先行试办；并将香山等处封闭煤窑设法掺采，以裕水源。其积水潭、什刹海并南、北、中三海各工，并著照所请办理。②

三月初十，工程正式开工，由通和、德和、祥茂、恒和四个厂家承包施工。

---

① 《穆宗毅皇帝实录》卷一百九十七"同治六年正月癸未"。
② 《穆宗毅皇帝实录》卷一百九十七"同治六年二月壬寅"。

按照河墙的位置与结构，将碧云寺、樱桃沟至玉泉山引水工程分为三段，分别修理。其中樱桃沟至四王府龙王庙段引水石渠分别由恒和厂、通和厂、祥茂厂承包施工。

自樱桃沟"志在山水"至五华寺下石碣长一百零六丈五尺，由恒和厂承包施工，清理阻滞水路烂石、添修水簸箕，接修"引水石沟"九丈。

自五华寺石碣至卧佛寺牌楼前长三百一十九丈二尺，添新拆按沟盖六成，沟底石料添新三成。另，拆砌驳岸八段七十丈，开刨泄水石渠一段。

卧佛寺牌楼至正白旗营房门二孔涵洞长三百四十九丈二尺，由通和厂承包施工，拆砌沟帮外，将全部石槽拆修，并拆修沟盖四成，添修沟底二成。

正白旗营房门至四王府龙王庙长三百丈零二尺，由祥茂厂承包，拆修水沟，更新石沟、沟盖，并拆砌二十丈（四段）驳岸墙基。

由档案中的"接修引水石沟九丈""沟底石料添新三成""将全部石槽拆修"等词汇可知，至同治年间，樱桃沟引水石渠已经受到了较大程度的破坏，影响到了引水的效果。

同治六年，对京西水利的治理，恢复了碧云寺、樱桃沟至玉泉山引水工程的功能，不仅对保证静宜园、碧云寺、卧佛寺及玉泉山各景点景观效果起到了积极作用，而且对北京城市供水系统和城内皇家园林的维护起到了积极作用。

（八）曹雪芹与樱桃沟

清代雍正末年至乾隆初期（约雍正十一年至乾隆二十八年间相当时间），伟大的文学家曹雪芹曾在香山正白旗、镶黄旗外公主坟一带居住，樱桃沟口的卧佛寺是曹雪芹友人、曾经抄录《红楼梦》的怡亲王弘晓家族家庙，而樱桃沟翻三炷香后的白家疃又系老怡亲王胤祥祠堂，故而，曹雪芹经常到樱桃沟散心或者经由樱桃沟至山后的白家瞳。

曹雪芹友人宜泉《春柳堂诗稿》有《和曹雪芹〈西郊信步憩废寺〉原韵》，云：

> 君诗未曾等闲吟，破刹今游寄兴深。
> 碑暗定知含雨色，墙圮可见补云阴。
> 蝉鸣荒径遥相唤，蛩唱空厨近自寻。
> 寂寞西郊人到罕，有谁曳杖过烟林。

徐恭时先生因诗题中的"信步"，知寺离曹雪芹香山居住之处不甚远，又考该诗与清初宋荦题《广泉寺用阮亭题钝庵洞庭诗卷韵》同为七律[1]，同用下平声十二侵韵、两诗中所记寺宇环境完全一致等信息，复查询广泉寺的位置，认为曹雪芹与宜泉所到之废寺应即系樱桃沟内的广泉废寺。

又，樱桃沟水源头处的元宝石、石上松，民间传说系《红楼梦》中青埂峰下顽石与宝黛木石前盟的原型；流泉中有黑色的黛石，即《红楼梦》中所谓"西山有石名黛，可代画眉之墨"的黛石。

樱桃沟口孙承泽修建的退翁亭至乾隆时期已经破旧不堪，曹雪芹友人弘晓曾予重修[2]。

四 民国之樱桃沟

（一）周肇祥与樱桃沟

清末，樱桃沟为在广慧庵居住的历姓太监所有，后归周肇祥。

周肇祥（1880—1954），字嵩灵，号养庵，又号无畏，别号退翁，室

---

[1] 宋荦《广泉寺用阮亭题钝庵洞庭诗卷韵》云："山椒旭日哢春禽，破寺何妨振策寻。荒迳有人挑笋蕨，残碑无字纪辽金。禅房迭石吴中手，别院看花世外心。雅爱僧雏能解事，硬黄一幅索清吟。"《绵津山人诗集》卷十二《西山倡和诗》叶四上。

[2] 弘晓：《重修退翁亭记》，《明善堂文集》卷二。

名宝舫楼，浙江绍兴人，清末举人，曾任奉天警务局总办、奉天劝业道、盐运史、警务局督办兼屯垦局局长、京师警察总监及山东盐运使、代理湖南省省长、湖南省财政厅厅长、奉天葫芦岛商埠督办、清史馆提调等职。

周肇祥工诗文，精鉴藏，通文史，晚年潜心金石书画，为京津画派领袖，与金城等著名画家创办中国画学研究会，自 1926 年起任中国画学研究会会长，出版会刊《艺林旬刊》《艺林月刊》。1927 年，周肇祥与齐白石一起创办《湖社月刊》。周肇祥还于 1926 年 9 月 30 日至 1928 年 2 月任古物陈列所所长，系第四任所长，任内主持所内文物鉴定、分级工作。

周肇祥得到樱桃沟的时间，周氏友人许宝蘅民国九年二月廿二日（1920 年 4 月 10 日）《日记》载：

> 九时，到集灵囿，与仲骞约同游退谷，即孙征君故居，今为周养庵所有。
>
> 九时三刻，乘汽车出西直门，经颐和园，过玉泉山静明园，至四王府，道旁有井，即驻车，养庵遣山轿候迎。
>
> 经卧佛寺，绕西涧，入谷口，直至鹿岩精舍，道旁石刻"寿安山"三字，又刻"退谷"二字——梁任公书。精舍门外有桥，名曰"玩芳"。
>
> 入门，小屋二间，仆夫所居，拾级登至水流云在之居，屋三间，甚精洁，外间为客座，内间为卧室，东有小阁曰"观源"，后麓有佛殿一间，壁嵌造像。门外置金代经幢一，东有碑一座，为明慈仁太后所绘佛像，两面俱刻。后筑围塘，之外东有小亭，曰退翁亭，可以望远……
>
> 饭后，养庵导观白鹿岩及泉源，又观涧南厉太监坟塔。养庵谓此山本厉监所有，三年前始归养庵。
>
> 厉监生前供奉内廷，以纯谨称。卧佛寺旁有庙，即厉监退职后备养之所。

卧佛寺旁有庙应即广慧庵。"此山本厉监所有"，或者为钦赐。"养庵谓此山本厉监所有，三年前始归养庵。"知周氏得樱桃沟是在民国五年（1916）时。"卧佛寺旁有庙，即厉监退职后备养之所"，当指广慧庵。

又，樱桃沟原树之《步军统领衙门布告第八号》碑称：

> 兹据交涉员胡国英等会衔呈复，当与周肇祥返复磋商，据称在寿安山水源头、樱桃园、广泉寺等处有山场，管业内水泉自原不禁止卧佛寺、广慧观及附近居民取用。

则彼时（中华民国七年六月廿五日）"广慧观"（即广慧庵）似尚未归周氏。

"鹿岩精舍门额"系周肇祥题，落款"戊午三月"，即民国八年。由《日记》所载，可知民国初年鹿岩精舍的格局与建筑。

周肇祥不仅修建了鹿岩精舍及附属建筑，还在水源头上高地、原太和庵遗址修建一亭，亭柱上镌"行到水穷处，坐看云起时"对联。联落款"乙亥秋九月既望"，知时在民国二十四年（乙亥,1935）九月十六日。

此外，周肇祥还整理了元宝石下的石榻、在樱桃沟一入口处一块青石上镌刻了"鹿岩仙迹，退谷幽栖"八字篆书。①

（二）周肇祥生圹

周氏购得樱桃沟，不仅修缮了别墅，不久，也在广泉废寺处修建

---

① 不仅如此，周肇祥还为张绍曾墓（在卧佛寺僧舍与孙传芳墓东）题写了"故国务总理张上将军之墓"，对联为"故垒怆辽东，化鹤莫栖华表柱；玄堂开寺左，归神长护大乘门。"张绍曾(1879—1928)，直隶大城（今属河北）人，字敬舆，早年留学日本，归国后任北洋督练所教练处总办等职，1922年任陆军部总长，次年任国务总理，主张迎孙中山入京协商南北统一，为总统曹锟所忌，退居天津。1928年被张作霖派人刺杀身死。1934年秋，由其生前好友冯玉祥等集资兴建此墓，并举行公葬。

周肇祥墓园左侧内圈围墙

了生圹。时间落款为"戊午八月六日申时"。

戊午是民国七年（1918），也即周肇祥得樱桃沟的第三年。

墓园原有"香岩塔院"长条石门额——"香岩"一词或取香山、白鹿岩二词组合而成[①]；复有"周氏寿藏"横石额一。

（三）梁启超、徐世昌与樱桃沟

民国大总统、书画家、诗人徐世昌也曾游览樱桃沟。

徐世昌游樱桃沟时，为水源头处元宝石题写"白鹿岩""鹿圈"，"白鹿岩"镌于元宝石背面，"鹿圈"镌于元宝石侧面。

"白鹿岩"题名印章为"徐世昌印"，但因石为砾石，风化过甚，难以辨识。

周氏寿藏横额

徐世昌（1855—1939），字卜五，号菊人，又号水竹邨人、弢斋，生于河南省卫辉府府城（今河南省卫辉市），光绪四年（1878），与袁世凯结为兄弟，光绪十二年中进士，累官至巡警部尚书、东三省总督、邮传部尚

---

① 周于 1954 年被处决，未葬于此处。

书、津浦铁路督办等。1918 年 10 月至 1922 年 6 月，任中华民国第二任大总统。

徐世昌书画俱佳，任总统期间，曾大力扶持国画。1920 年，徐世昌成立"国画研究会"，聘请周肇祥主事。

徐世昌游樱桃沟时间，当在 1920 年前后。颇疑徐世昌题元宝石为白鹿岩，盖出于周肇祥之误导。

周肇祥据樱桃沟为周家花园时，著名的思想家、清华国学院导师梁启超购买正白旗东北高地作为墓园（时在 1925 年前后），曾游览樱桃沟，并为题写"退谷"，今存鹿岩精舍门外右侧石壁上。

（四）关于《步军统领衙门布告第八号》

周肇祥居樱桃沟时，卧佛寺行宫为北京基督教青年会租用。

北京基督教青年会创建于 1909 年，创建人格林（Robert R. Gailey）、艾德敷（Dwight W. Edwards），会中外籍干事多来自普林斯顿大学。

民国七年（1918），青年会美国人格林自樱桃沟修建水管，欲引水至卧佛寺，与周肇祥发生矛盾，后经步军统领衙门协调，青年会不再修建水管。六月廿五日，在樱桃沟竖立《步军统领衙门布告第八号》石碑。

《步军统领衙门布告第八号》碑总高二十三行砖，宽二行砖，砖砌拱形，碑额上面砌砖七行到八行，云：

《步军统领衙门布告第八号》碑文

为布告事。

前据中营静宜园汛守备刘谦呈称，前湖南省长周肇祥置得寿安山等处山场，近有青年会美人格林在该管业水源修理水管，禁阻不服，致起纠葛等情，当经派员会同前往，妥协办理。

兹据交涉员胡国英等会衔呈覆，当与周肇祥返复磋商，据称，在寿安山水源头、樱桃园、广泉寺等处置有山场，管业内水源自原不禁止卧佛寺、广慧观及附近居民取用，但不许一家垄断，本业内泉水亦不许打石施工，前清所砌石水沟及青年会前修水塔其在管业之内者，遇有拆修先期报明本管汛署，仍需照旧修理，惟不得于此外另添工作等语；美人格林据称，周宅既不禁人用水，亦无异词，并请出示布告，以便双方遵守而杜争端等情前来。除由本衙门立案外，合行布告附近居民一体周知。特此布告。

中华民国七年六月廿五日

从周肇祥与格林等人争执由"中营静宜园汛守备刘谦呈称"，可知樱桃沟、卧佛寺行宫在清时似应为静宜园守备兼管，复由周肇祥在"寿安山水源头、樱桃园、广泉寺等处置有山场"，而布告却要经过步军统领衙门放布，似乎证明周肇祥在厉太监手中买的山场，经过了溥仪小朝廷的认可。

布告中所云"石水沟"即乾隆二十年前后修建的从樱桃沟水源头向玉泉山西门引水的引水石渠，同光年间曾经修理。

1930 年，《内务部派人测勘玉泉山、卧佛寺、香山、圆明园及颐和园等处泉源流域报告书》载：

卧佛寺之水源，在寺西寿安山之北麓，今周氏退谷之鹿岩精舍对岸有总泉眼一，自石隙流出，然水量甚微，略如檐溜，较前四年远逊多矣。前湖南省长周肇祥筑精舍于此，又于泉南二百余步建一玩芳桥，下设闸以蓄泉水。

"鹿岩精舍对岸有总泉眼一"指的是水源头处的泉水源头，"玩芳桥"位于鹿岩精舍外，系一临水平石板桥，连通山谷两侧。

民国期间，樱桃沟内的五华寺也一并归周氏所有。不过，此时五华寺早已败落，仅存北大殿五间，1933 年，周肇祥将其租与协和医院院长徐某等人，种植果树，为期三十年。

（五）关于"保卫华北""收复失地"刻石

1935 年，日本在侵占东北三省后，继续向关内进攻，利用汉奸，策动华北自治运动，妄图占领华北，灭亡中国。

1936 年暑假，民先队（中华民族解放先锋队）在香山樱桃沟举办"平西樱桃沟抗日救国军事夏令营"，从 7 月 11 日开始，至 7 月底，先后在西山卧佛寺、樱桃沟、大觉寺一带组织了三期。

在樱桃沟活动时，清华大学学生赵德尊、北大学生陆平在水源头不远处的一块石头上刻下了"保卫华北"四个大字。此外，圆通寺遗址右侧一处石壁上还有人刻下"收复失地"的口号——此二石刻内容都是1935 年 12 月 9 日爱国学生请愿游行时的口号。

五　新中国成立后的樱桃沟

新中国成立后，樱桃沟被收归国家所有，由"西山风景区管理处"管理。1956 年，改归市园林局下属北京市植物园管辖，定名为"樱桃沟花园"，与卧佛寺同时对社会开放。

（一）鹿岩精舍外石桥

1958 年，在原石刻"寿安山"下方山谷修建水坝，截留泉水，形成樱桃沟水库，并从城内瑞王府迁来石桥一座，置于鹿岩精舍外原"玩芳桥"处。

瑞王，即爱新觉罗·绵忻（1805—1828），嘉庆帝第四子，封瑞亲王。王府位于西城白塔寺北今育幼胡同。

20 世纪 50 年代中国科学院幼儿园等单位使用瑞王府院落，将瑞王府石桥完整地移到樱桃沟。石桥长 12 米，宽 4 米，单孔石拱券，每侧四根竖条纹连珠束腰望柱、三块镂空宝瓶护栏板，桥头两侧各有一堆云抱鼓石。

桥上"红星桥"三个字，据说是 1973 年八一电影制片厂在此拍摄《闪闪的红星》外景时，请郭沫若先生题写的。

（二）五华寺与计量科学研究院

新中国成立前，五华寺尚有大殿五间，其中中间三间内，有三尊铜制佛像，两侧挂有两轴绘龙古画，东西墙壁处有十数尊各类佛像。东间为关帝庙，塑关帝、关平、周仓并马童、骏马。新中国成立后，三尊铜像被历史博物馆取走收藏。

1965 年，中国计量科学研究院选五华寺作为弱磁实验室筹建地，1966 年 8 月竣工。

修建过程中，拆毁了仅存的五间大殿，还毁掉了寺前的一处"寿安山"石刻和寺下路边的修路碑，同时把寺庙内的诸多碑刻一律拉倒。[1]

（三）"文化大革命"中樱桃沟的破坏

"文化大革命"中，樱桃沟遭到破坏，元宝石洞内周肇祥石碑、水流云在之居和石桧书巢匾额也遭到破坏。

不过，最令人遗憾的是樱桃沟格局的破坏。

樱桃沟今水杉亭处山崖本来极其靠近峡谷，从谷外来，至此疑无道路，待贴石壁转过来，豁然开朗，真是"山重水复疑无路，柳暗花明又一村"。

据说，1968 年，某军区领导来此游玩，不小心踩在一块小石头上，晃倒脚，后拓宽修葺山路，将此处石壁炸掉，连山崖上的"寿安山"石刻也一并炸掉。

---

[1] 许惠利：《卧佛寺与樱桃沟》，中国旅游出版社 1986 年版。

至此，樱桃沟"谷口甚狭，乔木荫之"，游览者至此"山重水复疑无路，柳暗花明又一村"的胜景一去不再。

（四）20 世纪 80 年代后的樱桃沟

据说，1974 年，陆平的子女数次来樱桃沟，寻找"保卫华北"石刻。1974 年夏末，他们第三次来到樱桃沟时，终于得偿所愿。1975 年春末夏初，在子女的搀扶下，陆平在时隔 39 年后再次站在了樱桃沟"保卫华北"石刻前。

1980 年 6 月，北京植物园职工王宝臣在清扫沟旁杂草时，无意间在沟旁的一块大青石上发现有"保卫华北"字迹，随即向在樱桃沟茶社歇息的北京市委领导刘导生作了汇报。

刘导生听后，说："'保卫华北'石刻是 1935 年'一二·九'运动时，爱国抗日的北平学生联合会留下的，字是赵德尊、陆平同志刻写的。"

此后，经过北京植物园和北京市委的多次筹划，在"一二·九"运动五十周年前夕，由中宣部部长邓力群等人发起倡议，决定在西山樱桃沟建立一个"一二·九"运动纪念地，以缅怀革命先烈并启教后人。

倡议得到共青团北京市委、北京市学生联合会的积极响应，中央有关部门领导和社会各界的广泛支持，最终决定在水源头左下方原圆通寺遗址上选址修建纪念亭。

1984 年 12 月 8 日下午，举行了隆重的"一二·九"运动纪念亭奠基典礼，全国人大常委会委员长彭真题写了"一二·九运动纪念亭"碑名，国务委员、"一二·九"运动老战士康士恩、市政协主席刘导生为纪念亭破土奠基。

北京市植物园对"文化大革命"期间遭到破坏的樱桃沟景观进行持续修复。1988 年，植物园实施樱桃沟自然保护工程；1992 年，樱桃沟辟为自然保护试验区，樱桃沟重新焕发出生机。

近年来，植物园还修建了行进于樱桃沟峡谷内的仿木栈道，使游客可以走进"谷底"，近距离接触各种植物。

如今的樱桃沟一年四季风景不同，春有梅花、山杏，夏有碧绿如滴的水杉、各色树木，秋来红叶满山，冬季苍山连绵。伴随着常变的风景，不变的是历史留下的遗迹、碑刻与文人骚客、帝王将相造作的历史诗篇。

第二节　退谷景观

　　樱桃沟（退谷）上起疯僧洞，下至广慧庵（今中国科学院蜜蜂研究所）——古人所见不同，孙承泽以退谷亭外的入谷狭处为起点，是一条长约 750 米的自然溪谷。《天府广记》卷之三十五《岩麓·附退谷》载：

　　　　水源头一涧最深，退谷在焉，后有高岭障之，而卧佛寺
　　　　及黑门诸刹环蔽其前，冈阜回合，竹树深蔚，幽人之宫也。

　　谷内树木参天、鸟语花香、风景秀丽，是北京近郊最具历史文化意蕴的风景胜地之一，以寺庙及遗址众多、泉水淙淙、竹篁幽曳、山林葱郁而著称。

一　从大磐石到"寿安山"石刻

（一）广慧庵

　　广慧庵位于卧佛寺行宫外西侧、卧佛寺行宫大磐石西南部，与隆教寺一样，位于古人所谓樱桃沟入口处。

　　《日下旧闻考》载："广慧庵遗址在普觉寺西南，明碑一，翰林院庶

吉士清源胡尚英撰，万历辛卯年立。"

万历辛卯，即万历十九年（1591）。广慧庵一名黑门，以其庙门涂成黑色而得名。乾隆年间，称广慧庵为"遗址"，可知彼时已经萧落。

清朝灭亡后，广慧庵归周肇祥所有，成为周家花园的一部分。中华人民共和国成立后，广慧庵由北京市建设局接收，后交给市园林局，解放军某部曾在此暂住，中国农业科学院养蜂所在此地养蜂。全国人大常委会委员长朱德到此视察，令解放军某部搬走，广慧庵交养蜂研究所使用。

广慧庵原有三进院落，由南至北依次是：山门、护法殿、中殿、后殿，护法殿和中殿间还有东、西配殿。

新中国成立初期，中殿、后殿尚有佛像：中殿木制佛像二尊，高2米，旁有2胁侍，高1.05米；后殿有泥塑佛像3尊，殿前有乾隆年制的铁香炉和铁钟各一。广慧庵今尚存中殿、后殿和东西配殿。

（二）隆教寺

隆教寺位于卧佛寺西南（卧佛寺行宫大墙外侧）的一块靠山台地上，介于大磐石与退谷之间，今存明代二碑、古槐一株（岁三百年上下）。

明代成化十六年，太监邓铿"廓旧庵作寺"，明宪宗朱见深赐名"隆教"，成化二十二年重建。《日下旧闻考》载：

隆教寺明成化二碑

隆教寺在观音阁西半里许，明碑二：一敕谕碑，成化六年立，略云：山场东至五华观，南至门头村，西至滴水岩，北至冷泉穴。一隆教寺重建碑，大学士眉山万安撰，成化二十二年立，略云：成化庚子，香山之原，廓旧庵作寺，赐名隆教，右觉义本谅右讲经，俾主寺事。寺距京城三十里许，与寿安寺相望。寺主济舟禅师者，精于法华、楞严之秘，为一方禅宗，谅往学其门，乃即兜率寺址作庵其旁，朝夕讲演甚众。

《日下旧闻考》载隆教寺《敕谕碑》，成化六年立。

误。碑今仍存隆教寺，时间落款为成化十六年（1480）立。除此碑外，隆教寺还存有《隆教寺重建碑》。

敕谕碑云：

> 皇帝敕谕官员、军民、诸色人等：
>
> 朕惟佛氏之教流传东土也久矣，以空寂为宗，以普度为用，上以阴翊皇度，下以觉悟群迷，功德所及幽显无间，故世好善之士崇奉之者退迩亦无间也。
>
> 今司设监左监丞邓鉴于京城西万安山以古刹年远倾圮、乃发心捐累次赏赉银币，市材佣工，修盖寺宇。其山场东至五华观，南至门头村，西至滴水岩，北至冷泉穴，续买顺天府宛平县香山乡民侯增等地二顷二十亩有奇，以资寺僧香火之需。特赐额曰"隆教"，命僧录司右讲经本谅，领众焚修于内，仍敕敕护持之。自今以往，凡官员、军民、诸色人等毋得侮慢欺凌及侵占田土，以沮坏其教，敢有不遵朕命者，论之以法，故谕。
>
> 成化十六年九月十二日

由碑文知，该寺系司设监左监丞邓鉴在倾倒"古刹"基础上重建起来的，寺名为明宪宗朱见深钦赐。

司设监，系明朝十二监之一，负责管理卤簿、仪仗、雨具、大伞等仪仗器具，设掌印太监一员。

右觉义，僧录司官名。洪武十五年四月初二，明朝政府设僧录、道录二司，掌天下僧道。僧录司设左、右善世二人（正六品），左、右阐教二人（从六品），左、右讲经二人（正八品），左、右觉义二人（从八品）。

《敕赐隆教寺重建碑》云：

敕赐隆教寺重建碑

光禄大夫、柱国、少师兼太子太师、吏部尚书、华盖殿大学士、知制诰兼修国史、经筵官眉山万安撰

奉议大夫、吏部验封郎中、直文渊阁、前中书舍人永嘉姜立纲书

掌中军都督府事、光禄大夫、柱国、五军营总兵官、太傅兼太子太师、英国公古汴张懋篆额

成化庚子，今司设监太监邓公鉴于香山之原廓旧庵作寺，洎乙巳渐克就绪。因召对以闻，且请额。上赐名"隆教"，又敕玺书护持，惟右觉义本谅右讲经俾主寺事。鉴稽首拜手，谢求余文，刻石用侈上赐于永久。

嗟乎！佛之教其体绝嗜欲、务清净，而用则愿悲济利之念无乎不在。仰惟皇上以仁育万民，凡在两间咸欲丕冒，而四海之大，亿万苍生之众，容或有不得所者，故崇奉佛氏，冀其慈悲而普利济，有以少俾于吾治耳。其教之隆，夫岂徒哉？！赐名之义，盖有以焉耳。

寺距京城三十里许，与寿安寺相望。寿安寺主济舟禅师者，精于法华、楞严之秘，为一方禅宗，从者甚众。谅往学

其门，乃即兜率寺址作庵其傍，朝夕讲演不废，超然有得。
自荐绅大夫以下，相知者乐与之游而不厌。太监公以中贵等
人一见辄加礼敬之，与语三昧，极有条理，遂从而学焉，倒
囊暨集众所施得万缗，简材鸠工，诹日撤庵而作之。初作佛
殿，崇若干尺，深广称是，中奉牟尼佛，像貌庄严，金碧辉
映。明年，作伽蓝、祖师殿。又明年，作天王殿。逾六年，
左右斋、禅堂、方丈成，凡幡幢法供之器及庖湢庾廪之所靡
不完具，岿然为一大丛林。每晨昏具香烛，缁衣之长且贤者
升殿祝万寿，诵如来法；幼者击钟鼓，执幡幢，赞扬如是者，
无一日闲。太监公所以图报吾君之德，忠爱吾君之心，于是
乎少伸矣。

　　呜呼！皇上命名之心在于为民，而太监公建寺之心在于
为上，是可书以告来者。系之诗曰：

　　于皇梵刹，香山之原。

　　有崇西峙，有流东环。

　　维此灵洲，閟于往古。

　　天启皇明，丽我中土。

　　巍巍殿宇，晖□云霞。

　　堂堂妙相，复以昙花。

　　恳词上请，锡名隆教。

　　引妄归真，开迷使觉。

　　帝祈佛慧，以济黎元。

　　民祝鸿厘，天子万年。

　　佛日昭宣，神天卫护。

　　海岳清宁，皇图巩固。

　　大明成化二十二年岁次丙午十一月吉日立

由碑文可知，隆教寺廓旧庵作寺，始建于成化十九年（庚子，1483），成于成化二十一年（乙巳，1485），有佛殿，"中奉牟尼佛"，又有伽蓝殿、祖师殿、天王殿、左右斋堂、禅堂、方丈等建筑。寺住持本谅原为僧录司右觉义。

本谅因知"寿安寺主济舟禅师者，精于法华、楞严之秘，为一方禅宗，从者甚众。谅往学其门，乃即兜率寺址作庵其傍，朝夕讲演不废，超然有得。自荐绅大夫以下，相知者乐与之游而不厌。太监公以中贵等人一见辄加礼敬之，与语三昧，极有条理，遂从而学焉。"知本谅其人佛法修养颇深。

由碑阴题名可知隆教寺初建时期的施主皆为太监人员，多达 157位，应皆为普通太监。另，寺院设住持、首座、藏主等职位。

与大多数明代太监捐资修建寺庙一样，隆教寺很快衰落下去，但是至清初仍有建筑、僧侣。查慎行《宿隆教寺僧房》云：

> 最爱阶墀细雨中，瓦盆高下列芳丛。
> 白花红子皆秋意，斟酌西窗一夜风。

此时，已经是康熙二十六年了。

（三）樱桃树

樱桃沟以樱桃取名，但因缺乏管理，至新中国成立初，已有名无实。

植物园成立后，每年均在沟内种植，1979 年，植物园在北沟上坡至水库一段路两旁，一次栽植了百余株樱桃。春来，花开似锦，景色异常。

（四）樱桃沟水库

从瀑布上行，映入眼帘的是一潭山泉聚成的碧水，这就是樱桃沟水库，也称樱桃沟调节池。

调节池建于 1958 年，南北长 60 米，东西最宽处可达 30 米，丰水期可蓄水 6000 立方米，用于调节下游两个蓄水池的水量。

水库东原有桥，宽仅容一人通过。当地百姓传说，只有仙人可以安然通过，故名"仙人桥"。

（五）"寿安山"石刻

仙人桥南原有巨石一块，上有明权相严嵩题"寿安山"三个大字。

以前入谷，左立巨石，右为崖壁，路径似已至尽头，然而，绕过巨石的后方，便能发现其后别有洞天。孙承泽时代，此地为退谷的入口。

樱桃沟舒同题"寿安山"石刻

1975 年，修筑樱桃沟路，因巨石挡道，无法通行，将其炸掉。现存"寿安山"题刻由著名书法家舒同于 1984 年重题，刻于右边的石壁上。

二 从"鹿岩幽栖"到"红星桥"

（一）凤凰石

水库路东侧东北角有一块青黑色的大石，长 3 米，高 2.3 米，厚 2 米。相传曾有凤凰至樱桃沟饮水后停息于此，故名"凤凰石"。

凤凰石的西面刻有"鹿岩仙迹，退谷幽栖"八个篆字，为民国时樱桃沟主人周肇祥所题。

前四字寄寓辽时有仙人骑白鹿往来于樱桃沟白鹿岩的传说，后四字称自己退隐樱桃沟过着悠闲的生活。

周肇祥手书"鹿岩仙迹，退谷幽栖"

樱桃沟的水杉、乱石与红星桥

（二）水杉林

从樱桃沟水库到红星桥的一段溪沟内密密麻麻生长着水杉。

白垩纪第三纪时，水杉属植物广泛分布在东亚、西欧和北美，共有十余个品种。第四纪冰川时期，水杉属植物遭受重创，只在中国得以部分保留，被植物学家称为植物界的"活化石"。

1972 年，北京市植物园从武汉植物所引进水杉种子，播种出苗后，于 1976 年和 1979 年分两批栽植于樱桃沟内。樱桃沟内终年流水，湿度大，背风无严寒，充分满足了水杉生长所需的喜湿、不耐寒两个条件。

现在，樱桃沟内共植水杉 180 余株，长势良好，业已成林，树高者已达 20 余米，干径达 25 厘米左右。夏季，水杉郁郁葱葱，一片生机；深秋时节，树叶变为红色，走在路上，似乎走入了火的海洋。

（三）红星桥

从樱桃沟水库上行，经水杉林，穿行 200 米左右，可见有一座小石桥横架溪上，这就是著名的"红星桥"，即瑞王府花园桥。

桥西为鹿岩精舍，可至元宝石；桥东为五华寺；沿桥东路上行，可至广泉寺、半天云岭等处。

三　周家花园

（一）鹿岩精舍

从"红星桥"左转，一座砖砌的门楼现于眼前，这就是"鹿岩精舍"的正门。"鹿岩精舍"是周肇祥为自己的别墅起的名字，当地人称为"周家花园"。

门额上题"鹿岩精舍"，上款题"戊午三月"，下款题"无畏"。无畏即周肇祥的号，亦称"无畏居士"。

（二）退谷石刻

鹿岩精舍南侧下方的石壁，有石刻"退谷"二字，为梁启超所题。

实际上，清朝初年"退翁"孙承泽曾在樱桃沟入口处题有"退谷"石刻。

孙承泽原为山东益州籍人，崇祯朝进士，官至给事中，后为清朝吏部侍郎。晚年辞官隐居樱桃沟，自称"退谷居士"。

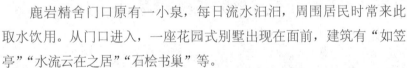

孙承泽所题"退谷"二字早已

鹿岩精舍门口

无存，梁启超游览樱桃沟时，周肇祥请他补题了"退谷"二字。

鹿岩精舍门口原有一小泉，每日流水汩汩，周围居民时常来此取水饮用。从门口进入，一座花园式别墅出现在面前，建筑有"如笠亭""水流云在之居""石桧书巢"等。

（三）香椿

鹿岩精舍内还有数株高大的香椿树，最大的高可达二三十米，胸径30厘米以上。

樱桃沟在新中国成立前种有大量的香椿树，因香椿叶嫩时可食，每到春季，城里的大饭店都派专人前来购买。新中国成立后，因为管理不善，很多香椿树都没有存活下来，只有鹿岩精舍内还保存有

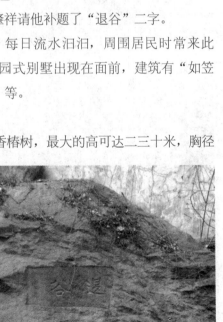
鹿岩精舍门口外右手处山岩上梁启超题"退谷"石刻

为数不多的几棵。

（四）古藤绕柏

出鹿岩精舍门的南便门，顺坡而行，有古柏两棵高耸，其中一株已死。二树上有老藤缠绕。

老藤年龄已有百年，其旁原有周肇祥所建草亭一座，新中国成立后被拆除。

（五）竹林与娑罗树

樱桃沟的竹林在明代中晚期就享有盛誉，《帝京景物略》记载说："燕故难竹，至此林林亩亩，竹丈始枝"。

明代所种竹子早已无存，周肇祥建鹿岩精舍后曾经移种了一些。1972 年后，植物园又在樱桃沟内栽种竹子 2 万余株。

由于沟内背风向阳，水源充足，竹子长势良好，恢复了"每泉分一枝，为竹万竿绿"的历史胜景。

在竹林上边的土台中有娑罗树一株，高近 20 米，胸径 50 多厘米，树龄在 300 年以上，为一级古树。

与五华寺隔岸而建的如笠亭

（六）如笠亭

如笠亭位于水流云在之居的前面，名出自清人宋荦《游退谷寻水尽头》诗中"如笠亭开退谷前，四山积翠落层颠"二句。

如笠亭高 3.5 米，建于 1.3 米高的石台上，南北有阶梯可登。亭子为方形四柱、四角攒尖建筑。亭背靠沟壑，南临平坡，周围竹木、松柏环绕，清风袭来，沁人心脾。

（七）楸树与桂香柳

"如笠亭"西有楸树一株，高 30

多米，胸围190厘米，树龄已有400余年，当为明代僧人所植。

如笠亭的东面有一株桂香柳，此树枝叶有如柳树，而花的香气如同桂花，故名"桂香柳"。

桂香柳香气浓郁，即使无花时节，在树下也可以闻到淡淡的香气。

（八）水流云在之居

自如笠亭南行十几米，可见松柏掩映之下有一处小院，这就是"水流云在之居"。水流云在之居名称取意于杜甫《江亭》："水流心不竞，云在意俱迟"的诗句意境。

小院内有精舍三间，坐南向北、红檐青瓦，额枋上悬挂"水流云在之居"的匾额。

小院环绕以矮花墙，内用青砖铺地。院北矮花墙下有一浅池，一座假山立于其中，有水注入池中。两株白皮古松茂盛葱郁，西边一株径粗0.8米，为一级古树。植物园曾在此开设"清泉茶社"，供游人小憩品茗。

（九）石桧书巢

紧靠水流云在之居的高坡上是周肇祥书房，名为"石桧书巢"。

书房不言书房，而谓之"书巢"，言其取法自然。

书房独立成院，房有南屋三间，三面出廊，规制与"水流云在之居"相同，屋檐悬挂"石桧书巢"匾。书巢所在地势高敞，是远眺天光云影和四周青山的好地方。

"石桧书巢"与"水流云在之居"原匾皆为周肇祥所题，"文革"中被毁，现悬两匾为书法家舒同所题。

水流云在之居与石桧书巢

（十）"保卫华北"石刻

白鹿岩东涧谷南坡上，有一块长 2 米、高 1.2 米的青石，上刻"保卫华北"四字。

20 世纪 30 年代，日本帝国主义步步紧逼，策划华北五省（河北、山东、山西、察哈尔、绥远）自治，妄图分裂进而灭亡中国。

1935 年 12 月 9 日，北平爱国学生掀起了轰轰烈烈的"一二·九爱国运动"，反对国民政府的妥协，要求政府抗日。

为了迎接日益高涨的抗日形势，培养革命力量，中华民族解放先锋队和北平学联一起组织北平各大学校在樱桃沟举办夏令营，讲解当前形势，进行军事训练。清华大学赵德尊与北京大学陆平二位学生，一起在石头上雕刻了"保卫华北"四个大字。

樱桃沟"保卫华北"与"收复失地"石刻

1980 年 6 月，北京市植物园工人在清除樱桃沟旁杂草时，发现一块大青石上刻有"保卫华北"字迹。时逢北京市政协主席刘导生到樱桃沟视察，经他证实，四字是"一二·九"运动时爱国学生留下的。

"保卫华北"石刻隔涧对面石壁上还刻有"收复失地"四字，一度被杂草掩映，亦当为彼时所刻。

四　水源头

（一）元宝石（白鹿岩与白鹿洞）

由"保卫华北"向谷内前行数十米，即是樱桃沟名胜水源头、元宝石、石上松的所在。

元宝石高 6 米，长 14

水源头处的元宝石与石上松

米，因上大下小，形如"元宝"，而得名。香山地区百姓间流传有曹雪芹以此为模型，创造《红楼梦》中青埂峰下那块顽石的说法。

元宝石背后有徐世昌所题"白鹿岩"三字，侧面石窗上则题"鹿圈"二字。

樱桃沟元宝石上徐世昌所题"白鹿岩""鹿圈"

不过，按照陈衍的说法，白鹿岩似乎并非此元宝石。陈衍《白鹿岩记》云：

> 越岭，诸峰森列，芽苗不断，一峰最异，即白鹿岩也……相传，辽时有仙人骑白鹿往来斯岩，故以命名。登岩

顶，瞰万寿山如竖掌指，西望，太行高挂天际，夭娇拏飞，
烟云绕之。

陈衍称"登（白鹿）岩顶，瞰万寿山如竖掌指"，则白鹿岩似乎不
应在今元宝石处。

元宝石下有穴，深 6 米，宽 3.6 米，高 2.1 米，可容十余人。民国
时，周肇祥居鹿岩别墅，曾对白鹿洞进行过清理、整修，他还在洞内嵌
碑，记述了白鹿洞的传说和自己清扫白鹿洞的经过，碑云：

> 白鹿岩在寿安山中，辽时有仙人骑白鹿往来于此，故名。
> 岩为空石，下覆中空，视半橡，殆洪荒之水激而成也。明中
> 叶西僧居之，败榻遗灶有存者，久废弗治，湿秽不容趾，惟
> 牧羊儿借避风雨耳。
>
> 甲戌春，率童仆事修剔。叠石为床，响明作牖。古桧裂
> 石出，垂荫如翠幄，大涧当在，曰水源头。暑雨初过，山泉
> 积注，携亏就石洼。浴罢入息，清凉澈毛骨，几疑身置冰壶
> 雪窦间。书此告来游，无令独享为愧也。
>
> 乙亥三月，退翁周肇祥并书

甲戌，即民国二十三年（1934）；乙亥，为民国二十四年。

由周氏碑文"辽时有仙人骑白鹿往来于此"，可知周肇祥曾观陈衍
《大江集》，以为所载白鹿岩即水源头之元宝石。

（二）石上松

白鹿岩的西南山坡上，有一块巨石，石高十余米，宽 4 米，中间裂
有石缝，其间，一株侧柏生出（民间称之为"石上松"）。

石上的柏树高 7 米，干径 35 厘米，根露出石头，唯有一枝树根沿
着石头上唯一的石缝，向下深入地面。

《春明梦馀录》称其为桧树，云："独岩口古桧一株，根出两石相夹处，盘旋横绕，倒挂于外……是又岩中之奇者也。"周肇祥《白鹿岩记》云："古桧裂石出，垂荫如翠幄。"

以前，树根与石缝接地处有一小泉。树寿不知几百年。相传，此石上柏系曹雪芹《红楼梦》"木石前盟"的原型所在，为樱桃沟最重要的景观之一。

樱桃沟水源头处的石上松

（三）志在山水

与白鹿岩隔溪相对的岩石上刻着"志在山水"四字，字下无落款。

《大清会典事例》卷一千一百五十七载，同治六年（1867）间，"在樱桃沟志在山水水源沟口扼要之地，添建堆拨一处，派兵栖止，昼夜巡查，用资守护。"可知，至少为清同治时期"志在山水"四字就已经刻在这里了，石刻下面的缝隙为水源头泉水之一出处。

（四）水源头

水源头也称"水尽头"，在白鹿岩北的乱石丛中。《天府广记》有"水源头两山相夹，小径如线，乱水淙淙，深入数里"的记载，当时情形可以想见。其"志在山水"石下亦有泉水涌出。

孙承泽《退谷》云，水源头"水分二支，一

水源头"志在山水"石刻

周肇祥刻"水源头"

至退谷之旁，伏流池中，至玉泉山复出。昔有人注油水中，玉泉水面皆油也。一支至退谷亭前，引灌谷前花竹。"称水源头水与玉泉山水地下相通。

"退谷"泉水名闻京城，康熙年间的《宛平县志》将"退谷水源"列为"宛平新八景"之一。

明朝中叶，水源头已成为文人墨客的游览胜地，明文学家文徵明、谭元春、倪元璐等先后来到这里，吟诗留念；清代初年，朱彝尊、王士禛、汤右曾、宋荦等也曾游览此地，留下了不少关于水源头的诗篇，如明人谭元春有《入水源》诗，写道：

> 岚交四野雨初归，湿满幽崖日抱晖。
> 寺寺秋深深不得，蜻蜓蝴蝶暖中飞。

检点明清诗人诗歌，写水源头者，不下数十首。

清代宋荦《游退谷，寻水尽头》一诗写道：

> 如笠亭开退谷前，四山积翠落层巅。
> 花围曲栏宜呼酒，木架荒崖任引泉。
> 踏石寻源闻淅沥，临溪濯足爱沦涟。
> 萝阴窈窕苔矶静，坐听樵歌胜赏偏。

周肇祥在"志在山水"石刻巨石上面镌刻有"水源头"三字，上款"华一五书"，下款"无畏居士"，知刻于1916年。

（五）樱桃沟红叶

樱桃沟植有枫树、黄栌等树，每至深秋，谷内红斑点点。明清时期，樱桃沟红叶与香山相媲美。王应翼有《水源看红叶》诗，其诗云：

> 霜受有深浅，果叶亦异姿。
> 浓澹入遥空，薄霞生余枝。
> 微照何能及，爱此山风吹。
> 鳞鳞红相触，自然有参差。
> 我作春容观，反尔忘其衰。
> 其情领冬气，乃以色终之。
> 高岭及幽壑，升降目所私。
> 不见横斜影，山山相蔽亏。

崔开予诗则云："数星枫树红，一段柏径折。"可以想见，当时樱桃沟内流光飞彩的情景。倪元璐《秋入水源》写樱桃沟秋色最好，云：

> 山将枯去晚烟肥，茅屋人家红叶飞。
> 我说是秋都不信，此间春却未曾归。

明代红叶古树现已难寻，如笠亭北有一株五角枫，高 20 余米，为沟内较大的红叶树，专家估计应为清末所植。新中国成立后，植物园在沟内种植了很多枫树，一入金秋，尽是红叶，实为胜景。

（六）退谷亭

水源头处高地一处，上立石亭，即"退谷亭"。

该处原为太和庵。古时，在太和庵观山景、听鸣泉自有一番特别的感觉。明代文学家谭元春有《太和庵前听泉》诗，诗云：

诗选何方好，波澜过接时。

应须高下坐，徐看吐吞齐。

鱼出声中立，花开影外吹。

不知流此去，响到几人知。

退谷亭，方形攒尖，上覆石瓦，朴素淡雅，为民国时周肇祥所建。

原太和庵位置上周氏建造的退谷亭

对联下的周肇祥题款并印章

四柱及连接柱子间的横构皆为石制。向外两柱上镌"行到水穷处，坐看云起时"，取自王维《终南别业》诗。联落款为"乙亥秋九月既望"，即民国二十四年（乙亥，1935）九月十六日。

五　从水源头到三炷香

（一）疯僧洞

沿白鹿岩与石上柏之间的小径直上，走过一段路程，可以看到路边有一块奇特的大石头，此石一人多高，上下笔直，如同刀斧削过一般，称为"立石"。

顺"立石"而上，有一块巨大的岩石，其下有一石窟，深六七尺，内狭外阔，这就是有名的"疯僧洞"。

相传，很久以前，有一僧人经过樱桃沟，发现此地山清水秀、树木葱郁，是一个修行的好地方，因此决定住下来。他认为白鹿洞内部比较广阔，又紧靠水源头，适合居住，便想入住使用，不想白鹿洞已为一道士占据。两人相争，约定斗法。和尚不敌，只得放弃白鹿洞，来到这个洞窟继续修行，因疯僧住过，故名。

（二）普济寺

疯僧洞之东，现有五间废弃的房屋，俗称"五间房"，原为明代普济寺旧址，《日下旧闻考》载：

> 普济寺遗址尚存，有断碑一，明僧道深撰，正统十一年立，略云：香山乡五华寺之西，层峦巨壑，叠嶂悬崖，双涧交流，千岩毓秀，可为梵刹，募众缘鸠工建造，额曰："普济禅寺"；又建尊胜宝塔一座，兴工于正统八年完于丙寅之秋，僧国观为住持。……尊胜塔废址在寺东，高三尺余。

《普济禅寺碑记》今存，青石，虽斜向断作三截，但石质坚硬，刻字如同新镌，内容如下：

赐宝藏住持圆融□师播杨道深撰
尚素轩晋□岚贾英书篆镌

王御用监中官阮公晋义，号断云居士，世交南之茂族人也，自幼选入内庭，随侍恭俭，诚谨详庭。

公素好佛乘，教门精进，而寻游于香山乡五华之西，喜其胜地层峦巨壑，叠嶂悬崖，双涧交流，千岩毓秀，可为梵刹者也，遂捐己之财，及募众缘，鸠工建造，大佛宝殿、伽蓝、祖师之堂、山门、天王之殿、禅堂、斋室、廊庑、庖湢靡不备具。□其像设庄严，而甚念□碧皎辉，钟鼓供器之属一一皆具，□果□蔬□泉灌溉，□成法□者也，其额曰"普济禅寺。"又建尊胜宝塔一座，（下缺）左，兴工于正统八年，完工于丙寅之秋，命圆观僧为住持。（下缺）修上所以（下缺）国家，祝延圣寿，下兴（下缺）所福禳灾，其施主檀越之芳名俱勒于碑。

正统十一年五月五日立

文中"又建尊胜宝塔一座"，紧接前文"鸠工建造，大佛宝殿……靡不备具"，可知，尊胜宝塔确实与寺庙同时或稍后建造，故普济禅寺建造时间可知。

碑今存曹雪芹纪念馆碑林。从碑文可知，普济寺住持为"圆观"，而不是《日下旧闻考》中所记的"国观"，《日下旧闻考》所记有误。

（三）金鸽台

疯僧洞南有一条狭窄的山沟，最窄处仅有四五米宽，这里是"樱桃沟西沟"，当地人称为"耗子尾巴"。

沿山沟里行，一堵峭壁眼前突起，高百尺余，石壁之上布满横向裂纹，这就是"金鸽台"。

相传这里曾经有两只金鸽居住，它们白天到水源头饮水嬉戏，晚上来此居住，深受当地百姓的喜爱。有一天，樱桃沟来了一个风水先生，他看到金鸽后，顿生贪心，伺机埋伏在水源头，乘机抓走了一只金鸽。金鸽是水源头泉水的守护者，一只金鸽被捉走后，水源头的两股泉水就只有一股流水了。剩下的一只金鸽飞到金鸽台上哀鸣不止，最后也飞走了。它感念平日乡亲们对它的爱护，没有将剩下的一股泉水带走。

金鸽的传说寄托了人们对美好事物的热爱和对自私自利之人的厌恶

和愤怒，不过新中国成立前，金鸽台上确实寄居了大量的野鸽，每到日暮归巢之时，群鸽齐鸣，乌翼遮日，实为一大景观。

（四）环翠别墅

从望雨楼顺防火道上行，路边有一处荒弃的房屋，这就是民国时期几位资本家建造的环翠别墅。别墅环境优雅，是周末休憩的佳处。

环翠别墅右为山道，左为崖谷，据许惠利《卧佛寺与樱桃沟》记载，废弃的石台向东百米处有"环翠"石刻一块。

（五）半天云岭

自环翠别墅继续上行，可至樱桃沟北山顶。

山顶地势两边高中间低，东部称"燕儿岭"，西部称"白梨坪"，中间地势较低的这一块山地，称作"半天云岭"。

半天云岭为清代樱桃沟名景之一，因岭后一马平川，适于远望，鹫峰、妙高峰、七王坟、九王坟、冷泉、黑龙潭、太舟坞尽收眼底，相传清朝帝后，每至重阳必至此地登高望远。

半天云岭还是观赏红叶的绝佳之地，山岭南北栽植有大片黄栌、五角枫，每至秋季，数百米长的山岭上，片片红叶如彩云般，与周围苍松翠柏形成鲜明的对比，景色壮观，不亚于香山。

（六）宝座石

半山云岭中有一块巨石，相传慈禧太后曾经在此坐过，称为"宝座石"。此石形如座椅，可扶可踏。

慈禧太后的妹妹嫁给七王醇亲王奕譞为妻，先于慈禧逝世，葬于今北安河乡妙高峰，因体制关系，慈禧不能亲到墓前祭奠，于是重阳登高之际，至此地西北远望七王坟，以寄托自己的哀思。慈禧站累了，就坐在这块石头上休息，民间称曰"宝座石"。

（七）三炷香

白梨坪后三峰并峙，天多云时，云气缭绕于三峰之间，自白家疃一带观之，如同点燃的三炷香火，故名"三炷香"。

相传，明朝某位帝王去黑龙潭祈雨，当他站在画眉山上南眺时发现，远处仿佛有三炷巨大的烟气缭绕，似在烧香一般，仔细观看方知是三座山峰，因而将之命名为"三炷香"。

自白梨坪顺山路而下，沿途松柏茂密，小路崎岖，直到五华寺，出来即到红星桥，这一条路线上有金章宗看花台、武松脚印、五华寺等景点。

六 来鹿园与静远堂

来鹿园为周家花园的一部分，位于白鹿岩与广泉寺之间的一块山谷内。静远堂为周肇祥生圹的名称，位于今广泉寺至五华寺前一带。

（一）从圆通寺到"一二·九"运动纪念亭

"保卫华北"石刻对面，紧靠"收复失地"石刻，为"一二·九运动纪念亭"。

此处原为明代圆通寺位置，寺门位于寺庙前方，正临从水源头下来的山谷，由山谷下行，到达谷底处，为寺庙的入口——此处右行为五华寺僧舍院，上行为广泉寺，左行为圆通寺。

1935 年 12 月 9 日，北平学生发动"一二·九爱国运动"，在此举办夏令营。

在纪念"一二·九"运动 50 周年前夕，时任中宣部部长邓力群等人倡议在樱桃沟建立"一二·九"运动纪念碑，缅怀革命先烈并启教后人。

1984 年 12 月 8 日下午，"一二·九"运动纪念亭奠基典礼隆重举行，全国人大常委会委员长彭真为"一二·九运动纪念亭"题写碑名，国务委员、"一二·九"运动老战士康士恩和北京市政协主席刘导生为纪念亭破土奠基。

"一二·九"运动纪念亭由共青团北京市委和北京市学生联合会募捐建造，北京工业大学建筑系宋晓松、李长生设计，占地 0.1 公顷，由三座三角形小亭组成。

三座纪念亭坐落在黑白相间的花岗岩台基上，周围矮墙覆盖粉红色花岗岩压面石。中央主亭高 5.5 米，边长 5 米，两边次亭高 4.2 米，边长 1.8 米。三角形寓意为"一二·九"运动举办军事夏令营时露营帐篷缩影；三个三角形组成一个立体的"众"字，寓意着广大民众的觉醒和人民众志成城抵抗侵略的决心；挺拔的建筑线条象征青年朝气蓬勃、积极向上的精神；大小三组建筑表示革命传统代代相传，革命事业后继有人。

北面山坡处，矗立着长 28 米、高 3.3 米的纪念碑。黑色大理石碑身，镌刻着彭真的题字"一二·九运动纪念亭"，碑文由刘炳森书写，碑文如下：

> 一九三五年，日本帝国主义的铁蹄在践踏了我国东北之后，进一步伸向华北。华北之大，已经安放不下一张平静的书桌了！当中华民族面临生死存亡的危急关头，十二月九日，在中国共产党的领导下，北平（北京）的青年学生率先奋起，发动了震惊中外的"一二·九"学生运动，吹响了抗日救亡运动的号角，拉开了全国抗战的序幕，在中国青年学生运动史上写下了光辉的一页。
>
> 为了缅怀革命先辈的英雄业绩，继承和发扬中国青年运动的传统，激励青年为振兴中华，实现四个现代化而努力拼搏，将在当年一二·九运动时期的重要活动地之一——樱桃沟（曾举办过军事夏令营，培训抗战骨干）建立纪念亭，永志纪念。

共青团北京市委员会

北京市学生联合会

一九八五年十二月建立

刘炳森书

"一二·九"纪念亭是进行爱国主义教育的地方，在这里人们可以感受到当年青年学子在面临国破家亡的情况下，奋起抗争、保家卫国的情形。

（二）来鹿园、广泉寺、周肇祥生圹

樱桃沟红星桥东直行上去 1000 米左右为广泉寺。

以广泉寺为中心，周肇祥将广泉寺周围分作生前园林区与身后埋身区：左侧山谷地为来鹿园，一直延伸到元宝石（周肇祥谓之白鹿岩），是为鹿岩精舍的延伸区；右侧广泉寺为周肇祥生圹地，是周氏的身后埋身处，称为静远堂（盖周氏有静远堂之堂号）。

周静远堂地界（上面刻"广泉寺"）

来鹿园界碑

广泉寺在明末就已经衰落，可能与寺在山上，香客往来不便有关。明人李元弘作《广泉废寺》诗，云：

不知山有经，白日气森森。

殿挂幡幢索，铃摇梵呗音。

所嗟僧易去，亦叹佛无心。

作礼悄然去，归云已在林。

吴县释修懿《广泉废寺》亦云：

破寺住余辉，萧萧鸟乱飞。

殿荒藤作壁，佛老薜为衣。

云遏钟声杳，苔封屐齿稀。

伫看兴废事，惆怅暮山归。

清初，著名诗人严荪友曾在广泉寺居住，可知，寺虽已"废"，但建筑尚存，或者还有少数僧侣。诗坛领袖王士祯《怀严荪友住广泉寺》诗云：

不识广泉寺，泉源有路通。

羡君成独往，深夜伴支公。

涧水声闻寂，林花色相空。

九峰归去客，微尚想能同。

雍正、乾隆年间，著名文学家曹雪芹住在山下的正白旗、镶黄旗一带，距离樱桃沟颇近，时常到沟内散步采风，曾与友人张宜泉来广泉寺游玩。当时，曹雪芹游兴大发，信口作《西郊信步憩废寺》一首，惜其原诗无存，而张宜泉则有《和曹雪芹西郊信步憩废寺原韵》诗，云：

君诗曾未等闲吟，破刹今游寄兴深。

碑暗定知含雨色，墙颓可见补云阴。

蝉鸣荒径遥相唤，蛩唱空厨近自寻。

寂寞西郊人到罕，有谁曳杖过烟林。

红学家徐恭时先生作《有谁曳杖过烟林——曹雪芹和张宜泉在北京西郊活动之片断》一文，指出张宜泉与曹雪芹一起游赏的那座废寺就是寿安山上有名的广泉寺。

广泉寺门外路旁有古井一眼。井依山坡而建，深十余米，井壁以青石砌就，井台上覆两块石板，在明清时代以"满井"而著称。《天府广记》载：

（玉皇庙）殿侧有满井，水可手掬。西山山顶之井，广泉寺与此为二，谷中瀹茗取给二井。

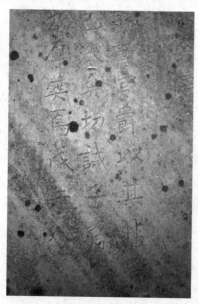

周肇祥作《自营生圹记》

可知，清代西山一带建在山腰处的高海拔水井只有广泉井和玉皇庙殿侧的满井，而且二井水质很好，可以用以烹茶。

唯是广泉寺所处位置偏高，且地势陡峭，往来不便，至清中叶基本已经废弃，故而，民国初年，周肇祥居樱桃沟时，以之为"生圹"，葬亡妻陈默娴于此——经勘察，茔地内似还有他人埋身。

周氏生圹前方后圆，似有意为之。生圹之前入口原有横碑额"香岩塔院”，取香山、白鹿岩之意；复有“周氏寿藏”横额一通。周肇祥有“自营生圹记”，今暴露于离墓地不远的地面上。

《自营生圹记》云：

> 余生际多难，未老先衰，养疴寿安，乃获兹壤，辟为永宅，与默娴夫人同穴。上立石支提，仅书法名，额曰“寿塔”。
>
> 余前身本南荒僧，幼又皈依佛法，故从释氏例也；不书官爵，以其非素志也。
>
> 寠人得此，实已奢矣，切诫子孙，他日毋得更事崇饰及厚葬焉。
>
> 戊午八月六日申时讫工记

不过，周肇祥死于新中国成立后，未能葬于此地，因涉入政治，其墓地“文革”中被毁。

今墓园中存周肇祥“自营生圹记”石幢、石制构件数种、露陈座等，处于无人保护状态。

周肇祥的姐姐周肇芬与外甥女葬于五华寺前山神庙一带位置。

七　五华寺

五华寺与鹿岩精舍隔溪相望，其后即是周肇祥生圹（原广泉寺），是明清时期樱桃沟地区历史最为悠久、规模最为宏大的寺院之一。

金大定二十七年（1187），五华寺的前身五华观落成，“命高道宋先生与众住持为修炼之所”。

之所以叫做五华观，与其后的山脉有关，因寿安山五峰突兀，似五座莲花，故亦名“五华山”，寺以山名。

元朝喇嘛教大盛，英宗时五华观被改作寺庙。因寺内有圆殿建筑，故亦称“圆殿寺”。

明朝宣德初年，“有僧成公东洲禅师见其地径幽僻，山水环绕，遂卓庵于此。”其后，五华寺多次改建、重建。寺内现存之《敕赐五华寺重修记》云：

赐进士、朝列大夫食四品禄、礼部正直郎、文渊阁门西倪让撰文

朝列大夫食四品俸、户部正直、文华殿会稽张福书丹

奉政大夫、光禄寺少卿、前中书舍人云间于信篆额

都城之西，寿安山之北，有古刹圆殿，历久𡒄圮。

于宣德初，有僧成公东洲禅师登游于此，见其地径幽僻，山水环绕，诚修行之所，遂卓庵于此，坚志苦行。经历年久，内外士庶供奉不缺。有大功德主中贵官黄公竟净，遂涓已资，并蒙众缘，庀工起盖，廊庑悉皆完备，众檀越恭请成公禅师为开山第一代，禅师却之不已，遂登坐说法。

正统辛酉，蒙尚膳监官杨益传奉圣旨，敕赐“五华寺”，仍命礼部札文性成为本寺住持，后成耄耋，实厌烦挠，幡然自退，举嗣法弟子维兴领众住持本山为第二，此刹有绪宗门而得人矣。

距宣德初经始，迨今已五十年，栋宇腐朽，绘秣尘翳，垣界木植日见凋弊。主僧每自任责，若不葺修，何□来，欲募十方大众，再营一新。

适崇德府中贵官赵公斌、常公亨过寺瞻礼，二公首倡，欲为主国香火院，为国祝禧，为众祈福，皈启主国，遂久其请，僦工营之，赵公、韦公共任其事，敞廊、垣界、殿宇、千佛阁、佛殿、伽蓝堂、祖师堂、天王殿、钟鼓楼、禅堂、厨库、方丈、僧舍、凉亭、水池、石梁、供具之物靡不精洁

而悉备焉，焕然一新，庄严法像，丕振宗风，往来观瞻，咸
生庆幸，诚可谓盛矣哉！

经始成化五年，落成于乙未年。一日谒余，求纪其事。

余惟佛氏之教，以清净广大为宗，慈悲方便为因，上以
阴翊皇度，下以化导群迷，利益有情，无祈不应，自永平间
法入中土，千有余年，信用不疑，上下一轨尔。以足主国重
仁爱之心，为国家主民是利，中贵以同然也。余故序其始末
之端，纪其岁月，勒诸坚石，用垂不朽云尔。

御马监太监、署乙字供用等库王宝、龚世遇。

时嘉靖三十七年岁次戊午八月吉日，内府功德主、信官
宝朝等重修。

大明□□十一年岁次己未三月吉日立石

由碑文"敞廊、垣界、殿宇、千佛阁、佛殿、伽蓝堂、祖师堂、天
王殿、钟鼓楼、禅堂、厨库、方丈、僧舍、凉亭、水池、石梁、供具之
物"，可以想象明朝弘治年间五华寺盛时的景象。

五华寺的露陈座与碑座

樱桃沟内风景秀丽，明代著名书画家文徵明，清代文学家王士禛、
怡亲王弘晓、慎郡王允禧都曾游览五华寺，且留有题咏诗文。王士禛
《五华寺》诗云：

五华寺残存的碑刻

退翁亭子苍崖前，五华古寺当其巅。

残僧夜雪煨芋火，童子开门寻涧泉。

石壁空青散云锦，金沙照曜浮清涟。

他时把酒萝荫下，风堕岩花乌帽偏。

石楼是五华寺的知名景观。佟世思有《由退谷至五华寺石楼望雨》云：

结伴入西山，我爱退谷树。

五华在其巅，钟声天外度。

我起振衣行，一杖凌霄步。

巉岩虎豹蹲，幽壑蛟龙护。

人生探瑰奇，曾未目中寓。

游者逝如斯，山灵意谁注。

须臾寺门开，白发僧伽聚。

觅食香积荒，地少黄金布。

悠哉石上楼，黄叶覆无数。

移时坐听秋，秋声喧薄暮。

风雨在前川，下有来时路。

由诗文内容，知时在秋时，"听秋"二字写樱桃沟风、泉，颇有意涵。

乾隆五十七年，五华寺曾经重修，立有《重修五华寺碑记》，云：

京西寿安山之北，其地邃幽，山水环绕，峰峦磅礴，控引翠微，衿带玉泉，蜿蜒数百馀里，□□□奇，名压诸胜，翠华之所时至。其下有古刹，自明记正统辛酉年赐额曰"五华寺"，盖西山都城第一胜景也。

圣主巡方省土，岁一临幸香山，而寺久依日月之光，必为法王之所，行道海内，贤哲从此栖息。

今其庑宇萧寂，龙象□然，梁□楣楯、瓦甍瓴甋浸淫销落，诚为秽荒，幸有内仕贵官游玩到此，见其残败不忍，特募众善，捐资重修，庀材饬工，耗不赀之财，创立祇园精舍，涤荒除秽，广益福田，使夫林静岚空，肃清禅院，改旧换新，成丛席之规，佛声浩浩，喜闻钟鼓之音。况乎五云之居足助千岩之秀，彩虹腾辉，扬层霄而上起；威凤接翅，蟠叠嶂以下翔，炳炳巍巍，宜与灵山同不朽矣。至于慈云化雨，覆被无穷，固莫测其功用也。是为序。

赐进士出身、诰授奉直大夫、翰林院庶吉士、□万寿盛典总纂、武英殿纂修加一级张师诚撰文

时维乾隆五拾柒年岁次壬子蒲月二十七日，功德告竣，刻石谨立。

蒲月，即农历五月，因时民间门窗挂菖蒲，故名。

张师诚（1762—1826），字心友，号兰渚，浙江归安（今湖州）人。乾隆五十五年进士，改庶吉士，授编修，后累官至江西巡抚、福建巡抚、署理两江总督等职。

碑阴碑文有"奉先殿首领曹喜、御膳房总管王进保……御药房徐

福、皇八子下萧喜、皇十五子下曹进福、翊坤宫王进喜、四执事李福、敬事房杨进朝、内奉事王进福、内奏事曹进喜、内奏事王忠、铸造处王进孝"等题名，知此次修缮系宫中内廷公职人员集体行为。

五华寺复有乾隆五十七年"香灯圣会"立《香山樱桃沟新建五华寺永远香灯会碑记》，落款"乾隆岁次壬子菊月立"。

所谓"香会"，是传统时代民间祭神修善的自发性组织，又称"善会""圣会"。香会类型很多，各有会名，会名以最初成立时会址为准。这种传统，一直延续到近代。①

清代，北京每届寺观举行节庆活动，各处信士弟子朝礼进香之际，多有香会活跃其间。五华寺碑文中的"香灯会"，是指义务为寺庙提供香灯费用的民间松散组织。

乾隆壬子，即乾隆五十七年。菊月，即九月。清厉荃《事物异名录·岁时·九月》载："九月为菊月。"

清代五华寺还有一块乾隆五十九年如意馆职员集体捐资修建五华寺道路的碑记，碑额正书"为善最乐"，碑文云：

> 夫济人利物之事，何地无之，好义急公之人，在在而有，惟难于创倾、创修者之感格耳。
>
> 曩者，□□之秋七月，如意馆之宋、张二公者，偶叙于王公之肆。有人言自西山来者，见其呻吟错愕，有惊悸未定之状，语之其人，曰："适因事路经五华山，山道险恶，上多岭崎之径，下临不测之渊，战战欲坠者数四"，并指□其所谓憋死猫、半边酥、耗子嘴等名，人畜至此难行，□□□□□□，为害不可胜言。问其土人，则曰："相顾而莫肯修，相叹而莫能修，流传数百年矣。"宋、张二公闻言之

---

① 金受申：《香会》，载《北京通》，大众文艺出版社 1999 年版，第 155 页。

下，慨欲生方□□□□□济人之任，曰："三人同心，其利断金。"遂拉王公而往焉，相度形势，协力为之，扩其狭隘，垫其低洼，经月而小成。行人无恐，履险如夷，三人之心，不亦善乎？

岂料，不逾年焉，山水湍悍，澎湃其间，崎岖如故。其时，三人者谓此心之不可亡，前功之不可弃，复往修之，随坏随修，孜孜不倦，于兹八年矣，三人之心良苦矣！

然岁月无期，心力有限，其如久计何？于是，宋、张二公总于稠人乐事之中亦常有忏忏焉，故尔动知己之疑问，告己之艰辛，且必得金之若干，可一劳而永逸。片言未已，众口同词，曰："壮哉！义举也！以吾界力士而共擎有足之鼎，何难一举成功？"遂各奋起而乐为之助。不数日，已足其数矣。

适当四野□云、三□□事，山之前后左右村民莫不鼓舞应募，又有匠头景某者挺身助修，竭尽心力，经之营之，突兀者削之，冲激者御之，山开□平，道扩而途坦，工必坚固，虽越世而无虞也。

《阴隲文》有云："修数百年崎岖之路，是也。"然事非细事，功亦莫大，而未及匝月成之者，得非三人之真诚感格者乎？今三人不居功而隐其名者，以诸公建此不朽之功臣，区区领袖何足表称，而诸公建不朽之功者，并欲秘其名而不彰，诚其人之不可量、其阴德亦不可量矣！惟五华山之居民则有大忍也，故再四哀请，仅各存一姓而已。古来济人利物未见如此之不矜不伐者，故乐书其事，勒石道左，使经过此者知为善事之中而又有尽善如此者也。

乾隆五十九年岁次甲寅仲夏吉日立

五华寺现存的围墙

樱桃沟通山后路有两条，一经五华寺左侧上行，过半天御风、憋死猫，通冷泉；一经水源头，上行，过三炷香，通白家疃。由碑文知，所修之路即前者。

如意馆，系清代康熙年间间建立的为朝廷提供绘画的机构，汇集了全国各地的绘画家、书法家、制瓷家等。宋、张、王不知何人。

功德碑原在鹿岩精舍与五华寺的分路口，现已无存，由五华寺东侧直上后山垭口的香道尚存。

20世纪30年代，五华寺尚存有北大殿五间、铜制佛像三尊。新中国成立后，三尊铜像被历史博物馆保存。

1965年8月，五华寺被中国计量科学研究院借用，寺内仅存的一座佛殿也被拆毁。唯有古老的寺庙围墙和独立的树木诉说着这里曾经的辉煌。

八　看花台与金章宗手植松

金章宗喜好游山玩水，在樱桃沟建有"看花台"。"看花台"至清代尚有遗迹，现遗迹已无存。

至于"看花台"的地点，《春明梦馀录》记载："隆教寺西越涧有长岭，岭半为金章宗看花台，台畔有古松一株。"《嘉庆一统志》载："看花台在宛平县西，玉泉山隆教寺西长岭之半，为金章宗故迹。"道光年间出版的《鸿雪因缘图记》则言：

出谷口上岭，过五华寺，再上涧，西古松一株，横拖岭半。读断碑，知为金章宗看花台，并半天云即岭名也。

根据以上材料记载，看花台似乎当在五华寺、隆教寺后山岭与山后交界处，但确址不能辨识了。

清代著名文学家查慎行曾来游樱桃沟，遍游水源头、五华寺、金章宗看花台等地，其《金章宗手植松在寿安山西岭上》云：

寿安山头一老松，从下仰视青童童。
羽衣仙人拥盖立，柄短却作佝偻容。
我思蹑屩苦无伴，范老（性华）兴到许我从。
婆娑初自枝亚入，中乃可置一亩宫。
四傍四枝分四面，侧理横出交蓬松。
东西南北不相顾，意到各自成虬龙。
中间大枝裘挈领，高势一揽收群雄。
其帝峭壁截牙角，直下千尺方藏锋。
苍髯翠尾掉空际，蜿蜒饮涧天投虹。
千山万山似摇动，鳞甲未敛云濛濛。
须臾夕阳转西麓，胁下爰爰生微风。
一声老鹤忽飞出，竽籁散入邻庵钟。
老僧指似时代古，手植传自金章宗。
是时朔南罢兵革，贡使一一舟车通。
明昌泰和号极治，击球诈马习俗同。
近郊亭馆恣游宴，逐兽不入深榛丛。
遗山野史有深意，国亡事去忍更攻。
孤臣饮泣记旧恨，肯畏后世议不公。
洗妆楼空春月白，射柳圃废秋花红。

一朝故物独留此，郁郁幸自蟠苍穹。

迩来四百四十载，坐阅桑海如飘蓬。

轮囷差堪伍社栎，潇洒犹足骄秦封。

君不见，报国门前数株树，讬根悔落尘埃中。

范性华，钱塘（今杭州）人，著名曲作家，于京师坐馆为生，与黄冈名士杜浚为友。张潮《虞初新志》录杜浚作《陈小怜传》，云："钱唐知名士范性华者，老成人也，馆于燕。"

查慎行为嘉兴人，故与同为浙省人的名士范性华相识，同游樱桃沟，见金章宗"手植松"，唯今似已不能寻其踪迹矣。

第三节　退谷诗文

退谷诗文，以当前所见主要集中于《帝京景物略》《天府广记》《宸垣志略》《明善堂集》《熙朝雅颂集》各书，今胪列于下，以存斯文。

一　《帝京景物略》载退谷诗文

水尽头

观音石阁而西，皆溪，溪皆泉之委；皆石，石皆壁之余。其南岸皆竹，竹皆溪周而石倚之。

燕故难竹，至此林林亩亩，竹丈始枝，笋丈犹箨，竹粉生于节，笋梢出于林，根鞭出于篱，孙大于母。

过隆教寺而又西，闻泉声，泉流长而声短焉，下流平也。

花者，渠泉而役乎花，竹者，渠泉而役乎竹，不暇声也。花竹未役，泉犹石泉矣。

石罅乱流，众声渐渐，人踏石过，水珠渐衣，小鱼折折石缝间，闻跫音则伏于苴于沙，杂花水藻，山僧园叟不能名之，草至不可族。

客乃斗以花，采采百步耳，互出，半不同者。然春之花，尚不敌其秋之柿叶，叶紫紫，实丹丹，风日流美，晓树满星，夕野皆火。香山曰杏，仰山曰梨，寿安山曰柿也。

西上圆通寺，望太和庵前，山中人指指水尽头儿，泉所源也。至，则磊磊中两石角如坎，泉盖从中出。鸟树声壮，泉喈喈，不可骤闻。坐久，始别，曰：彼鸟声，彼树声，此泉声也。

又西上，广泉废寺，北半里，五华寺。然而游者瞻卧佛辄返，曰卧佛无泉。

长洲文徵明《卧佛寺观石涧寻源至五花阁》：道傍飞涧玉淙淙，下马寻源到上方。怒沫洒空经雨急，潡流何处出烟长。有时激石闻琴筑，便欲沿洄泛羽觞。还约夜凉明月上，五花阁下听沧浪。

常熟陈瓒《从卧佛寺缘涧至水源》：一泉分碧绕精蓝，云壑逶迤振策探。崖转细流生乱石，风回清响下苍岚。行当密树迷深径，觅到幽源恰傍庵。老矣何心犹世味，泠然孤榻梦应酣。

长洲文肇祉《登五花阁》：薜萝深处一虹流，碎石疏花曲磴幽。游客集林仍自僻，茆堂踞壑即如楼。凭栏远指千峰雨，高阁虚疑五月秋。欲住此山繙释部，只愁车马未应休。

上虞倪元璐《秋入水源》：山将枯去晚烟肥，茅屋人家红叶飞。我说是秋都不信，此间春却未曾归。

京山王应翼《水源看红叶》：霜受有深浅，果叶亦异姿。浓澹入遥空，薄霞生余枝。微照何能及，爱此山风吹。鳞鳞红相触，自然有参差。我作春容观，反尔忘其衰。其情领冬气，乃以色终之。高岭及幽壑，升降目所私。不见横斜影，山山相蔽亏。

蕲水黄耳鼎《游卧佛寺寻山泉发源处》：古佛卧不坐，古泉山不谷。其道良有然，思之已幽曲。所以石壁间，绿径往且复。鳞鳞柿辉光，实叶丹相属。秋成顾不劳，鸟残人踏蹴。每泉分一枝，为竹万竿绿。破寺疑无僧，乃见僧来肃。泉起佛坐边，允矣根因凤。

景陵谭《元春入水源》：岚交四野雨初归，湿满幽崖日抱晖。寺寺秋深深不得，蜻蜓蝴蝶暖中飞。

《太和庵前听泉》：石选何方好，波澜过接时。应须高下坐，徐看吐吞奇。鱼出声中立，花开影外吹。不知流此去，响到几人知。

宛平于奕正《太和庵前听泉》：踞石坐高下，泉流石亦往。入松失其涛，静边见天象。携来一片心，到此而懭恍。

《广泉废寺》：何代山藏寺，松杉今古阴。佛荒迷半髻，钟断覆全音。偶与闲人步，殊关创者心。辞泉寻径去，叹息出高林。

吴县释修懿《水源》：乱石参差出，泉光碎不全。源应逢此地，声始沸何年。吹壁寒秋雪，翻涛响暮烟。稽留来听者，几坐几回眠。

《五花寺》：五花何代寺，一月两回过。避麝腥归草，生凉气在萝。供茶僧太老，题碣字皆磨。风送诸山暝，移筇发浩歌。

《广泉废寺》：破寺住余晖，萧萧鸟乱飞。殿荒藤作壁，佛老薜为衣。云遏钟声杳，苔封屐齿稀。伫看兴废事，惆怅暮山归。

嘉兴谭贞默《水源》：寻入太和庵，忽见水穷际。石角相扶持，开辟无根蒂。黄叶栖树间，鸟鸣时一坠。飞觞过泉峡，杂坐互倾递。余饮不逾合，漱泉以当醉。鹿鹿羁鞿人，遇此发清慧。

山阴张学曾《游卧佛寺至水源》：秋色照衣上，晴旭明林端。塔指高峰白，溪心落叶丹。僧贫知寺僻，客少为山寒。绝壁天光薄，分泉地脉宽。柿林影鞑鞲，竹圃声琅玕。挥杖穿丛薜，持觞就沍湍。招游三竺似，静日小年般。石磬因风远，绳床对月残。醉归仍缓步，歌咏有余欢。

顺天毛锐《入水源》：入山幽不已，岩想初古霹。有径盘青螺，无土柔片席。卧难择石危，我困泉亦急。僧于险处庵，依石依松立。出地水迟疑，相观坐环曲。

《太和庵崔开予见过》：秋山肃霜容，秋庵夜气洁。来我所怀人，茗酒深怡悦。冻萤映窗飞，鸟啼晓将彻。蒙蒙雾片时，乃见山分别。数星枫树红，一段柏径折。溪声出有踪，石际非霜雪。夜语寐未成，朝光复难辍。

嘉定李元弘《水源赠僧》：僧慵烟灶与泉通，寺熟归云牖牖同。得水竹光争日好，矜秋柿粉饱霜红。老安丘壑神明肃，静对人天瓶钵空。羡尔今年生计稳，西成消息在林中。

《广泉废寺》：不知山有径，白日气森森。殿挂幡幢索，铃摇梵呗音。所嗟僧易去，亦叹佛无心。作礼悄然去，归云已在林。

二　孙承泽《天府广记·西山部·杂录·退谷》

凡都会多胜概，若陕之终南、洛之龙门、建康之牛首、临安之吴山，皆为古今登眺游览之地，今留都之胜雄峙江南，北都惟西山为最，其峥嵘壮伟虽不逮陕洛诸山，而奇峰怪石、幽泉邃壑、茂林澄湖与夫琳宫仙梵、辉映金碧，真天府之佳丽、一方之奇观矣。

《退谷小志》：退谷，在水源头旁，退翁记云：京西之山为太行第八陉，自西南蜿蜒而来，近京列为香山诸峰，乃层层东北转，至水源头一涧最深，退谷在焉。后有高岭障之，而卧佛寺及黑门诸刹环蔽其前，冈阜迥合，竹树深蔚，幽人之宫也。

水源头两山相夹，小径如线，乱水淙淙，深入数里，有石洞三，旁凿龙头，水喷其口。又前数十武，土台突兀，石兽其钜，蹲踞台下，相传为金章宗清水院。章宗有八院，此其一也。水分二支，一至退谷之旁，伏流池中，至玉泉山复出。昔有人注油水中，玉泉水面皆油也。一支至退谷亭前，引灌谷前花竹。

谷口甚狭，乔木荫之，有碣曰退谷。谷中小亭翼然，曰退翁亭，亭前水可流觞。东上则石门巍然，曰烟霞窟。入则平台南望，万木森森，小房数楹，其西三楹则为退翁书屋，一榻一炉一瘿樽，书数十卷，萧然行脚也。

谷之后高岭峨峨，摄衣而上为古茔。茔垣之外，茂松蔽之，不见其下。

谷之东则隆教寺，寺门旧在退谷上，移置石门之东，供大士像，岁久漶漫，寺僧秋月募善知识缮饰之。境地深邃，可供跌跏。

谷之前为莳植花竹之圃，中有僧家别院，花事最盛，石楼孤峙，面面皆花，北望退谷，掩映翠槛中，如悬董巨妙画在阁之壁。

谷口外沿东行，皆石壁也，大石一方，上建观音阁。再东则卧佛寺，旁扉八扇，娑罗古树大可数围，柯杆参天，瞿昙酣卧殿上，乱后寺废，香灯久断矣。寺门白塔高耸，大松两行拥之，香翠扑人衣裾。

谷西南里许为广应寺，寺有白松如雪，门外深涧，石桥

横之。桥旁乔松数十株，箕踞其下，看碧云、香山诸寺，丹
甍碧瓦，如蜃楼，如绛阙，又徜恍如梦余。

谷西越涧而过，则长岭横拖，岭半古松一株，夭娇旁薄，
拾级而登，此则佳主人也。

谷后逾岭数层，则为冷泉，双瀑高悬，自山巅而落，旁
有金线庵。每春时，樱桃花开徧山谷。

广应寺之西为木兰陀，由寺前为径西指，过小桥三四，
径渐峻，盘旋入云，上建玉皇庙，栋宇洁饰，殿南别院有轩
有室，石楼摇摇踞山之巅，俯视弘光寺松盘、香山来青轩皆
在其下。殿北深涧悬崖，水出洞中，旁为鱼池，为药栏，为
篁丛。殿侧有满井，水可手掬，西山山顶之井，广泉寺与此
为二，甘冽似中冷，谷中瀹茗取给二井。

退谷逸叟记。

"谷之前为莳植花竹之圃，中有僧家别院，花事最盛，石楼孤峙，
面面皆花"，其石楼当为五华寺石楼，可知明末清初樱桃沟、五华寺一
带之花卉栽植情况。

卧佛寺"寺门白塔高耸"，知彼时宝塔尚存。

"谷西南里许为广应寺，寺有白松如雪，门外深涧，石桥横之。桥
旁乔松数十株，箕踞其下，看碧云、香山诸寺"，知广应寺即在今北京
市植物园牡丹园一带，且知彼时寺门外有深涧、石桥情形。

三 孙承泽《天府广记》中友人题退谷诗

由于在明末清初北京汉人官员和文化界的地位，孙承泽隐居樱桃沟
（退谷），也引来了一干友人，孙与他们在樱桃沟写下一些咏樱桃沟诗，
或者赠答诗，是了解那个时代樱桃沟历史人文的重要资料，孙承泽将其
辑录于《天府广记》卷四十四《诗三》中。

退谷歌，赠孙退翁

吴伟业

我家乃在莫厘之下、具区之东。

洞庭烟鬟七十二，天际杳杳闻霜钟。

岂无林居子，长啸呼赤松。

后来高卧不可得，无乃此世非洪蒙？

元气茫茫鬼神凿，黄虞既没巢由穷。

逆旅逢孙登，自称北海翁，携手共上徐无峰。

仰天四顾指而笑，此下即是宜春宫。

丈夫踪迹贵狡猾，何必万里游崆峒？

君不见，抱石沉，焚山死，披发佯狂弃妻子。

臣庐峰，成都市，欲逃名姓竟谁是？

少微无光客星暗，四皓衣冠只如此。

使我山不得高，水不得深，鸟不得飞，鱼不得沉。

武陵洞口闻野笑，萧斧斫尽桃花林。

仙人得道古来宅，劫火到处相追寻。

不如三辅内，此地依青门，非朝非市非沉沦。

鄠杜岂关萧相请，茂林不厌相如贫。

饮君酒，就君宿，羡君逍遥之退谷。

好花须随禁苑开，泉清不让温汤浴。

我生亦胡为？白头苦碌碌。

送君还山识君屋，庭草仿佛江南绿。

客心历乱登高目，噫吁乎归哉！

我家乃在莫厘之下，具区之东，侧身长望将安从？

吴伟业（1609—1672），字骏公，号梅村。先世居昆山，祖父时迁太仓（今皆属江苏）。崇祯四年（1631）进士。顺治十年（1653），被迫赴京出仕，初授秘书院侍讲，后升国子监祭酒。三年后，奔母丧南归，隐居故里直至去世。

吴伟业诗学唐人，与钱谦益、龚鼎孳并称"江左三大家"。《四库全书总目》论其诗："其少作大抵才华艳发，吐纳风流，有藻思绮合、清丽芊眠之致。及乎遭逢丧乱，阅历兴亡，激楚苍凉，风骨弥为遒上。"有《梅村家藏稿》《梅村诗馀》等。

具区，为太湖的古称，莫厘峰在太湖东侧，为太湖第二高峰。吴氏家乡太仓东距太湖不甚远，故称"我家乃在莫厘之下、具区之东"。

赤松，即赤松子，成仙飞升，后常用"从赤松子游"比喻脱离仕途、优游林下。

下文历叙古人之典故，指出逃世之不可得，不如像孙承泽一般，隐居樱桃沟，"非朝非市非沉沦"，想象自己亦能归乡。知此诗当作于顺治十年至十三年。

题孙北海退翁亭

王崇简

卧佛廊西去，深岩小径平。

地因荒刹旧，亭得退翁名。

旷野凭栏出，幽泉绕谷生。

柿林修竹里，随处作秋声。

王崇简（1602—1678），字敬哉，一作敬斋，顺天府宛平人。明崇祯十六年（1643）中进士。顺治三年，授内翰林国史院庶吉士，累官至吏部侍郎、礼部尚书。有《青箱堂文集》《青箱堂诗集》传世。

孙承泽与王崇简既有同乡之谊（孙承泽为"上林苑籍"），又同为崇祯进士，两朝为官，爱好复类（书画收藏家和鉴赏家），友谊颇深。

"柿林修竹里，随处作秋声。"写来颇自然生动。

> 居退谷，潘宗海、陈路若来访
>
> 　　孙承泽
>
> 寂寂山扉掩，欻然二妙来。
>
> 莺啼青谷口，犬吠白云隈。
>
> 睡起茶方熟，诗成雨欲摧。
>
> 非君多道气，谁为破苍苔？

潘、陈二人一精于篆刻，一精于绘事，二人来访，作为书画收藏家和画家的孙氏欣喜异常，故称二人为"二妙"。

王士祯《晚入退谷，却寄孙北海先生》中有"画壁沧州图（有故友陈路若画壁）"句，知陈曾为孙承泽退谷别墅画壁。

> 又，送潘、陈二君
>
> 　　孙承泽
>
> 三日深岩里，蝉联话满床。
>
> 渔郎寻旧艇，樵子隐新篁。
>
> 澒洞风尘隔，弥漫云水长。
>
> 知君回首地，不复见沧浪。

> 春日，送朱锡鬯、李武曾两文学游退谷
>
> 　　孙承泽
>
> 西山景色当春好，闻说往游兴爽然。
>
> 嗟我衰年筇靠壁，羡君俊气马双联。
>
> 路径石瓮皆陵树，桥过青龙见玉泉。

若到退亭应有句，题诗须近石墙边。

朱锡鬯，即清初著名诗人、词人朱彝尊；李武曾即朱彝尊友人、同乡李良年。

李良年（1635—1694），字武曾，一字符曾，号秋锦，浙江秀水（今嘉兴）人，诸生。康熙八年荐举博学鸿儒，与试不第。与朱彝尊齐名，称"朱李"。著有《秋锦山房集》二十二卷、《外集》三卷、《秋锦山房词》二卷、《词家辩证》一卷、《词坛纪事》三卷等。

孙承泽诗题作《春日，送朱锡鬯、李武曾两文学游退谷》，知诗作于城内。

"路径石瓮皆陵树，桥过青龙见玉泉"中的"石瓮"，指瓮山，即今颐和园万寿山，因相传曾掘山得瓮，故名。"陵树"指金山景泰皇帝陵（位于玉泉山之北侧）侧之树木。"青龙"指青龙桥，位于瓮山后。

四　王士禛《带经堂集》中的退谷诗

康熙四年（1665），扬州推官王士禛迁户部郎中，以诗才与京师文人如孙承泽、孙承泽友人朱锡鬯、李武曾等皆有交往。

康熙十一年（壬子，1672），王士禛曾游西山一带名胜，作诗记之，其中有涉及卧佛寺、樱桃沟诗数首，《晚入退谷，却寄孙北海先生》云：

谷口远烟暝，水石起寒色。

西溪有归人，东峰隐余日。

积雪对巉岩，微径雪中出。

残冰流复断，暗泉听还失。

不知荒寒中，前峰去安极。

稍见觳觫牛，怅望归飞翼。

侍郎昔挂冠，于此散愁疾。

画壁沧州图（有故友陈路若画壁），结屋云林侧。

溪南万杆竹，岁久渐蒙密。

为述净明意，更就支公室。

惭叹解巾非，何年此棲息。

退谷见朱锡鬯、李武曾、潘次耕、蔡竹涛题名，时朱在
广陵，李在黔南，潘、蔡在太原

故人消息比何如，万里江湖岁又除。

山寺到来先一笑，春风石壁见君书。

二诗见于王士祯《带经堂集》卷二十四《渔洋续诗二》，署年"壬
子稿"。

"积雪对巉岩，微径雪中出。残冰流复断，暗泉听还失。"知前诗作
于春末。

诗中之"侍郎"指孙承泽，退谷画壁之"陈路若"，乃王士祯友
人，工山水，尝为天下名山图记绘图，崇祯六年（1633）由墨翰斋新
摹刊行。

上引孙承泽《春日，送朱锡鬯、李武曾两文学游退谷》云："若到
退亭应有句，题诗须近石墙边。"而王诗题"退谷见朱锡鬯、李武曾、
潘次耕、蔡竹涛题名，时朱在广陵，李在黔南，潘、蔡在太原"，可知
朱、李在退谷确有题诗，同来者还有潘、蔡二人。

五 《宸垣识略》卷十五《郊坰四》中的退谷诗

《宸垣识略》据清康熙年间朱彝尊《日下旧闻》和清乾隆间《日下
旧闻考》两书提要钩玄、去芜存菁而成，中存卧佛寺、退谷资料。

《宸垣识略》，清吴长元撰。吴，字太初，浙江仁和人。《识略》卷

十五《郊坰》存写五华寺诗如下：

五华寺

王士祯

退翁亭子苍崖前，五华古寺当其巅。

残僧夜雪煨芋火，童子开门寻涧泉。

石壁空青散云锦，金沙照曜浮清涟。

他时把酒萝阴下，风堕岩花乌帽偏。

怀严荪友往广泉寺

王士祯

不识广泉寺，泉源有路通。

羡君成独往，深夜伴支公。

涧水声闻寂，林花色相空。

九峰归去客，微尚想能同。

广泉寺，用阮亭《题钝庵洞庭诗卷》韵

宋荦

山椒旭日哢春禽，破寺何妨振策寻。

荒径有人挑笋蕨，残碑无字纪辽金。

禅房叠石吴中手，别院看花世外心。

雅爱僧雏能解事，硬黄一幅索清吟。

游退谷寻水尽头

宋荦

如笠亭开退谷前，四山积翠落层巅。

花围曲栏宜呼酒，木架荒崖任引泉。

踏石寻源闻淅沥，临溪濯足爱沦涟。

萝阴窈窕苔矶静，坐听樵歌胜赏偏。

退　谷

朱彝尊

退翁爱退谷，未老先抽簪。

行药乱峰路，筑亭双树林。

闲中春酒榼，静里山泉音。

满目市朝贵，何人期此心？

水源头

汤右曾

深山避荦确，踏石畏硤错。

定非善游人，济胜两芒属。

我闻水源头，迢递入榛薄。

居人导我前，步步进还却。

下如临深渊，上如梯高阁。

水细流涓涓，沙明石凿凿。

琐碎陨繁星，高闳张广幕。

绣若藻采披，划然斧斤削。

溪回路频转，玲琮下略彴。

再过乃得之，源深流不涸。

得非滋山根，元气有囊籥。

或者百川水，各各通海若？

昔闻此两源，今者泻一壑，

其下有伏流，沸出玉泉脚。

水清可以鉴，泉甘可以勺。

小憩登顿疲，徐悟游赏乐。

归途穿蒙茸，草树纷枝格。

樱桃花万树，春来想灼灼。

寒林饶脱叶，绝涧有堕雀。

溅溅水渐远，仙径迷采药。

回首烟霞姿，粗能举其略。

汤右曾（1656—1722），字西涯，仁和（今杭州）人。康熙二十七年（1688）进士，累官至吏部侍郎，著名诗人，工行楷，有《怀清堂集》。《浙江采集遗书总录·癸集下》评价沈德潜汤右曾诗云：

浙中诗派前推竹垞，后推西崖。竹垞学博，每能变化；西崖才大，每能恢张变化者较耐寻味也。后有作者，几莫越两家之外。

荦确，怪石嶙峋貌。宋苏辙《墨竹赋》云："山石荦埆，荆棘生之。"硖错，形容山间溪谷地形错落的样子。硖，古同"峡"；错，参差的样子。

芒屩，即芒鞋。明胡应麟《少室山房笔丛·丹铅新录八·履考》云："六朝前率草为履，古称芒屩，盖贱者之服，大抵皆然。"

榛薄，丛杂的草木，引申指山野僻乡。《淮南子·原道训》云："侧溪谷之间，隐于榛薄之中。"高诱注："蒙木曰榛，深草曰薄。"

玎琮，象声词，形容各种撞击发出的声音。略彴，小木桥。清史震林《西青散记》云："至小桥，山人呼之曰'略彴'。"

诗人以"居人导我前，步步进还却"，形容山势的回环，以"下如临深渊，上如梯高阁"，描写山谷间道路的曲折高耸。

又谓此地泉水丰沛，是因为天地间元气（橐籥，本意为风箱，引申指造化、大自然。晋代陆机《文赋》云："同橐籥之罔穷，与天地乎并育"）所聚。

又云："樱桃花万树，春来想灼灼。"凭此，大约可以想见彼时樱桃沟的风景。

六　弘晓《明善堂诗集》中的退谷诗

五华寺
五华亭子据山巅，万树樱桃一色嫣。
歇马柳荫游赏遍，还依石磴听流泉。

诗存《明善堂诗集》卷之六，署年"己巳"，即乾隆十四年（1749）。

"万树樱桃一色嫣"堪与汤右曾《水源头》"樱桃花万树，春来想灼灼"对看。

初秋，过秀岩上人方丈，和壁间紫琼叔韵
松藤绕屋发秋花，古木疏篁一径斜。
僧以能诗似齐己，我因问道竟忘家。
心清十笏闲挥麈，鹿远双林索煮茶。
门外祇客陶谢迹，软红飞不到袈裟。

诗见于《明善堂诗集》卷之二十七，署年"庚辰"，即乾隆二十五年（1760）。

知时五华寺住持为秀岩上人，且胤禧曾有题诗五华寺墙壁之事。

紫琼，即爱新觉罗·胤禧号。胤禧（1711—1758），康熙皇帝第二十一皇子，慎靖郡王，善诗画，自号"紫琼道人"，又号"春浮居士"，著有《花间堂》《紫琼岩诗草》，与郑板桥交好。

《紫琼岩诗钞》卷中有《初夏，过五华寺》，云：

> 断崖西去更巉巉，蹬道支筇入乱杉。
> 石井味甘僧自汲，山樱香熟鸟争衔。
> 潺湲午溜溪添雨，晻暧晴云日映岩。
> 草具跏趺禅趣好，试翻贝叶启经函。

胤禧之《紫琼岩诗钞续刻》复有《夏日，至五华寺留宿》，云：

> 策杖妨危步，清流没石 ×。
> 烟霞心共远，梦幻事多费。
> 古殿双高树，闲僧百衲衣。
> 由来堪寄傲，茶话夜忘归。

知胤禧不仅曾过五华寺，且曾留宿五华寺，与方丈茶话。

> 再和世一叔《登五华阁》韵，兼赠秀岩上人
> 五华高阁妙香闻，胜地招余不厌频。
> 香染天花飞化雨，钟敲远岫送归云。
> 昔随权屦寻佳句，今对银钩续旧文（昔从紫琼叔倡和
> 于此）。
> 俯仰秋空景如昨，翠篁深处又逢君。

诗存《明善堂诗集》卷之二十七，署年"庚辰"，即乾隆二十五年（1760），与前诗当作于同时。

登五华寺栖云阁，观壁间径畲主人题句

五华高阁潜青天，云扃岫幌当其巅。

退翁亭西重怀古，携童招客心悠然。

东山风流已绝世，吾家小谢追前贤。

清词丽句戛天籁，翩翩笔势银钩悬。

我生雅有山水癖，但逢佳处频留连。

樱桃花谢奈花白，间关好鸟声如弦。

寻源岂惜踏涧石，绕趾激激鸣清泉。

人生出处贵适意，何暇对景论枯禅。

诗见于《明善堂诗集》卷之三十一，署年"甲申"，即乾隆二十九年（1764）。

径畲主人，果亲王弘瞻号。弘瞻，清世宗雍正皇帝第六子，袭封果亲王。《啸亭杂录》载："果恭王讳弘瞻……善诗词，幼受业于沈悫士尚书，故词归正音，不为凡响。"雅好藏书，与弘晓怡府明善堂相埒。弘瞻撰《雪窗杂咏》一卷，清乾隆二十三年（1758）刻本，题"径畲主人著"。

"我生雅有山水癖，但逢佳处频留连。"知弘晓好游，亦知五华寺乃山水佳处也。

晚至五华寺

清和残照麦风柔，景物凭栏一放眸。

题壁漫劳红袖拂，诗情画意总风流。

诗见于《明善堂诗集》卷之三十二，署年"丙戌"，即乾隆三十一年（1766）。

361

弘晓《明善堂文集》卷之二有《重修退翁亭记》，云：

> 西山之有退谷，为退翁孙氏之所居，如郑子真隐于谷口、曰郑谷焉，地以人名也；群山廻合，泉流映带，建亭于中，曰退翁，如环滁之有醉翁焉，亭以人名也。
>
> 当西山之麓，据林泉之胜，俱载于《退谷小志》，兹不更述，惟志中所称谷东卧佛寺即今之普觉寺，建亭之时，颓废已久，蒙世庙敕修，赐以令名，畀王考为香火院，于是，规模宏丽，象教聿兴，中设王考神位。
>
> 余春秋展祀，路径退谷，尝憩于亭，因思退翁躬际盛明之朝，甘为废遁之举者，何哉？
>
> 夫进思尽忠、退思补过，纯臣之义也，膏裘委蛇、退食自公，大夫之职也。而退翁之志殆非是欤？
>
> 乙酉初夏，余躬诣普觉，以含桃荐庙，复憩于斯，而亭为风雨倾圮，榱桷颜联悉供寺僧之爨，惜胜迹之荒坠，同行道之兴嗟，矧亭不甚敞，费亦颇俭，爰捐资，命工因材补葺，仍复旧观，不特便行旅之往来与炎燠荫庇，倘恭遇翠华经过，亦庶免山灵之朴陋，讵非斯亭之幸欤？
>
> 退翁名承泽，其生平事实国史备载，固不必以一亭之创举，而为斯人之所轩轾也。是为记。

含桃，樱桃的别称。《礼记·月令》载："是月（仲夏之月）也，天子乃以雏尝黍羞，以含桃先荐寝庙。"郑玄注："含桃，樱桃也。"《淮南子·时则训》："羞以含桃。"高诱注："含桃，莺所含食，故言含桃。"

清时，卧佛寺亦产樱桃，故郑板桥《寄青崖和尚》中云："山中卧佛何时起，寺里樱桃别样红"。唯不知弘晓之"以含桃荐庙"之含桃何出。乙酉初夏，即乾隆三十年（1765）四月。

七 《日下旧闻考》载退谷诗文

原：观音石阁而西有隆教寺，又西上圆通寺，望太和庵前，山中人指曰水尽头，泉所源也，又西上广泉废寺，北半里为五华寺。《帝京景物略》

臣等谨按：此条所载诸寺宇皆在普觉寺之西，观音阁即观音堂，建于大盘石上，阁前为方池，阁左为山庙，庙旁有《重修水漕碑记》，无撰人姓名，嘉靖辛丑年立。隆教寺在观音阁西半里许，明碑二：一《敕谕碑》，成化六年立，略云山场东至五华观、南至门头村、西至滴水岩、北至冷泉穴，一《隆教寺重建碑》，大学士眉山万安撰，成化二十二年立，略云成化庚子香山之原廊旧庵作寺，赐名隆教，升右觉义本谅右讲经，俾主寺事，寺距京城三十里许，与寿安寺相望，寺主济舟禅师者精于法华、楞严之秘，为一方禅宗，谅往学其门，乃即兜率寺址作庵其旁，朝夕讲演甚众；圆通寺、太和庵、广泉寺今并废，五华寺本朝碑一，世袭一等子加一级云骑尉张朝午撰，康熙二十五年立；又明碑一，礼部正直郎倪让撰，嘉靖十一年立，略云都城之西寿安山之北有古刹圆殿，历久隳圮，宣德初，有僧成公东洲禅师见其地径幽僻、山水环绕，遂卓庵于此，迄今五十余年，栋宇腐挠，遂傝工营之，经始于成化五年，落成于乙未年。

水尽头，亦名水源头，详见后条。原玉莲池在五华山上。《寰宇通志》

臣等谨按：玉莲池疑即观音阁前之池，然不可考矣。

原：广惠寺在府西三十五里，旧名五华寺，正统七年改建。《明一统志》

补：由卧佛寺殿右侧出，小门西数十步有巨石突立，高可
三丈，凿石为磴，以上为观音堂，前临池，右有泉、有桥，度
桥为隆教寺，泉从寺前度，沂泉行三里，上岭为五华寺，下岭
复循水行，再登一岭为广泉寺，循故道下，复上得圆通庵，其
右为太和庵，泉水源于此，一方亭据其上，傍泉多乌桦文杏，
度泉有鸟道，行三里许，为普济废寺，寺前一岭上有小团，中
一石如钵，水冬夏不涸，村民都取汲于此。《山行杂记》

臣等谨按：普济寺遗址尚存，有断碑一，明僧道深撰，
正统十一年立，略云香山乡五华之西层峦巨壑、叠嶂悬崖、
双涧交流、千岩毓秀，可为梵刹，募众缘，鸠工建造，额曰
"普济禅寺"；又建尊胜宝塔一座，兴工于正统八年，完于丙
寅之秋，僧国观为住持；又寺西山径之旁盘石侧立，高广各
丈余，下有沸泉，深不盈尺，广尺余，当即宋彦《山行杂纪》
所称一石如钵、水冬夏不涸者也，尊胜塔废址在寺东，高三
尺余。

原：瓮山西北越横岭，白鹿岩在焉，有白石如幢，屹立
岭上，微有字画，然薄蚀不可辨矣。岭外连峰不断，一峰最
异，白鹿岩也，岩高数十丈，嵌空欲堕，中虚，可旋两车，
岩左一隙如窗棂，下视深宵，不知所际。相传，辽时有仙人
骑白鹿往来斯岩，故名。登岩顶，瞵万寿山如坚掌指，有古
槐一株，根出两石相夹处，盘旋横绕，倒挂于外，大可百围，
色赤如丹，砂岩角有茅舍，间有西僧居之，黄眉红颊，采草
根，和水以食，语音不通，见人嘻笑而已，不知何年至此，
栖迟是山也。《大江集》

臣等谨按：瓮山详见前卷，白鹿岩相传普济废寺后山巅
即其地云。

原：水源头两山相夹，小径如线，乱水淙淙，深入数里，

有石洞三，旁凿龙头，水从龙口喷出；又前数十武，土台突兀，有石兽甚巨，蹲踞台下，相传为金章宗清水院。章宗有八院，此其一也。水分二支，其一伏流地中，至玉泉山涌出。《春明梦馀录》

臣等谨按：水源头石洞及石兽今尚存，土台及龙口喷水处不可复辨矣。

补：西山水源头其西水尽头。《尔雅·水醮》曰："屡是也。"有无名子《题邻寺壁》云：双流决决鸣，石根失其一。弃糠于此中，应从玉泉出。《青毡踏雪志》

增：水源头一洞最深，退谷在焉，后有高岭障之，而卧佛寺及黑门诸刹环蔽其前，冈阜回合，竹树深蔚，幽人之宫也。《天府广记》

臣等谨按：黑门即普觉寺东之广慧庵，详见后条。

增：谷口甚狭，乔木荫之，有碣曰"退谷"。谷中小亭翼然，曰"退翁亭"，亭前水可流觞，东上则石门巍然，曰"烟霞窟"，入则平台南望，万木森森，小房数楹，其西三楹则为退翁书屋。《天府广记》

臣等谨按：退翁亭及石门上隶书"烟霞窟"三字额今尚存，余迹俱圮废。

原：隆教寺西越涧有长岭，岭半为金章宗看花台，台畔有古松一株。《春明梦馀录》

臣等谨按：看花台无考，今涧西崖侧有松一株，未知即台畔之松否也。详见后条。

增：谷西越涧而过，则长岭，横拖岭半古松一株，夭矫磅礴。《天府广记》

臣等谨按：涧西古松与退翁亭遥峙，下有盘石，可坐数十人。

八 《熙朝雅颂集》中樱桃沟诗

晚至樱桃沟
永忠

一峰背夕阳，列柏发清吹。

乱石如卧羊，细泉来何自？

风落含桃花，红白纷若织。

磐陀不计年，趺坐忘世累。

虽不携酒铛，茗饮亦成醉。

醉睡此石间，主客将焉寄？

暝色暗遥林，月上僧归寺。

还登退翁亭，村姑聊见意。

野老送海棠，童子拾山翠。

更约朱樱红，重来得饱食。

诗歌虽不明至所在，然言及"乱石如卧羊，细泉来何自？风落含桃花，红白纷若织。磐陀不计年，趺坐忘世累。虽不携酒铛，茗饮亦成醉"，似写圆通寺、水源头一带。

又，诗中写及"退翁亭"，知孙承泽所创、弘晓曾修缮之退谷一景至彼时尚在。

退谷
李基和

山自逶迤水自流，碧云黄叶总兼秋。

禅关闭处无人到，古佛清清一寺楼。

广泉寺吊自饶上人

风落疏林木叶喧，鸟啼寂寂易黄昏。

老僧归去禅灯晦，万壑千岩自绕门。

又，诗知清初广泉寺并未废弃，有住持号"自饶"，与李基和有交。

午至退谷

古寺深林里，萧然昼闭关。

泉声随乱石，落日照秋山。

远岭牛羊小，高原禾黍间。

自然心目爽，尘虑一时删。

由退谷至广泉道中

曲曲绿坡道，翛然策杖登。

乱溪惟见石，半岭忽逢僧。

径转已无路，山开又一层。

祇园钟鼓静，何处觅秋灯。

登寿安绝顶

极目何空阔，苍茫对落晖。

野花随处发，好鸟趁人飞。

夕露草初湿，闲云晚不归。

下方钟磬寂，相对共忘机。

蔡珽，字若璞，号禹功，汉军人。康熙丁丑进士，改庶吉士，散官，授检讨，累官吏部尚书、直隶总督，降奉天府府尹，有《守素堂诗集》。

蔡有《宿广泉寺》一诗，云：

牛羊下孤岭，落日暗元川。
暝色入幽谷，山翠冷暮烟。
凉风吹户牖，归鸟栖檐前。
疏林度清磬，一灯僧舍悬。
深山少更漏，独向西窗眠。
静坐见明月，欹枕闻寒泉。
岩壑锁阒寂，转觉百虑煎。
良时不再得，胡为尘继牵。

唯无可参照资料，不知所题是否为樱桃沟之广泉寺，然就其所写内容，包括其有《由退谷至广泉道中》，所写似应为樱桃沟之广泉寺，姑附录于此。

六月一日，游西山，宿五华寺作
寻幽在夏月，清晓出郭门。
欲领泉石意，一洗积滞昏。
期宿有缁侣，辅行唯弟昆。
旧识五华寺，洞壑卷云屯。
到来藏深谷，幽映林木繁。
一水流曲折，千蹬叠藓痕。
依岩出结构，绕室种兰荪。
阇扉钟磬余，宴坐究风幡。
飘渺二小楼，虚敞不闻喧。
夕看牛羊下，朝听禽鸟言。
烟霞三面阻，南望俯林原。

虽非旷士怀，览之净心魂。

须臾呼僧去，策杖寻泉源。

窈窕近太清，仿佛登昆仑。

萝条何蒙密，崖石自奔崩。

濯足临浅流，拂席置芳尊。

脱然簪组累，一息应对烦。

酌我者谁欤？非复形迹存。

日暮咏歌归，龛灯供细论。

焚香烧柏叶，解衣卧西轩。

但愁风雨夜，清梦闻潺湲。

觉罗固兴额，字怡亭，一字漫翁，满洲人，康熙戊子副榜，袭云骑尉，有《漫翁诗草》。

晓游烟霞窟
双庆

客子行吟处，空山正夕晖。

破烟幽磬出，隔树老僧归。

石乱泉还细，林深鸟不飞。

层峦供啸傲，谁道素心违？

重游西山五华寺四首

重来徙倚地，负手对丛岚。

暗树通幽径，回峦抱小庵。

梵音空谷应，云影半塘涵。

莫笑频过此，登临性所耽。

偶尔浮生暇，还来绝巘行。

屐怜芳草印，杖喜乱峰迎。

小蝶寻花影，新蝉和树声。

回头尘世远，赢得此心清。

匝月再经过，归禽识故林。

名山携友地，客子卧云心。

花落空怜昔，吟成复慰今。

闲来留咏处，剥藓细追寻。

幽意林泉得，青山系梦魂。

招凉飞雨谷，入画夕阳村。

细水穿云出，闲樵隔树言。

为怜僧有约，信宿傍空门。

"为怜僧有约，信宿傍空门"，写双庆因约而来，而僧似不在寺中，故宿五华寺以待僧归。

水尽头
罗泰

泉声引我行，山声随我入。

行到水尽头，白云忽然立。

万木气森森，乱壑风习习。

冷然快冥搜，暮归衣袂湿。

罗泰，字介昌，满洲人，举贤良方正，由佐领累官副都统，有《西园集》。

退翁亭

彭振翱

小亭今古锁烟霞，窈窕西山望转赊。

怪石倚岩蹲虎豹，老松垂涧走龙蛇。

披襟凉受诸天雨，侧帽香簪御苑花。

欲就上方闻半偈，湿云浓雾路全遮。

彭振翱，字风远，一字培山，汉军人，有《萃苹诗钞》。

以上两诗是否写樱桃沟景色，因缺乏实证，不确知，但就其诗题、内容而言，应写斯地风景，姑附录于此。

九　麟庆《鸿雪因缘图记》之《半天御风》

余之宿卧佛寺也，问半天云、水源头、樱桃沟、五华寺、红黑门、退翁亭、水塔园、看花台、烟霞窟诸名胜。僧言："樱桃沟有大磐石，上建观音阁，前临方池，在行宫内。五华寺在岭上，水源头即在寺后。"

一老头陀："红门即普福庵，黑门即广慧庵，久废。烟霞窟在水源头，儿时记有一亭，今圮。水塔寺去岭西二十里，有园一区，近年英中堂寓焉，岭畔有地名'看花台'，祇一古松，岭甚峻险，俗名'跌死猫'，过岭非山舆不可，惟不识半天云所在。"

余商之二客，贻、齐游行俱豪，早起遣车马取道赴大觉寺，而同乘肩舆寻水源头。泉语出乱石间，如琴始张。谷口甚狭，乔木荫之，有碣曰"退谷"，其东石门，隶书"烟霞窟"三字尚存，草没亭基，荒寂殊甚，想见退翁（孙承泽先生字）著《春明梦馀录》时情景。

出谷上岭，过五华寺，再上见涧西古松一株，横拖岭半，读断碑知为金章宗看花台，并知半天云即岭名也。

登极顶，见四山皆童，下舆，东望都城，郁郁葱葱，双阙九门，缥缈目际，愧无研京、练都才赋之。

天风攸至，百窍尽号，山适缺一面，受风几欲挟舆而飞，谨依石立，闭目息声，时欲倾坠。

风过，下岭三里许，复值一岭，如磨盘，每盘直下三百步，凡五十四盘，始下抵蜘蛛山，山开灰窑，岩下有潭，从者投石其中，轰然作响。

西过白家滩，望城子山顶紫宸宫，绀殿凌虚，如垂天半，沿溪西南行，清池曲径，中辟一园，颜曰"观颐山墅"，英煦斋师题，今还竹泉侍郎（名英瑞，满洲举人）矣。回忆在南河时，师曾手书水塔园诗相寄，为之怆然。

水塔寺位于山后温泉村西，其地有园，为英和"观颐山墅"。

英和（1771—1840），满族索绰络氏，字树琴，汉名石桐，隶满洲正白旗，历仕乾隆、嘉庆、道光三朝，官至户部尚书、协力大学士、军机大臣，人称英中堂、相国夫子、煦斋协楼。

"岭畔有地名'看花台'，祇一古松，岭甚峻险，俗名'跌死猫'"，知金章宗看花台在隆教寺、五华寺后与山后交界之山岭处。

研京、练都，语本南朝梁刘勰《文心雕龙·神思》："张衡研京以十年，左思练都以一纪，虽有巨文，亦思之缓也。"言张衡作《二京赋》构思十年乃成，左思作《三都赋》构思十二年乃成，后因以"研京练都"谓文思缜密而迟缓。

后 记

　　《十方普觉寺》之作，发愿于十年前余初至曹雪芹纪念馆工作时，因卧佛寺与曹雪芹纪念馆同为植物园所属单位，系千年古刹，元、明、清三代曾为皇家寺庙，又曾系怡贤亲王家庙，与曹雪芹关系颇密也。

　　前有许惠利《卧佛寺与樱桃沟》（中国旅游出版社 1986 年版）、《北京植物园志》（中国林业出版社 2003 年版）都有对卧佛寺相关记载，虽然篇幅不甚大，皆有开创之功，尤其是许著查阅了大量原始文献，且结合当时对当地老人的采风，为后世研究提供了丰富的资料和线索。

　　笔者不时关注京西史地、卧佛寺与植物园文献与文物，但因工作重点在于"曹雪芹及其家族研究"，故而不能集中精力于斯事，然时时念念于心，日积月累，复经友人大力帮助，汇成此书，以为对一位伟大哲人和一座伟大建筑的纪念。

　　此外，限于技术的原因，以往的相关资料，图片附录较少，清晰度也比较差，本书虽非图片册，但出于感性感知和资料保存的考虑，也收录了相对较多的图片。这是科学对文化事业带来的一点好处。

　　又，此书之能成册面世，施力者不少，名称未俱，天地共知。

樊志斌

二〇一五年一月二十二日